청소년
인문학
수 ① 업

역사·예술·문학

일러두기

• 외래어 표기는 국립국어원 외래어 표기법을 따르되 일부 널리 쓰이는 관용적 표현에는 예외를 두었습니다.

청소년 인문학 수업 1

초판 1쇄 발행 2020년 8월 25일
초판 5쇄 발행 2024년 4월 5일

편저 백상경제연구원

펴낸이 조기흥
총괄 이수동 / **책임편집** 최진 / **기획편집** 박의성, 김혜성, 유지윤, 이지은, 박소현, 전세정
마케팅 박태규, 홍태형, 임은희, 김예인, 김선영 / **제작** 박성우, 김정우
디자인 이슬기

펴낸곳 한빛비즈(주) / **주소** 서울시 서대문구 연희로2길 62 4층
전화 02-325-5506 / **팩스** 02-326-1566
등록 2008년 1월 14일 제 25100-2017-000062호
ISBN 979-11-5784-437-1 03300

이 책에 대한 의견이나 오탈자 및 잘못된 내용은 출판사 홈페이지나 아래 이메일로 알려주십시오.
파본은 구매처에서 교환하실 수 있습니다. 책값은 뒤표지에 표시되어 있습니다.

⌂ hanbitbiz.com ✉ hanbitbiz@hanbit.co.kr ꙮ facebook.com/hanbitbiz
Ⓝ post.naver.com/hanbit_biz ▶ youtube.com/한빛비즈 Ⓘ instagram.com/hanbitbiz

지금 하지 않으면 할 수 없는 일이 있습니다.
책으로 펴내고 싶은 아이디어나 원고를 메일(hanbitbiz@hanbit.co.kr)로 보내주세요.
한빛비즈는 여러분의 소중한 경험과 지식을 기다리고 있습니다.

백상경제연구원 편저

청소년 인문학

공부와 삶을 연결하는 인문학

수업 1

이화진 안나미
이정선 최옥정
나성인 김나정
민혜련 최은 이종관

역사·예술·문학

한빛비즈
Hanbit Biz, Inc.

학문과 삶의 접점을 이야기하는 인문학

1995년 미국의 작가 얼 쇼리스 Earl Shorris는 뉴욕의 한 복지시설에서 소외된 사람들을 위한 인문학 강의를 열었다. 노숙자와 마약중독자, 전과자 등 31명이 이 강의를 듣기 위해 참석했다. 사회 밑바닥에서 아무 희망도 없이 그냥 하루하루를 보내는 이들이었다. 쇼리스가 이들을 대상으로 인문학 강의를 시작했다는 소문에 주위 반응은 시큰둥했다. 먹을 것도, 잠자리도 없는 사람들에게 느닷없이 인문학 강의를 하겠다고 나섰으니 선뜻 이해가 되지 않는 것은 당연한 일이었다.

쇼리스는 이에 개의치 않고 사재를 털어 역사, 미술, 문학, 음악 등을 가르쳤다. 그러자 놀라운 일이 일어났다. 강의가 진행되면서 점차 노숙자들에게 세상을 보는 눈이 형성됐고 삶의 목표도 생겼다. 1년 과정의 강의를 마친 수료생 중에서 얼마 후 치과의사와 간호사, 패션디자이너도 나왔다. 쇼리스는 먹을거리와 잠자리보다 더 중요한 것이 있음을 강조했다. 그는 강의를 통해 인간이 살아야 하는 이유와 자존감 회복의 중요성을 일깨웠다. 이후 쇼리스의 인문학 강의는 북미, 호주, 아시아 등으로 확산됐다.

"역사를 왜 배워야 하나요?" "문학은 공부해서 어디에 써 먹나요?" 청소년들이 자주 하는 질문이다. 쇼리스의 인문학 강의는 이 질문에 답을 준다. 쇼리스가 인문학 강의를 듣는 이들에게 가르치려 했던 건 '삶을 성찰하는 방법'이었다. 청소년들이 인문학을 가깝게 느끼지 못하는 이유는 이 배움이 자신의 삶과 어떻게 연결되는지에 대한 확신이 없기 때문이다.

인문학은 삶을 대하는 태도와 다른 이들과의 관계 형성을 다루는 학문이다. 내 일상과 별개의 학문이 아니다. 인문학은 궁극적으로 학문과 삶의 접점으로 나아간다. 우리가 《청소년 인문학 수업》을 펴내는 이유다.

《청소년 인문학 수업》에 담긴 강의들은 서울시 100여 곳의 중·고등학교를 찾아가 진행한 강의에서 좋은 평가를 받은 콘텐츠들이다. 특히 학문과 삶의 접점을 잘 드러내는 주제들을 엄선해 생각의 힘을 키울 수 있도록 했다.

지금은 융합의 시대다. 학문은 기본적으로 분절되어 있지 않다. 수학이 물리학으로, 물리학이 철학으로, 철학이 다시 문학으로 연결되면서 융합된다. 통찰의 힘은 여기서 나온다. 이전보다 더 많은 정보에 노출된 지금의 청소년들에게 무엇보다 필요한 것이 융합의 힘이 아닐까 생각한다.

코로나 바이러스 감염증이 계속 확산되면서 많은 사람들이 고통받고 있다. 하루 빨리 숨통 트이는 날이 와 여기서 텍스트로 만난 강의들을 직접 얼굴 맞대고 이야기 주고받는 날이 오기를 희망한다.

오철수

백상경제연구원장

(차 례)

청소년
인문학
수 업

르네상스 미술의 한 장면

· 이 화 진 ·

· 연관 교과목 ·

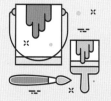

중등교과	고등교과
예술과/미술	체육예술/미술

· 키워드 ·

르네상스	이탈리아	로마	미술가	예술	예술가
권력	욕망	괴테	피렌체	대성당	벽화	건축
조각	공간	메디치	인간상	교황	바티칸

나는 어렸을 때 세계 여러 나라의 지도를 보고 따라 그리기를 좋아했다. 눈으로 보고 옮겨 그릴 때도 있었고, 지도 위에 얇은 종이를 올려놓고 희미하게 비치는 윤곽선 위로 연필을 움직이기도 했다. 어느 비 오는 날, 거실 마루에 엎드려 열심히 아프리카 대륙을 베끼던 기억이 지금도 생생하다. 그러면서 가 보지 못한 나라들, 언젠가 갈 수 있을지도 모를 미지의 장소를 상상하는 놀이에 흠뻑 빠져들곤 했다.

고등학교에서 독일어를 배운 것도, 또 대학에서 독일 문학을 전공하게 된 것도 모두 다른 세상에 대한 어린 시절의 호기심이 이어졌기 때문인 것 같다. 뒤늦게 서양미술사를 공부한 것도 '지금' '여기'의 내가 직접 경험할 수 없는 시간과 장소, 그리고 사람들의 이야기를 눈으로 확인하고 싶은 열망 때문이었다.

내가 미술사를 전공했다고 말하면 보통 사람들은 '아, 그림을 잘 그리시겠네요' 하고 감탄 어린 목소리로 되묻는다. 하지만 안타깝게도 나는 손재주가 전혀 없는 인물이다. 미술가가 천재적인 능력과 어린 시절부터 이어진 연습을 통해 작품을 창조하는 사람이라면, 미술사가는 미술품의 형식과 내용, 작품이 태어난 순간의 정치와 경제, 종교 등 다양한 문맥 속에서 예술품과 창작자를 연구하는 사람이다.

선사시대의 사람이 어두운 동굴 벽에 동물을 그려 놓은 이유는 무엇일까? 올림픽 경기를 시작한 고대 그리스인이 보여준 이상적인 인체 조각상의 특징은? 지중해를 통일한 대제국 로마가 거대한 오락장 콜로세움을 만든 까닭은 무엇일까? 유일신을 믿는 중세 유럽인은 성스러운 열망을 어떤 방식으로 표출했을까?

미술사는 건축, 조각, 회화의 특징을 고찰하면서 한 시대를 지배한 인간정신이 무엇이며 그것이 역사적으로 어떻게 변해왔는가를 짚어보는 학문이다. 미술 이야기는 인류의 삶만큼이나 오래되고 다채롭다. 그 가운데 르네상스 미술은 하늘을 향하던 인간의 눈이 자신과 주변 현실을 바라보기 시작했으며 화폐경제의 부상과 함께 후원자의 역할이 부각되던 시점을 기록한다. 동시에 교황의 예술 사랑이 종교개혁이라는 세계사의 전환점으로 이어졌음을 증명한다. 미술 작품의 감상은 한 시대의 표현 어법을 습득하는 데서 그치는 게 아니라 그 안에 담긴 시대정신까지 인식하는 데로 나아가는 것이다.

나는 가끔 자신에게 묻는다. '한국인인 내가 왜 서양의 미술을 공부하는가?' 독일의 문호 요한 볼프강 폰 괴테는 '외국어를 모르는 사람은 자기 나라의 언어도 알지 못한다'고 말했다. 여기서 답을 찾을 수 있지 않을까? 내가 스스로를 가장 명확하게 깨닫는 기회는 타인과 만나 소통할 때 주어지지 않는가? 낯선 이의 삶과 행동을 이해하려고 노력하는 건 결국 나 자신이 어떤 사람인가를 밝혀가는 과정 아니었던가?

우리의 전통과 다른 문화유산을 경험하는 것은 '다름'을 차별이 아니라 차이로 인정하고 포용하는 마음의 힘을 기르는 일이다. 나아가 과거의 예술품이 오늘의 미적 이상과 어떻게 다른가를 비교함으로써 우리는 현시대를 더 분명하게 진단할 수 있다.

팬데믹 사태로 국가 간에 보이지 않는 장벽이 생기면서 인간의 이동이 제한받고 있다. 그러나 물리적인 국경선이 강화된다 할지라도 인간의 정신은 자유로울 수 있다. 이 강의가 더 넓은 세계 속에서 나를 찾고자 하는 이들에게 눈으로 떠나는 아름다운 여행이 되기를 바란다.

피렌체의 상인들

    미술가가 장인이 아니라 창작자로서 새롭게 자리매김하는 시기가 있었다. 바로 르네상스다. 'art'라는 단어가 기술을 의미하는 그리스어 'techne'에서 유래한 것처럼 중세까지 미술가는 '손재주가 뛰어난' 기능공에 지나지 않았다. 그러나 14세기부터 인간은 신성을 향했던 눈을 아래로 내려 현실을 바라보기 시작했고, 자의식이 깨어남에 따라 스스로를 창조자로 인식하게 되었다. 또한 이탈리아에 남아 있던 로마제국의 유산은 교회에 봉사해온 미술가에게 새로운 자극제로 다가왔고, 고대 문헌 발굴과 더불어 신들의 사랑과 질투, 증오와 복수의 순간이 시각적으로 변주되었다. 15~16세기 이탈리아 르네상스 미술은 신 중심 세계관에서 벗어나 고대 문화와 인간을 재발견한 시선을 의미

한다. 그리고 당대의 정치, 경제, 사회, 종교 등 다양한 문맥과 결합한 흐름이
었다.

괴테는 왜 훌쩍 로마로 떠났나

1786년 9월 3일

나는 새벽 3시에 카를스바트를 몰래 빠져나왔다. 그렇게 하지 않았다면 사
람들이 나를 떠나지 못하게 했을 것이기 때문이다. 8월 28일 내 생일을 진
심으로 축하해주려던 그 친구들에게는 나를 만류할 충분한 이유가 있었다.
그러나 나는 더 이상 그곳에 머무를 수 없었다. 여행 가방 하나와 오소리 가
죽 배낭만을 꾸려서 홀로 우편 마차에 몸을 실으니, 아침 7시 30분에는 츠
보타에 다다를 수 있었다. 안개가 가득 낀 아름답고 조용한 아침이었다. 하
늘 위쪽 구름들은 부드럽게 줄이 간 양털 같았고, 아래쪽 구름들은 무겁게
처져 있었다. 그것은 좋은 징조로 보였다. 여름내 좋지 않았던 날씨가 지나
가고 이제는 상쾌한 가을을 맞이할 거라는 예보 같았다.

– 요한 볼프강 폰 괴테Johann Wolfgang von Goethe 의 《이탈리아 기행》 첫머리에서

1786년 9월, 37살의 괴테는 유명한 온천 휴양지 카를스바트(체코의 카를로비
바리)를 떠나 약 2년에 걸친 이탈리아 여행에 나선다. 괴테는 이미 소설《젊은
베르테르의 슬픔》을 출간한 당대 유명 작가였을 뿐 아니라, 바이마르 공국의
추밀 고문관으로서도 재능을 한껏 발휘하고 있었다. 하지만 정치가로서의 지

위와 명성이 절정에 달했을 때, 괴테는 모든 것을 버리고 남쪽을 향해 달려간다. 그곳은 바로 고대 제국의 숨결이 살아 있는 곳, 르네상스 미술이 싹튼 이탈리아였다.

화가 요한 하인리히 빌헬름 티쉬바인Johann Heinrich Wilhelm Tischbein이 그린 〈로마 평원의 괴테〉는 독일의 문호가 남국으로 떠난 이유를 알려준다. 흰색 토가를 멋지게 차려입은 괴테는 챙이 넓은 모자를 비스듬히 쓴 채, 폐허 사이에 앉아 먼 곳을 바라본다. 부서진 고대 부조와 이오니아식 기둥의 잔해가 옆에 놓여 있고, 멀리 아피아 가도에는 체칠리아 메텔라Cecilia Metella의 무덤이 서 있다. 이 초상화는 괴테의 목적이 고대 문화를 직접 만나고 감상하는 데 있음을 말

〈로마 평원의 괴테〉

해준다.

기원후 79년에 일어난 베수비오 화산 폭발로 인해 화산재에 묻혀 있던 이탈리아 남부 도시인 헤르쿨라네움과 폼페이가 18세기 중반에 발굴되면서 고대 유적은 유럽인에게 뜨거운 관심거리로 부상했다. 괴테의 이탈리아 기행은 이런 시대정신의 반영이었다. 괴테는 온화한 이탈리아의 기후와 과거 예술의 체험을 통해 '질풍노도Sturm und Drang'의 시기를 벗어나 고전주의자로 다시 태어났다.

고대 미술을 통해 미적 취향을 향상시키고, 좀 더 성숙한 인간으로 성장하는 기회를 마련하는 것은 그랜드 투어Grand Tour의 중요한 목표였다. 16세기부

칼 스피츠베그가 묘사한 그랜드 투어

터 미술가들은 예술의 보고를 찾아 이탈리아를 여행했고, 17세기 프랑스 미술 아카데미의 분교가 로마에 세워지면서 고대 제국의 수도는 예술가를 위한 살아 있는 학교가 되었다.

19세기 초까지 미술가 외에도 유럽 귀족과 지식인, 상류층 자제는 가정교사와 함께 피렌체, 베네치아, 로마, 나폴리 등을 순례하며 위대한 예술품과 만났고, 교양인으로 완성되기 위한 교육을 받았다. 특히 산업혁명으로 물질적 풍요를 누린 영국인들은 파리에서 세련된 예법을 익히고, 이탈리아에서 문명의 유산을 향유하는 교양 여행을 통해 상류 사회의 일원이 되기 위한 여정을 마무리했다.

한두 달이 아니라 2~3년에 걸친 장기간의 예술 여행이 관광산업 번성과 지역경제 활성화를 가져왔다는 건 누구나 예상할 수 있는 결과다. 19세기에 들어와 증기선과 철도가 빠르게 보급되고 도시 간 이동이 용이해짐에 따라 그랜드 투어는 일생에 '단 한 번'이라는 의미를 상실해갔지만, 오늘날 '패키지 관광'이라는 형태에서 그 명맥을 찾아볼 수 있다.

예술로 승화된 상인의 명예

유럽인에게 이탈리아는 르네상스 미술이 탄생하고 만개했으며 소멸해가는 장소다. 왜 15세기 이탈리아에서 르네상스 미술이 등장했을까? 첫째, 이곳에서는 알프스산맥 북쪽 나라들에 비해 손쉽게 고대 유산을 접할 수 있었기 때문이다. 중세 기독교 사상에 억눌려 있던 고대 문명이 이교도의 뿌리가 살아 있는 이탈리아에서 부활한 것이다.

이와 함께 15세기의 화폐경제를 또 다른 원인으로 꼽을 수 있다. 12세기 말부터 농업을 기반으로 한 장원제가 흔들리고 상공업이 발달하면서 토지가 아닌 돈이 경제의 핵심 요소가 되었다. 지중해 무역의 약진으로 이탈리아는 유럽 경제의 중심지로 우뚝 섰고, 특히 아르노강이 흐르는 피렌체가 금융 시장을 주도했다. 피렌체의 상인들은 자신들의 길드를 정치적 영역으로 확대하면서 새로운 지배 계층으로 부상했다. 피렌체의 부호들은 막강한 7개의 길드를 형성했고, 길드의 행정장관 프리오르prior가 도시의 정치 기구를 장악함으로써 권력을 매개로 자신들의 경제권을 보호했다. 정치와 경제를 독점한 부유한 상인 계층은 왕이나 귀족처럼 예술품을 수집하고, 경쟁적으로 작품을 주문했다.

대 일곱 길드의 사무실이 있었던 오르산미켈레의 외벽은 각 길드가 제작비를 부담한 가톨릭 성인이자 길드의 수호성인 조각상들이 장식하고 있다. 이를테면 양털(혹은 낙타털)로 짠 옷을 입고 있는 '세례자 요한'은 옷감 판매제조 상인조합의 수호성인이며, 악한 용을 용감하게 창으로 찔러 죽이고 공주를 구한 '성 게오르기우스'는 갑옷 제조업자들의 수호성인답게 방패를 든 늠름한 기사의 모습으로 등장한다. 성인상들은 길드의 위상을 나타냈기 때문에 은행가 길드는 자신들의 수호성인인 '성 마태'가 세례자 요한보다 크거나 적어도 비슷한 크기로 만들어져야 한다는 조건을 달았다. 오르산미켈레의 성인 조각상은 단순한 종교적 상징이 아니라 피렌체를 지배하는 상인조합을 시각화하고 그들의 자부심을 표출하는 미적 장치였다.

오르산미켈레 성당 전경

성 게오르기우스

성 마태

미술과 세속적 욕망의 결합

피렌체의 상인 가문 가운데 메디치가는 가장 강력하고 또 명실상부한 실세였다. 메디치가는 양모가공업과 외화 환전 등의 사업을 하면서 1397년 메디치 은행을 설립했고, 런던과 벨기에에도 지점을 세워 막대한 부를 축적했다. 특히 위대한 로렌초Lorenzo il Magnifico는 그의 조부 코지모 데 메디치Cosimo de' Medici가 후원한 플라톤 아카데미에서 인문주의자들과 정치적, 문화적 이상을 논의하며 피렌체를 새로운 아테네로 만들어갔다. 로렌초가 1482년 메디치 은행의 감독자로 임명한 프란체스코 사세티Francesco Sassetti가 주문한 벽화는 르네상스 미술이 개인의 세속적인 욕망과 얼마나 강력하게 결부되었는지 확인시켜준다.

1300년대 중반부터 환전업을 해온 사세티 가문은 그다지 평판이 좋지 않았지만, 메디치 가문에 봉사하며 산타 트리니타 수도원에 가족 예배실을 소유할 정도로 성장했다. 화가 도메니코 기를란다요Domenico Ghirlandaio는 이곳에 주문자의 수호성인인 성 프란체스코의 일생을 그렸는데, 세 단으로 나누어진 벽화의 가장 아랫부분에서 무릎을 꿇고 아기 예수와 마리아를 향해 두 손 모아 경배를 드리는 사세티 부부의 모습을 찾아볼 수 있다. 좌우 벽면에는 이들의 석관이 안치되어 있기 때문에 이곳은 무덤예배당이기도 하다.

무엇보다 흥미로운 점은 첨두아치를 이룬 벽화의 맨 윗부분에서 발견된다. 성 프란체스코는 로마 교황청이 아니라 피렌체의 로자 데이 란치Loggia dei Lanzi를 배경으로 교황으로부터 수도회의 정관을 승인받는다. 그리고 사세티 가족은 마치 신성한 사건의 증인처럼 그려져 있다. 그림 오른쪽에는 붉은 옷을 입은 프란체스코와 그의 막내아들이, 맞은편에는 그의 세 아들이 의젓하게 서 있다. 프란체스코 옆으로는 검은 머리를 한 로렌초 메디치와 사돈인 안토니오 푸치Antonio Pucci가 푸른 옷을 입고 성스러운 순간을 바라본다. 사세티는 많은 신도가 방문하는 교회에서 피렌체의 절대 권력자와 또 다른 명문가와의 연관성을 강조함으로써 가문의 명예를 드높였다.

사세티 예배실에 그려진 벽화

이처럼 15세기 이탈리아에서는 경제적인 힘을 새롭게 획득한 상인 계층이 그들의 사회적 위치를 부각하기 위한 공공 매체로 미술품을 선택하고 주문했다. 경제적 번영이 이탈리아 르네상스 미술의 탄생을 전적으로 설명할 수는 없겠지만, 적어도 피렌체에서는 수많은 예술품을 이끌어낸 동인이 되었다.

하늘을 향한 둥근 지붕

제임스 아이보리^{James Ivory} 감독의 영화 〈전망 좋은 방〉은 1908년에 출판된 E. M. 포스터^{E. M. Forster}의 소설이 원작이다. 영화는 주인공 루시 허니처치가 숙소에서 아르노강이 보이지 않는다며 실망하는 장면으로 시작한다. 그리고 우여곡절 끝에 루시가 얻은 방은 영국인 여행객에게 왜 그토록 전망이 중요한지 말해준다. '전망 좋은' 방에서는 바로 산타 마리아 델 피오레^{Santa Maria del Fiore}, 즉 피렌체 대성당의 돔이 보이고 있었다.

판테온의
부활

　　　　　　　　　　'꽃의 성모'라는 이름처럼 아름다운 색색의 대리석으로 장식된 피렌체 대성당은 1296년에 착공되었지만 14세기 말까지 거대한 교차부 상단이 미완성인 상태로 남아 있었다. 1418년 성당을 완공하기 위해 모직물 제조 조합인 아르테 델라 라나^{Arte della Lana}가 공모전을 주도했고, 이에 필리포 브루넬레스키^{Filippo Brunelleschi}가 제안한 반구형 지붕이 채택되었다. 브루넬레스키는 로마에서 만난 판테온의 둥근 지붕을 아르노강 강변에 부활시켰고, 이로써 피렌체는 이탈리아 르네상스 건축을 대표하는 건축물을 갖게 되었다.

피렌체 대성당

판테온은 고대 로마의 중요한 일곱 신에게 바쳐진 신전으로, 원형 몸통 위에 아치가 360도로 연결된 돔이 얹혀 있었다. 브루넬레스키의 돔은 8개의 뼈대와 팔각 채광창으로 마무리되어서 판테온의 계단식 돔과 달라 보이지만, 고대 구조를 되살렸다는 점에서 근본적으로 중세 성당과의 이별을 의미한다. 이는 2019년 4월 화마로 피해를 입은 파리의 노트르담 성당과 비교해보면 명확히 알 수 있다. 하늘을 향해 높이 솟아오른 중세 성당의 첨탑은 둥그런 돔으로 대체되었다. 브루넬레스키의 돔은 판테온 이후 가장 높고 큰 돔이었으며, 피렌체의 새로운 번영기를 알리는 건축물이었다.

어린 시절 피렌체의 두오모Duomo를 보고 자란 미켈란젤로 부오나로티 Michelangelo Buonarroti는 로마의 성 베드로 대성당을 위해 다시 한 번 고대의 반구형 지붕을 되살린다. 로마 황제 콘스탄티누스가 베드로의 무덤 자리에 세운 베드로 성당은 1506년 교황 율리우스 2세의 명령으로 개축되기 시작했다. 뒤이어 교황 파울루스 3세의 위촉을 받은 미켈란젤로는 89세로 세상을 떠날 때까지 성당 완공 작업에 힘을 쏟았다. 미켈란젤로는 16개의 뼈대와 코린트 양식의 쌍기둥을 지닌 돔을 교차부에 설계하고, 브루넬레스키처럼 작은 반구형 채광창, 즉 큐폴라cupola로 돔의 꼭대기를 장식했다. 비록 미켈란젤로는 자신의 돔이 완성되는 모습을 보지 못한 채 눈을 감았지만, 오늘날 성 베드로 대성당 앞에 선 모든 이들에게 르네상스 건축이 무엇인가를 분명히 확인시켜주었다.

성 베드로 대성당 내외부

위대한 고대 미술의
재탄생

'르네상스Renaissance'는 이탈리아 미술가 조르조 바사리Giorgio Vasari가 쓴 미술가 평전 《가장 뛰어난 화가, 조각가, 건축가들의 생애》에서 언급한 '리나시타(재생)rinascita'의 프랑스어 번역이다. 바사리는 알프스 이북의 야만인 고트족이 창안한 암흑시대의 고딕 양식을 극복하고 위대한 고대 미술을 재탄생시켰다는 의미에서 이 용어를 사용했다. 이후 스위스 출신의 문화·미술사학자인 야콥 부르크하르트Jacob Burckhardt가 펴낸 《이탈리아 르네상스 문화》를 통해 르네상스의 의미와 명칭이 확산되었다.

1400년대, 즉 콰트로첸토Quattrocento(이탈리아어로 400이라는 뜻, 15세기를 말한다)부터 등장하는 르네상스 미술은 고대 그리스와 로마 전통에 귀를 기울이기 시작했다. 당시 교회의 권위는 성직자의 과세 문제를 둘러싸고 교황과 프랑스 왕이 대립하며 발생한 아비뇽 유수로 인해 약화했고, 신의 이름 아래 잠들었던 인간의 자의식과 감각적인 현실 세계가 점차 깨어나고 있었다. 14세기는 조반니 보카치오Giovanni Boccaccio의 《데카메론》처럼 세속적인 삶의 이야기를 반기고 있었으며, 오스만제국의 위협을 받던 동로마제국 학자들이 이탈리아로 이주하면서 고대 문헌에 대한 관심 또한 커져갔다. 이런 정신적 변화는 15세기에 이르러 눈으로 감지할 수 있는 새로운 미술이 되었다.

고대 건축을
인용한 기둥

피렌체와 로마의 대성당 외에도 팔라초^{palazzo}
와 같은 세속 건축에서 르네상스의 건축 용어를 확인할 수 있다. 팔라초는
15~16세기 이탈리아 귀족이나 부유한 상인 등 명문 지배 계층이 살던 도시
저택을 가리킨다. 메디치 가문의 소유였다가 17세기 중반 리카르디^{Riccardi} 가
문에 팔린 팔라초 메디치-리카르디는 '사각형 3층 건물'이라는 팔라초의 기본
형태를 잘 보여준다.

코지모 메디치는 처음에 브루넬레스키에게 건축을 의뢰했지만, 지나치게
화려한 탓에 자신의 가문이 피렌체의 지배자처럼 보일 것을 우려해 미켈로조
디 바르톨롬메오^{Michelozzo di Bartolommeo}에게 다시 설계를 부탁했다.

팔라초 메디치-리카르디의 가장 아래층 외벽은 다듬어지지 않은 거친 돌이
접합된 루스티카^{Rustication} 양식으로 인해 요새처럼 둔중한 인상을 주지만, 그

팔라초 메디치-리카르디

느낌은 위층으로 갈수록 매끈해지는 벽면에 의해 상쇄된다. 그리고 팔라초 곳곳에 달린 문장, 즉 메디치 팔레^{Medici Palle}라고 불리는 6개의 공이 붙은 방패 장식은 이 저택이 누구에게 속했는지 알려준다.

출입구를 지나 안으로 들어가면 원기둥으로 둘러싸인 네모난 중정이 나타나는데, 하늘로 열린 이 공간은 고대 로마의 전통 가옥인 도무스^{domus}의 아트리움을 상기시킨다. 로마 원로원 귀족과 부유층이 살았던 도무스는 팔라초와 마찬가지로 사각 구조였으며, 출입문을 통과하면 빗물을 받는 넓은 수반 주위로 원기둥이 세워진 아트리움이 있었다. 팔라초는 고대 로마의 유산이 어떻게 다시 인용되는가를 말해주는 구조를 취하고 있었다.

오늘날 프랑스대사관이 자리한 로마의 팔라초 파르네세^{Palazzo Farnese}는 후일 교황 파울루스 3세가 되는 알레산드로 파르네세^{Alessandro Farnese} 추기경이 주문한 것으로, 소 안토니오 다 상갈로^{Antonio da Sangallo, the Younger}의 설계와 미켈

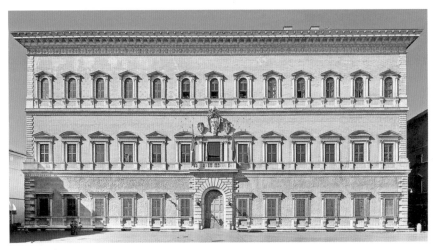

팔라초 파르네세

란젤로의 손길이 합쳐진 저택이다. 유서 깊은 귀족 가문의 위용은 좌우 대칭의 사각 건물 한가운데 자리한 문장에서 드러난다. 중앙 출입구와 건물 모서리에는 루스티카 양식이 적용되었고, 창문 위에서 교차하는 삼각형과 반원 장식은 수평선을 강조한 파사드facade에 율동감을 부여한다.

중정에 들어서면 각층 벽면에서 장식으로 덧붙여진 기둥을 발견할 수 있는데, 아래로부터 차례로 도리아 양식(좀 더 정확하게는 토스카나 양식), 이오니아 양식, 코린트 양식 순이다. 이런 기둥 양식은 모두 고대에서 유래했으며, 특히 콜로세움 외벽에서 이와 동일한 순서를 찾아볼 수 있다.

검투사들이 시합을 벌였던 콜로세움은 당시 가장 큰 원형경기장이자 로마 황제 네로의 황금궁전이 있던 자리에 세워진 대중 오락장이었다. 폭군을 몰락시킨 베스파시아누스 황제는 이 놀이터에 새로운 왕조의 이름을 따서 플라비아누스 경기장이라는 이름을 붙였지만, 네로의 '거대한 조각상colossus'으로 인해 '콜로세움'이라고 불리게 되었다. 50미터에 달하는 외벽은 각 층마다 80개의 아치가 연속되며 아치의 교향곡을 보여주는데, 도리아 양식과 이오니아 양식, 코린트 양식의 반원기둥이 아래쪽부터 차례대로 올라온다. 로마의 팔라초 가운데 가장 장엄한 건물은 고대 로마제국의 영광을 알리는 콜로세움과 맞닿아 있었다.

도시 내에 팔라초가 있었다면, 도시 외곽에는 르네상스인의 휴식을 위한 별장이 있었다. 빌라villa 라고 불리는 이런 건축물은 고대 로마인도 소유했었다. 이탈리아를 여행하던 괴테는 안드레아 팔라디오Andrea Palladio가 지은 빌라 로톤다Villa Rotonda를 방문하고 경탄을 아끼지 않았다. 파올로 알메리코Paolo Almerico 주교가 주문했기 때문에 '빌라 알메리코'라고도 불리는 이 정십자가형

콜로세움

빌라 로톤다

건물은 사면에서 판테온과 동일한 형태를 보여준다.

비센차 근교의 언덕 위에서 아름다운 전원 풍경을 마주하고 있는 빌라 로 톤다는 완벽한 대칭과 균형, 절제된 장식을 통해 르네상스의 미적 이상이 무엇인지 우리에게 일깨워준다. 인간의 시선 안에 담겨지는 크기, 합리적이고 논리적인 구조는 15~16세기 이탈리아 건축이 무한의 세계가 아니라 사람의 손으로 측정 가능한 세상을 재현하고 있음을 상기시킨다.

다윗은 어떻게 조각되었나

브루넬레스키의 돔이 높이 솟아 있는 피렌체 대성당 앞에는 작은 팔각형 건물이 서 있다. 산 지오반니 세례당이다. 피렌체의 수호성인이자 세례성인 인 성 요한에게 바쳐진 이 건물은 3개의 청동문으로 장식되어 있다. 그 가운 데 산타 마리아 델 피오레의 서측 파사드와 마주하는 동쪽 문은 미켈란젤로가 '천국의 문Gates of Paradise'이라고 부를 만큼 아름다운 자태를 뽐낸다(사실 세례당 과 성당 출입구 사이의 공간을 이탈리아어로 'paradiso'라고 부르기 때문에, 미켈란젤로 의 언급은 일종의 언어유희라고 할 수 있다).

청동에 금박을 입힌 이 화려한 문은 1424년 세례당 건축 위원회와 옷감 판 매제조 상인조합인 아르테 디 칼리말라Arte di Calimala가 로렌초 기베르티Lorenzo

산 지오반니 세례당 〈천국의 문〉

Ghiberti에게 주문한 조각으로, 세 개의 문 가운데 가장 마지막에 제작되었다.

스스로를 인식하고
창조하는 인간의 시대

　　　　　피렌체의 모직물 제조 조합인 아르테 델라

라나가 피렌체 대성당과 종탑을 담당했다면, 칼리말라 길드는 세례당을 꾸미

는 작업에 착수했다. 세례당 남쪽의 오래된 목조문은 1330∼1336년 안드레아

피사노Andrea Pisano에 의해 세례자 요한의 일생을 다룬 청동문으로 바뀌었고,

이와 짝을 맞추어 1401년 칼리말라 길드는 북쪽의 청동문을 공모했다. 당시

피렌체는 밀라노의 위협을 받고 있었기 때문에, 도시의 수호성인을 형상화한

예술품은 시민을 단결시키는 구심점이 될 수 있었다.

공모전 주제는 창세기에 등장하는 이삭의 희생이었다. 최종 심사에 모두 7명의 예술가가 올랐다. 그 가운데 브루넬레스키도 있었지만 우승자는 갓 20살을 넘긴 기베르티였다. 기베르티는 균형 잡힌 인물 배치와 자연스러운 인체 표현 외에도 청동을 하나의 틀에 부어 굳히는 새로운 기법을 구사했다. 이를 통해 재료의 무게를 획기적으로 줄일 수 있었는데, 제작비용이 절감되는 이런 방식이 칼리말라 길드에게 얼마나 매력적이었을지 상상해보라.

기베르티가 예수의 일생을 다룬 청동 부조(한 면에서만 형상이 도드라지게 표현된 조소 형식)를 완성했을 때, 그 문은 탁월한 아름다움을 인정받아 예정된 북쪽이 아니라 대성당과 마주 보는 동쪽에 배치되었다. 한 가지 흥미로운 점은 공모전 실패로 울분에 찬 브루넬레스키가 로마에 가서 건축을 공부하고, 피렌체 대성당의 돔을 설계하는 설욕의 기회를 얻었다는 것이다. 서로 얼굴을 맞댄 피렌체 대성당과 세례당은 르네상스 미술가 사이의 자존심 대결을 보여주는 듯하다.

1424년 칼리말라 길드는 기베르티에게 세례당에 쓸 마지막 청동문을 주문했고, 이 문이 바로 미켈란젤로가 천국의 입구에 세워둘 만하다고 칭송한 동쪽 문이다(기존 동쪽 문은 원래 자리인 북쪽으로 옮겨졌다). 기베르티는 사각의 문을 10개의 화면으로 나누고, 세계 창조부터 솔로몬과 시바의 여왕이 만나는 장면까지 왼쪽에서 오른쪽으로, 그리고 위에서 아래로 배열했다.

특히 각 장면은 조각의 높낮이 차이를 통해 공간적 거리감을 드러낸다. 예를 들면 첫 번째 부조에서 뱀의 유혹을 받는 아담과 이브는 화면 하단의 아담보다 얕게 조각되었기 때문에 마치 먼 곳에 서 있는 것처럼 보인다. 인간의 눈에 가까이 놓인 것은 크고 선명하게, 멀리 떨어진 것은 희미하고 흐릿하게 보인다는 물리적 사실을 떠올린다면, 기베르티의 청동문에서 현실 공간이 재현되기 시작했음을 알 수 있다. 르네상스인은 자신이 살고 있는 세계를 지각하고, 이를 가시화한 것이다.

아울러 청동문에 등장한 예술가의 초상은 새롭게 깨어난 인간의 자의식을 확인시켜준다. 청동문 테두리에는 구약성경의 선지자들이 조각되어 있는데, 사람들의 시선이 가장 잘 닿는 높이에 기

기베르티의 청동문

베르티의 얼굴이 새겨져 있다. 이제 예술가는 단순히 손재주를 지닌 기능공이 아니라 전지전능한 신처럼 무엇인가를 만들어내는 창조자로서의 자아를 표현하게 된 것이다.

다윗으로 빚어진 르네상스의 인간상

기베르티가 청동문 부조를 통해 르네상스 조

도나텔로의 〈다윗〉

각이 무엇인지를 알려준다면, 도나텔로Donatello의 다윗은 환조(3차원의 입체감을 지닌 조소 기법으로, 사방에서 감상할 수 있다)를 통해 르네상스 조각의 혁신성을 보여준다. 팔라초 메디치의 중정에 세워졌던 이 조각상은 거인 골리앗을 제압한 어린 소년 다윗을 묘사하고 있다. 여기서 다윗은 돌팔매질에 사용할 돌을 왼손에 쥐고 오른손으로 골리앗의 머리를 베어낸 칼을 짚고 서 있다.

도나텔로는 사울 왕이 준 갑옷을 벗어버린 이스라엘 목동을 완전한 알몸으로 재현함으로써 고대 이후 사라졌던 누드 환조상을 다시 제시했다. 중세 미술이 우상 숭배의 위험이 있다며 거부했던 등신대의 환조가 도나텔로의 작업과 함께 '되살아난' 것이다.

게다가 인체를 누드로 조각한다는 것은 몸에 대한 해부학적 관심을 전제로 하기 때문에 도나텔로의 다윗은 지상의 존재를 사실적으로 관찰한 15세기의 눈을 이야기한다. 특히 다윗은 오른쪽 다리로 몸을 지지하고 왼쪽 무릎을 구부려 골리앗의 머리 위에 발을 올려놓고 있는데, 이 자세는 고대 그리스의 조각가 폴리클레이토스Polykleitos가 만든 〈창을 든 사나이〉, 즉 도리포로스Doryphoros를 떠올리게 한다.

폴리클레이토스는 완벽한 균형과 비례를 갖춘 인체 조각을 만들기 위해

《캐논》을 저술했고, 자신의 이론을 시각화하기 위해 청동으로 〈창을 든 사나이〉를 제작했다. 폴리클레이토스는 인체가 머리 크기를 기준으로 7등신일 때 가장 이상적이라고 규정했으며, 수학적인 체계를 통해 몸 전체와 각 부분, 또 부분과 부분의 조화를 추구했다. 창을 멘 왼쪽 어깨가 긴장된 상태를 보여준다면 반대쪽 어깨는 부드럽게 이완되어 있다. 또 곧게 뻗은 오른쪽 다리가 몸을 단단히 받치고 있다면 반대쪽 다리는 발꿈치를 들어 올린 채 느슨하게 무릎을 구부리고 있다.

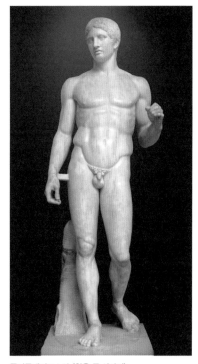

폴리클레이토스의 〈창을 든 사나이〉

걸어가는 듯 혹은 멈춰서 쉬고 있는 듯 보이는 모습은 긴장과 이완, 정지와 이동의 완벽한 균형을 드러낸다. 이런 자세는 콘트라포스토^{contrapposto}라고 불리는데, 고대부터 19세기 말에 이르기까지 서양 조각의 전범이 되었다.

내면의 조화를 완성하다

르네상스 조각을 정점으로 끌어 올린 미켈란젤로 또한 1501년 피렌체 대성당 건축 위원회의 주문을 받아 대리석으로 다

미켈란젤로의 〈다윗〉

윗을 조각했다. 5.18미터에 달하는 이 거대한 환조상을 과연 26살의 미켈란젤로가 완성할 수 있을지가 초미의 관심사였다. 이 다윗상은 원래 피렌체 성당의 부벽 위에 올리기로 했는데, 지나치게 크고 어울리지 않는다는 의견 때문에 팔라초 베키오 앞 시뇨리아 광장에 세워졌다.

이로써 당시 피렌체의 불안정한 정치 상황에서 유대 민족을 구한 영웅은 적으로부터 시민을 보호하는 피렌체 공화국을 상징하게 되었다. 오늘날 우리가 피렌체 시청 앞과 미켈란젤로 광장에서 만날 수 있는 다윗은 복제품이고, 원본은 피렌체 아카데미아 미술관에 소장되어 있다.

젊은 미켈란젤로에게 커다란 명성을 안겨준 다윗은 고개를 돌려 골리앗을 바라본다. 다윗은 오른손에 돌을, 왼손으로는 무릿매를 잡고 있다. 상체와 하체에 배분된 긴장과 이완은 몸 전체를 흐르는 S형 곡선과 함께 콘트라포스토 자세를 만들어낸다. 미간을 찌푸린 다윗은 적을 바라보며 긴장한 모습이다. 하지만 그는 자신의 두려움과 공포를 결코 밖으로 드러내지 않는다. 굳게 다문 입, 매끄러운 볼, 고요한 얼굴. 다윗은 내면의 불안을 극복한 표정이다.

만약 르네상스의 형식미가 정지와 이동, 긴장과 이완의 완벽한 균형을 이룬 콘트라포스토에서 발견된다면, 르네상스의 인간상은 내면의 조화를 완성한 다윗에게서 체화된다. 르네상스의 미적 이상은 감정의 과잉이 아니라 감정의 절제 및 승화된 정신을 통해 구현되며, 형태 또한 그에 상응하고 있었다.

열린 창으로 바라본 세계

시간의 신은 큰 낫을 휘둘렀다. 대지의 여신 가이아의 아들 크로노스는 어머니의 복수를 위해 아버지 우라노스를 죽음으로 몰아넣었다. 하늘의 신 우라노스가 비극적인 최후를 맞이했을 때, 잘려진 그의 성기는 바다에 떨어져 물과 만났고 거품이 일면서 고대 그리스 신화에서 가장 아름다운 신이 탄생했다. 바로 아프로디테, 로마 신화에서는 베누스로 불리는 사랑과 미의 여신이다. 하지만 그녀의 이름이 '거품'을 뜻하는 고대 그리스어 '아프로스aphros'에서 유래하듯 비너스 여신은 영원한 아름다움도 영원한 사랑도 없으며, 오직 물거품과 같은 허망한 욕망만이 있을 뿐이라는 사실을 일깨워주기도 한다.

공간의 감각을
재현하라

　　　　　　　　산드로 보티첼리^{Sandro Botticelli}는 거품에서 태어난 여신 아프로디테를 소재로 〈비너스의 탄생〉을 제작했다. 이 작품을 누가 주문했는지 정확하게 알려져 있지 않지만, 16세기 중반 카스텔로에 있는 메디치 별장에 걸려 있었다는 점 때문에 메디치 가문의 일원이 의뢰했다고 여겨진다.

　　화면 중앙에는 비너스 여신이 긴 머리를 휘날리며 조개껍질 위에 서 있는데, 그녀는 서풍의 신 제피로스가 일으키는 바람을 타고 키프로스 해안으로 옮겨지고 있다. 보티첼리는 호메로스^{Homer}뿐 아니라 당시 피렌체에서 활동하

〈비너스의 탄생〉

던 시인 안젤로 폴리치아노^{Angelo Poliziano}의 작품도 인용했다고 알려져 있다. 그래서 볼을 한껏 부풀린 제피로스에게 안긴 여인이 꽃의 여신 플로라가 아닌 새벽의 미풍을 묘사한 아우라라는 해석도 의미를 얻는다.

이들 주변으로는 비너스 여신을 상징하는 장미꽃들이 여신의 탄생을 축복하듯 쏟아져 내린다. 화면 오른쪽에서는 흰옷을 입은 계절의 여신 호라이가 발끝으로 춤추듯이 걸어와 여신의 벗은 몸을 붉은 천으로 감싸주려 한다. 비너스는 부끄러운 듯 두 손으로 몸을 가리고 있다.

한 손으로는 가슴을, 다른 손으로는 음부를 감춘 모습을 '푸디카^{pudica}'라고 부르는데, 이 자세는 고대로부터 누드의 비너스를 묘사할 때 자주 사용되었다. 특히 메디치 가문은 비너스 푸디카, 즉 수줍게 몸을 가린 비너스상을 소유하고 있었기 때문에 이 고대 조각의 형식을 보티첼리가 '재생' 또는 '부활'시켰음을 유추해볼 수 있다. 창백한 피부, 순결한 얼굴, 황금빛 머리칼을 늘어뜨린 비너스는 줄리아노 데 메디치^{Giuliano de' Medici}의 연인이었던, 그리고 보티첼리도 흠모했다는 시모네타 베스푸치^{Simonetta Vespucci}를 투영하고 있다. 이 비너스 여신은 중세 이후 이탈리아 미술에서 신화적 주제를 담은 첫 번째 여성 누드로 여겨진다.

레온 바티스타 알베르티^{Leon Battista Alberti}는 1435년《회화론》에서 "회화란 열린 창^{finestra aperta}으로 바라본 세계다"라고 규정했다. 르네상스 이후 서양 회화의 가장 중요한 규범이 된 '열린 창'의 의미는 과연 무엇일까?

창문을 활짝 열고 세상을 바라본 화가가 캔버스 앞에 섰을 때 부딪힌 가장 큰 문제는 무엇이었을까? 아마도 2차원 평면 위에서 3차원의 현실, 말하자면 가까이에 서 있는 키 큰 나무와 저 멀리 흐릿하게 펼쳐진 산맥의 거리감을 어떻게 재현해야 하는가라는 고민일 것이다.

이런 난제를 해결하기 위해 미술가는 원근법을 사용하기 시작했고, 화면 안에서 사물의 크기와 색채 변화를 통해 공간감을 완성했다. 원근법은 인간이 '나'로부터 가까운 것과 먼 것을 자각하고, 측정하고, 재현하려는 방식이었으며, 하나의 통일된 공간 속에서 모든 사물을 한눈에 파악하려는 회화 체계였다.

마사치오Masaccio가 피렌체의 산타 마리아 노벨라 성당 벽에 그린 〈성 삼위일체〉는 3차원 공간을 표현한다는 점에서 르네상스 회화의 출발점이다. 이 벽화의 주문자는 분명하지 않지만, 피렌체 출신의 도메니코 렌치Domenico Lenzi와 그의 부인으로 추측된다. 한때 그림 앞 성당 바닥 아래에 이들의 무덤이 있었기 때문이다. 따라서 석관에 누워 있는 해골 위로 무릎을 꿇고 앉아 기도하는 인물은 렌치 부부일 것이다.

그들 뒤로 코린트 양식과 이오니아 양식의 기둥이 세워진 아치형 건물이 있고, 그 안에 십자가에 못

〈성 삼위일체〉

박힌 예수가 등장한다. 하나님은 피 흘리는 예수의 뒤에 서서 십자가를 양손으로 받치고 있으며, 성령을 상징하는 흰 비둘기가 황금 후광이 드리운 예수의 머리 위로 날아온다. 십자가 아래에는 성모와 복음사가 요한이 마주 서 있는데, 오른손을 든 마리아의 몸짓은 마치 관람객에게 그녀 뒤의 예수를 바라보라고 말하는 듯하다. 마사치오는 소실점을 향한 피라미드 안에 인물을 배치함으로써 화면 안으로 들어가는 듯한 환영감을 완성하고 있다.

균형과 절제를 추구한 르네상스 정신

공간에 대한 표현은 시각적 집념이 되었다. 레오나르도 다 빈치Leonardo da Vinci는 밀라노의 산타 마리아 델레 그라치에 교회 부속 식당 벽에서 완벽한 눈속임을 이루어냈다. 피렌체 근처 빈치 마을에서 사생아로 태어난 레오나르도*는 17년간 밀라노의 스포르차 가문에 종사했다. 그리고 1495년 루도비코 스포르차Ludovico Sforza의 주문으로 〈최후의 만찬〉을 그리게 되었다.

벽화를 제작할 때는 젖은 회벽에 수성 물감을 입히는 프레스코 기법이 가장 안전하지만, 마르는 속도가 빨라 작업 속도가 느린 레오나르도에게는 적합하지 않았다. 그래서 레오나르도는 유채와 템페라의 혼합 기법으로 벽화를 채색했다. 벽화가 완성되고 나서 20여 년이 채 지나지 않은 1517년경부터 물감

---

* '다 빈치'는 가문의 성을 따른 것이 아니라 빈치 마을 출신이라는 뜻이다.

이 떨어지고 탈색되었는데, 이로 인해 〈최후의 만찬〉은 복원 과정을 여러 번 거쳐야 했으며, 나폴레옹 군대의 침략을 비롯해 제2차 세계대전의 폭격까지 겪었다. 심지어 수사들은 벽화 하단부를 뚫고 문까지 달았다. 따라서 지금 우리가 보는 〈최후의 만찬〉이 원작과 얼마나 유사한가라는 의문이 제기되는 것은 당연한 일인지도 모른다.

레오나르도는 예수가 12명의 제자와 저녁식사를 하던 중 그들 가운데 한 사람이 자신을 배신할 거라고 예언하는 장면을 선택했다. 두 손을 들며 화들짝 놀라는 제자, 손가락으로 하늘을 가리키는 제자, 옆 사람과 마주보며 수군거리는 제자 등 경악과 혼동의 순간이 인물의 다양한 몸짓과 표정을 통해 드러난다.

예수를 중심으로 좌우에 6명, 다시 3명씩 균등하게 분할된 구성은 균형과 조화를 추구한 르네상스의 미감을 전달한다. 가로로 길게 놓인 식탁은 수평 구도를 강조하면서 화면의 안정감을 강화한다. 예수의 머리에 소실점을 둔 원

〈최후의 만찬〉

근법으로 인해 관람자는 예수와 열두 제자가 바로 눈앞에 앉아 있으며, 그들 뒤로 열린 3개의 창을 통해 풍경이 펼쳐진다는 착각에 빠진다.

여기에서 은화 30냥에 예수를 고발하는 유다가 누구냐고 묻는다면, 베드로에게 밀려 앞으로 몸을 숙인 인물을 찾아야 한다. 그는 예수의 폭탄선언으로 당혹감에 빠진 제자들과 달리, 오른손으로 돈주머니를 꽉 쥔 채 빵을 잡으려고 왼손을 뻗고 있다.

레오나르도는 1517년 프랑수아 1세의 초청으로 이탈리아를 떠나 프랑스로 갔다. 그리고 앙부아즈 근교의 클루에서 생을 마감했다. 레오나르도가 피렌체에서 가지고 갔던 〈모나리자〉는 신비로운 미소와 함께 서양 미술사에서 가장 유명한 초상화로 손꼽힌다. 초상화의 주인공은 누구일까? 레오나르도의 자화상이라는 설 등 여러 가지 가설이 떠돌지만, 일반적으로 피렌체의 부유한 상인 프란체스코 델 조콘도 Francesco del Giocondo의 부인이라고 알려져 있다. 그래서 이 초상화는 '조콘도의 부인'이라는 의미로 '라 조콘다La Gioconda'로 불리기도 하고, 리사 게라르디니Lisa Gherardini라는 본명을 따서 '귀부인 리사'라는 뜻의 '모나리자Mona Lisa'라고도 한다.

〈모나리자〉

당시 피렌체에서 유행하던 옷차림을 한 이 여인은 의자 팔걸이에 손을 얹고 앉아 고개를 살짝 틀어 관람자를 바라본다. 이런 모습은 피에로 델라 프란체스카 *Piero della Francesca* 가 그린 〈우르비노 공작 부부의 초상〉처럼 옆얼굴을 담은 15세기의 측면 초상화와는 다른 자세다. 레오나르도는 비스듬히 돌린 몸, 가지런히 모은 두 손, 허리 아래까지 담은 화면을 통해 대상을 더 장엄하고 기념비적으로 만든다.

〈모나리자〉의 오묘한 얼굴 표정은 레오나르도가 즐겨 썼던 스푸마토 *sfumato* 기법으로 설명할 수 있다. 스푸마토는 '연기와 같은'이라는 뜻으로 어두운색에서 밝은색으로의 변화를 매우 섬세하게 단계적으로 표현해 윤곽선을 사라지게 만들고, 사물이 연무에 감싸인 듯 흐릿하게 보이도록 묘사하는 채색 기법이다. 말하자면 모나리자의 모호한 입가는 스푸마토의 부드러운 색채 효과가 낳은 표정인 셈이다. 지금 막 웃으려는 듯 보이기도 하고, 방금 전에 웃음을 그친 듯 보이기도 하는 모나리자의 얼굴은 어느 한쪽으로도 치우치지 않는 내적 균형감과 절제된 감수성을 지향한 르네상스인의 이상적인 모습이었을 것이다.

바티칸의 영광, 교황들의 찬가

피렌체에서 탄생한 이탈리아 르네상스 미술은 로마에서 전성기를 맞이한다. 로마는 고대 제국의 수도이자 전 유럽인의 종교적 수장인 교황이 머무는 도시였다.

교황의 광휘와
종교의 타락

16세기 초 로베레^{Rovere} 가문 출신의 교황 율리우스 2세는 바티칸 안뜰에 아름다운 조각 정원 '벨베데레^{Belvedere}'를 만들고, 수집한 고대 조각을 열정적으로 전시했다. 또한 베드로 대성당을 개축하는 거대한 토목 공사에 도나토 브라만테Donato Bramante 같은 당대 최고의 건축가들을 동원해 로마의 찬란한 영광을 부활시키는 데 심취했다.

이처럼 1500년대, 즉 친퀘첸토Cinquecento(이탈리아어로 500이라는 뜻, 16세기를 말한다)의 르네상스 미술에는 교황의 후원이 있었다. 교황은 신앙심을 북돋아주는 사제가 아니라 부와 명예, 권력을 추구하는 세속 군주와 같았고, 세계 각국의 대사가 몰려드는 교황청은 유럽 외교의 중심지였다. 교황은 신의 영광을 찬미하면서 자신의 위용을 과시할 수 있는 기념비적인 예술품을 주문했고, 고위 성직자들은 건축가와 조각가, 화가를 고용해 팔라초를 세우고 미술품으로 화려하게 장식했다.

이런 감각적인 열망은 1513년 교황으로 선출된 위대한 로렌초의 아들 레오 10세에 이르러 절정에 달했다. 레오 10세는 악화한 교황청 재정을 회복하기 위해 대대적으로 면죄부를 판매했다.

돈으로 모든 죄가 용서받을 수 있다는 종교적 타락은 결국 1517년 종교개혁으로 이어졌다. 아우구스티누스 교단 소속의 수사 마르틴 루터Martin Luther는 비텐베르크 성당 문에 면죄부 판매의 부당함을 알리는 95개조 반박문을 게시하면서 교

라파엘로가 그린 레오 10세의 초상

황청의 부패에 반발했다. 이로 인해 유럽 사회는 구교와 신교로 나뉘게 되었고, 서구의 오랜 종교적 통일성이 해체되었다. 1527년 신성로마제국의 황제인 카를 5세의 신교도 용병들이 로마를 공격하자 교황 클레멘스 7세는 산타첼로 성으로 피신했다. 8일 동안 로마가 약탈당하면서 전성기 르네상스 미술 또한 서서히 종말로 나아갔다.

인간은 결코
신이 될 수 없다

피렌체에서 다윗상을 성공적으로 완성한 미켈란젤로는 1508년 율리우스 2세의 부름을 받아 로마로 왔다. 카펠라 시스티나, 즉 식스투스 예배당에 들어갈 천장화를 주문받았기 때문이다. 이 예배당은 율리우스 2세와 마찬가지로 로베레 가문 출신인 교황 식스투스 4세가 15세기 말에 재건한 작은 건물로서, 오늘날 로마 가톨릭교회에서 교황을 선출하는 콘클라베^{Conclave} 장소로 사용된다.

미켈란젤로가 천장화 작업을 시작하기 전에 이미 양쪽 벽면에는 모세의 일생과 그리스도의 생애가 그려져 있었다. 하지만 천장은 푸른 바탕에 금색별로만 칠해진 상태였다. 미켈란젤로는 회화가 자신의 전문 분야가 아니라고 생각해 율리우스 2세의 주문을 내켜하지 않았지만 결국 받아들였고, 21미터 높이의 거대한 원통형 천장을 프레스코로 제작했다.

프레스코 기법에는 거의 경험이 없었음에도 불구하고 미켈란젤로는 단 4년 만에 길이 39미터에 달하는 기념비적인 회화를 완성했다. 천장화에 묘사된 창세기의 사건들을 누가 결정했는지는 아직까지 정확히 알려져 있지 않지만 교황과 신학자들, 그리고 미켈란젤로의 역할을 생각해볼 수 있다.

무엇보다 복잡한 천장화 구성에서 가장 핵심적인 부분은 9개로 나누어진 가운데 부분인데, 각 장면 좌우에는 메시아가 올 것을 예언한 구약성경의 선지자들과 이교도의 무녀들이 등장한다. 아홉 장면은 다시 크고 작은 화면으로 분할되고, 작은 화면 주위로는 누드 남성 4명이 앉아 있다. 이들은 열왕기와 사사기가 묘사된 커다란 원형장식을 들고 있다. 한편 이들은 도토리 열매가 달린 참나무 잎도 들었는데, 참나무(도토리나무)는 천장화를 주문한 율리우스 2세의 가문 로베레를 상징하는 문장이다.

주문자의 위상은 예배당으로 들어오는 입구에서도 발견된다. 예언자 자카리아의 발아래에는 교황이 쓰는 삼중관과 대각선으로 교차된 베드로의 열쇠, 그리고 로베레 가문의 참나무가 새겨진 방패 장식이 붙어 있다. 천장화 곳곳에 등장하는 참나무 잎과 도토리는 르네상스 미술에서 주문자의 역할이 얼마나 중요했는지를 새삼 깨닫게 만든다.

천장화는 제단 위쪽의 천장에서부터 출입구를 향해 ① 빛과 어둠의 분리, ② 태양, 달, 천체 창조, ③ 물과 땅의 분리, ④ 아담 창조, ⑤ 이브 창조, ⑥ 낙원 추방, ⑦ 노아의 번제, ⑧ 홍수, ⑨ 노아의 만취로 이루어져 있다. 서사적인 흐름은 제단에서 입구를 향해 진행되지만 미켈란젤로는 입구에서 제단 쪽으로 작업해나갔다. 특히 흥미로운 점은 사건 전개에 맞지 않는 홍수의 위치다. 구약성경에 따르면 홍수→노아의 번제→노아의 만취 순서로 구성되어야 하지만, 홍수와 번제의 위치가 바뀌어 있다. 원래는 누드 남성 4명이 감싼 작은 화면에 홍수가 그려져야 하는데, 미켈란젤로가 인간 세상을 삼켜버린 홍수를

시스티나 성당의 천장화

대형 화면에 묘사하기 위해 이야기 순서를 바꾼 것으로 추측된다.

천장화 가운데 가장 커다란 감동을 주는 장면으로 하나님이 아담을 창조하는 순간을 꼽을 수 있다. 천사들과 함께 수염을 휘날리며 날아오는 하나님은 오른손을 힘껏 뻗고 있다. 하나님의 왼쪽 팔 아래에는 아직 태어나지 않은 이브가 금발머리를 내밀고 호기심 어린 표정으로 아담을 바라본다. 한쪽 무릎을 구부리고 앉은 아담은 하나님을 향해 왼팔을 들고 있는데, 힘없이 늘어진 손목은 그가 아직 생명이 불어넣어지지 않은 진흙임을 알려준다.

하나님과 아담의 손은 서로를 향해 있지만 아직 닿지 않았다. 두 손가락 사이의 작은 틈은 우리가 신이 될 수 없음을, 지상의 인간이 결코 신성한 존재가 아니라는 사실을 깨닫게 한다. 이 간극은 거대한 천장화를 홀로 완성한 미켈

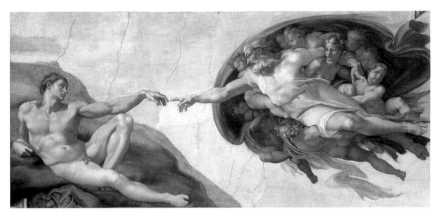

〈아담의 창조〉

란젤로가 예술가로서 지니고 있었던 겸손함을 떠올리게 만든다.

르네상스 미술의 절정

미켈란젤로가 식스투스 예배당의 천장화를 작업하는 동안, 율리우스 2세는 우르비노 출신의 화가 라파엘로 산치오Raffaello Sanzio에게 교황의 스탄차Stanza, 즉 접견실에 들어갈 벽화를 그려달라고 주문한다. 1509년부터 1511년까지 라파엘로가 작업한 첫 번째 장소는 '서명의 방Stanza della Segnatura'으로, 교황의 서재였다.

라파엘로는 반원형의 네 벽면에 철학, 법학, 신학, 문학을 주제로 프레스코화를 제작했는데, 그중 유명한 장면이 바로 철학을 다룬 〈아테네 학당〉이다. 그리자유grisaille 기법으로 채색된 건물들이 화면 안으로 들어가면서 르네상스

〈아테네 학당〉

회화의 열린 창을 완벽하게 실현하는 가운데, 고대의 철학자들이 등장한다. 라파엘로는 수평으로 늘어선 사람들과 화면 양끝을 향해 V자 형태로 대칭을 이룬 인물 배치를 통해 레오나르도가 보여준 균형감과 미켈란젤로의 역동성을 조화롭게 절충한다. 우아한 윤곽선과 섬세한 옷 주름, 자연스러운 율동감은 서구 회화가 최고조에 달했음을 보여준다.

　화면 중앙의 소실점에는 두 철학자 플라톤과 아리스토텔레스가 서 있다. 플라톤은 하늘을 손가락으로 가리키며 이데아를 찾는 철학 사상을 알려주고, 정면을 향해 손바닥을 펼친 아리스토텔레스는 인간의 윤리적 행동에 주목한 현세적인 관심사를 드러낸다.

　라파엘로는 플라톤의 얼굴에 레오나르도 다 빈치를 그려 넣었고, 화면 앞쪽에서 턱을 괴고 고심하는 헤라클레이토스의 얼굴에 당시 식스투스 예배당의 천장화를 작업하던 미켈란젤로를 그려 넣었다. 또한 라파엘로는 자기 자신도 위대한 철학자들 사이에 세워놓았는데, 화면 오른쪽 모퉁이에서 관람자를 향해 시선을 보내는 젊은이가 바로 그다. 라파엘로의 초상은 르네상스 미술가의 자부심을 다시 한 번 확인시켜준다.

위대한 천재들의 시대

이탈리아 르네상스 미술은 인간의 근대적 자의식이 시각적으로 표출되는 15세기에 발현되어 16세기 전반에 절정에 달했다. 150여 년에 걸친 르네상스 미술은 고대 미술의 찬란한 부활을 보여주었으며, 부유한 상인과 군주, 교황들의 후원을 받아 피렌체에서 태어나고 로마에서 꽃을 피웠다. 특히 16세기는 르네상스의 만능인 레오나르도 다 빈치, 조각을 비롯해 건축과 회화 등 모든 미술 장르에서 탁월한 재능을 보여준 미켈란젤로, 그리고 미술 아카데미가 범례로 삼은 라파엘로 산치오가 활동한 시대였다.

아르놀트 하우저Arnold Hauser가 이야기한 것처럼 르네상스 이래로 예술가는 존경과 숭배의 대상으로 올라서게 되었다. 그리고 후원자는 예술가를 칭송함으로써 그의 광휘에서 뿜어져 나오는 빛을 반사시켜 자신을 고상하게 만들었다. 나아가 르네상스 미술은 예술의 만개가 종교개혁과 같은 사회적 변화 인자가 될 수 있음을 증명하는 시대정신이었다.

이탈리아 기행을 마친 괴테는 독일로 돌아오기 전, 로마의 보름달을 바라보며 오비디우스Ovid의 비가를 떠올린다. 로마를 떠나는 심경이 로마에서 추방당한 고대 시인의 슬픔과 다르지 않았기 때문일 것이다. 영원의 도시와 작별을 고하는 건 결코 쉽지 않은 일이다. 그러나 로마는 언제나 그 자리에 있기에, 다시 만날 약속을 하는 것 또한 어렵지 않다.

정리

- 르네상스 미술의 특징은 고전주의와 인본주의다.
- 르네상스는 인간의 자의식이 깨어나 스스로를 창조자로 인식하게 된 시기다.
- 성공한 상인 계층이 미술품을 수집하고 주문하면서 이탈리아 르네상스 미술을 이끌었다.
- 16세기 르네상스 미술에는 교황의 강력한 후원이 있었다.
- 르네상스 미술은 예술이 꽃을 피우면 종교개혁처럼 사회 변화의 요인이 될 수 있음을 증명했다.

천문이 곧 인문이다

· 안 나 미 ·

· 연관 교과목 ·

중등교과	고등교과
과학과	과학/지구과학

· 키워드 ·

천문 점성술 점성학 별자리 신화

동양 서양 혜성 태양 기록 초신성 우주

천문학은 지금 첨단과학의 한 분야다. 우주로 인공위성을 쏘아올리고 태양계 너머를 탐사하며 선진국들은 우주 연구에 힘을 쏟고 있다. 천문학은 우주 과학 기술의 발달과 함께 인류의 미래를 책임질 수 있는 학문으로 기대되고 있다.

옛날의 천문학은 어땠을까? 하늘의 별을 보며 전쟁을 예측하고 풍년이 될지 흉년이 될지를 점쳤다. 일식이 일어나거나 혜성이 나타나면 재앙이 생길 것이라 여겨 열심히 밤하늘의 현상을 살펴 기록했다. 이를 통해 재앙을 막거나 피해보려고 했다.

그래서 우리는 과거의 천문학을 '별을 보며 점이나 치고 어떤 상징에 매달려 걱정하는' 미신처럼 생각하기도 한다. 그러나 지식과 기술이 축적되지 않은 옛날에 하늘의 현상은 인간에게 두려움을 주는 존재였다. 어느 대낮에 해가 조금씩 사라지고, 갑자기 안보이던 별이 밤하늘에 나타나는 현상은 대단한 공포일 수밖에 없었다.

한 치 앞도 알지 못하는 인간이 주어진 환경에서 어떻게든 미래를 예측해보려면 하늘에 나타나는 현상을 분석해야 하지 않았을까. 오늘 하늘에는 어떤 이상한 현상이 나타나는지 살피기 위해 매일 하늘을 관측했고, 그러다 보니 그 현상이 어떤 규칙성을 띠고 있다는 사실을 깨닫게 되었다. 눈에 띄는 모든 현상을 관측하고 기록해 이른바 '빅데이터'가 만들어진 것이다. 천문학의 시작은 미신이었으나 결과는 과학이었다.

옛날 사람들은 하늘에서 일어나는 일이 땅에서도 그대로 일어나는 것이라 믿었다. 천문이 곧 인문이었다. 천문天文은 하늘의 무늬이고, 인문人文은 인간의 무늬이다. 인간의 무늬란 인간이 만들어내는 것이다. 하늘에 그려진 무늬를 보면서 인간도 그에 맞는 무늬를 그려내는 것이다.

조선시대에는 하늘의 현상을 특히 정밀하고 지속적으로 기록했다. 수많은 기록은 방대한 데이터베이스가 되어 지금도 유용하게 쓰이고 있다. 현대의 천문학자들이 조선시대의 천문 기록을 가지고 새롭게 과학의 발전을 이루고 있다는 사실만 봐도 알 수 있다.

조선시대의 천문학은 천문학자들만의 영역은 아니었다. 기술적으로 관측하고 연구하는 사람이 있었는가 하면, 이를 정치, 사회, 경제, 문화 곳곳에 반영하는 경우도 많았다. 임진왜란 당시 선조가 서울을 버리고 의주로 가느냐 마느냐를 결정할 때 당시 영의정이었던 이산해李山海가 천문을 관측하고 의견을 냈다. 이에 따라 의주행이 결정되기도 했다. 대학자이자 문인이었던 당시의 영의정도 천문은 그냥 하늘에서 일어나는 현상이 아니라 땅에 사는 인간에게 미치는 영향이 있다고 믿은 것이다.

우주의 먼지 같은 작은 지구에서 태양계 너머의 세계를 관측하고 우주의 신비를 풀어가고 있는 지금, 과거의 천문학은 어떤 의미가 있을까? 과거의 천문 관측 기록은 현대 천문학을 발전시키는 중요한 자료다. 천문 관련 기록은 《조선왕조실록》에만 있는 것이 아니다. 하늘이나 별의 변화를 적은 《천변등록

天變謄錄》《성변등록로變謄錄》같은 기록도 있다. 문인들의 개인 문집에도 나타난다. 천문이 곧 인문이라고 믿었기에 천문학은 인간의 삶 전체에 영향을 미쳤다.

지금도 마찬가지다. 조선시대의 과학자 장영실의 천문 관련 기록은 현대에 드라마나 소설로 다시 태어나고 있다. 조선시대의 혜성 기록은 앞으로의 혜성을 예측할 수 있는 중요한 데이터로 사용된다. 우리에게는 천문학을 인문학의 바탕이자 기준으로 여긴 과거가 있었다. 지금은 어떨까? 하늘과 땅 그 사이에서 살아가는 인간에게 천문은 어떤 무늬가 될지 생각해보자.

별이 알려주는 내 운명, 점성술

고려 때 한 사신이 밤에 시흥군始興郡에 들어오다가 큰 별이 민가에 떨어지는 것을 보고 사람을 시켜 알아보게 했더니 한 아이가 태어났다고 했다. 그 아이가 강감찬이었는데, 나중에 송나라 사신이 강감찬을 보고 나서 자신도 모르게 두 번 절하면서 "문곡성文曲星이 오랫동안 보이지 않더니 지금 여기에 있다"라고 했다.

－《신증동국여지승람》 권10 〈경기京畿 금천현衿川縣〉

서울 지하철 2호선을 타고가다 보면 낙성대역이 나온다. 관악구 봉천동에 위치한 낙성대落星臺는 이름 그대로 별이 떨어진 곳이라는 의미다. 강감찬 장군의 어머니가 반짝반짝 빛나는 별이 품속에 살포시 떨어지는 태몽을 꾸고 아이가 태어난 날에도 집에 별이 떨어졌다고 하는데, 그 별이 바로 문곡성이다.

북두칠성

문곡성이라는 별 이름은 생소하다. 이 별은 북두칠성의 일곱 별 가운데 넷째에 해당하는데, 문학과 재물을 관장하는 별이다. 《천문류초天文類秒》에는 임금의 명령이 순리에 맞지 않아 하늘의 도리를 밝히지 못하면 문곡성이 어두워진다고 했다.

문곡성이 우리나라에서 강감찬 장군이 되었다면 중국에서는 판관 포청천包靑天이 되었다. 중요하고 큰 별이 사람이 된다고 하는 이야기는 흔한 편이다. 북두칠성 옆에 있는 문창성文昌星은 문학을 관장하는 별이다. 그래서인지 문창성의 기운을 받고 태어난 인물들이 많다.

하늘에서 별이 떨어져 사람으로 태어나고 그 기운으로 영웅이 된다는 것은 비과학적이라 믿기 어렵다. 그럼에도 불구하고 사람들은 별의 기운이 인간 세상에 미치는 영향이 크다고 믿는다. 인터넷 포털이나 신문 등 미디어에 별점으로 하루의 운수를 점치는 것이 빠지지 않고 나오는 이유다.

천문과 점성을 바탕으로
발전한 문명

점성술^{astrology}은 태양과 달, 그리고 별이 인간의 운명을 예고하고 결정짓는다고 믿고 별의 영향을 해석하는 의사과학^{擬似科學}이다. 고대 중국과 인도는 물론이고 서양의 여러 문명권에서도 점성술은 인류의 오랜 신앙이자 과학이었다. 인류에게 점성술은 계절의 변화를 예측하는 근거 데이터였고, 신과 소통하는 도구이기도 했다.

서양의 점성술은 3,000년 전 메소포타미아 문명에서부터 시작해 그리스를 거쳐 인도에까지 전파되었고, 동양 점성술은 따로 발전했지만 나중 에는 인도를 거쳐 들어온 서양 점성술과 만나게 되었다고 한다.

고대 문명은 천문학과 점성학을 분리해서 생각할 수 없다. 하늘에서 일어나는 일이 땅에서 일어나는 일과 관계있다고 믿는 논리와 체계가 점성술의 기본이었다. 점성술은 천문학과 밀접하게 연결되어 있다.

천문학자이면서 점성학자로 유명한 요하네스 케플러^{Johannes Kepler}는, 행성의 궤도 운동에 대한 이론이 발전하면서 기하학적으로 우주를 설명하던 고대 천문학을 역학적 천문학으로 발전시켰다. 케플러 초신성으로 더 유명한 그는 1601년에 《더욱 믿을 만한 점성학의 기초^{De Fundamentis Astrologiae Certioribus}》를 출판했다. 그는 별들이 인간의 운명을 이끈다는 미신적인 관점을 거부하

요하네스 케플러

면서 우주와 인간의 조화를 증명하는 데 전력했다. 신앙으로 받아들여졌던 전통 점성학의 불합리성을 비판하면서 점성학의 혁신을 시도한 것이다.

점성술의 역사는 오래되었지만 21세기 첨단과학시대를 사는 우리에게 별 의미가 없을 수도 있다. 점성술에서는 동양이나 서양 모두 12개의 별자리가 있는데, 그 이유는 태양이 다니는 길, 즉 황도黃道에 해당하는 별자리를 정하기 때문이다. 황도를 30도씩 구분해서 12궁宮의 별자리로 나누는데, 태어날 때 태양이 위치한 곳에 있는 별자리가 그 사람의 운명을 결정짓는다고 믿었다.

별은 인간의 운명을 결정하고, 인간은 그 운명을 넘는다

그렇다면 정말 별이 인간의 운명을 결정할까? 영국의 엘리자베스 1세의 대관식은 세 가지를 고려해 날짜를 선택했다. 바로 태양과 별, 그리고 여왕의 생일이다. 점성술사는 태양과 그를 따르는 금성과 목성이 여왕의 생일에 나타난 행성들과 호각을 이루는 날을 선택했다. 여왕은 무려 44년이나 영국을 통치했는데, 대관식 날에 일어난 태양과 별의 영향이었다는 해석이 있다.

반면에 별자리 때문에 고통을 겪은 사람도 있다. 조선 중기의 천재로 일컫는 허균과 조선 후기의 대문호 연암 박지원, 실학의 거두 다산 정약용이다. 세 사람은 우연하게도 별자리가 같다. 바로 마갈궁磨羯宮이다. 마갈궁은 서양의 염소자리Capricornus에 해당하는데, 토성의 지배를 받는다.

마갈궁의 정기를 받고 태어난 사람은 문장력이 뛰어나지만 이유 없이 비방

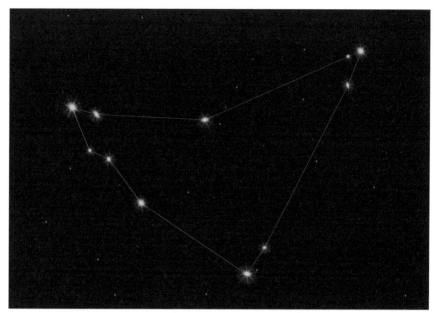

염소자리에 해당하는 마갈궁

을 당하고 좌절을 겪어야 하는 운세를 타고난다고 알려졌다. 중국 송나라 소
식蘇軾의 글에 이런 내용이 있다.

> 한퇴지韓退之의 시에 "내가 태어날 적에 달이 남두南斗에 있었다"라고 했으
> 니, 퇴지는 마갈을 신궁으로 삼았음을 알겠다. 나도 그만 마갈을 명궁命宮
> 으로 삼아서 평생토록 비방을 많이 받았으니, 아마도 퇴지와 같은 병에
> 걸린 것이리라.
>
> – 《동파전집東坡全集》 권101 〈명분命分〉

마갈궁이 평생 비방 받을 별자리라는 속설은 오래전부터 알려진 듯하다.

소동파와 한유는 물론 정약용도 "내 일생이 마갈궁의 운명인지라, 허무虛無라는 두 글자뿐입니다"라고 말할 정도였다. 중국의 반고班固와 사마천司馬遷도 마갈궁 태생인데, 이들의 이름을 들으면 평생 비방 받는 고달픈 인생을 살았지만 대단한 문장가라는 사실이 떠오른다. 위대한 사람들의 고단한 인생은 그들이 남긴 명저 뒤에 가려지기 마련이다.

박지원은 스스로 과거를 포기하고 벼슬길에 나아가지 않았으나 《열하일기》를 남겼고, 정약용은 18년이라는 긴 세월 동안 유배를 당했지만 《경세유표》《목민심서》《흠흠신서》 등 조선시대 실학의 정수이자 조선의 사회경제사 연구에 귀중한 자료를 남겼다. 개혁을 꿈꾸던 허균은 역모를 꾀했다는 누명을 쓰고 49세의 나이에 형장의 이슬로 사라졌지만 시와 산문을 묶은 시문집《성소부부고惺所覆瓿藁》를 남겼다. 허균은 자신의 운명을 풀이하는 글인 〈해명문解命文〉에서 이렇게 말했다.

한유도 마갈궁 참소와 시기를 당하여 시대에 현달賢達하지 못하고 억눌리며 버림받은 자취는 천 년이 지난 오늘날에 있어 부절符節을 맞추듯이 다름이 없으니, 아! 괴이한 일이다.
"그대는 왜 운명을 원망하나. 그대의 수명 매우 길단다. 일러주노니 하늘을 원망 마오. 하늘이 그대에게 문장을 주었잖소."

허균은 인용한 이 글의 뒤에서 옥황상제에게 말해 태어난 해를 바꾸는 대신 재주를 빼앗고, 총명을 어둡게 하고, 높은 벼슬을 내려 권세를 누리면 어떻겠냐고 자문한다. 그러나 마갈궁으로 겪어야 할 고단한 운명을 바꾸고 싶지는

않다고 말한다. 허균은 마갈궁으로 예견된 운명
의 위험을 알면서도 의지대로 세상을 살았다.
세상의 버림을 두려워하지 않고 자기 뜻대로 살
다간 허균의 삶을 과연 불행하다고 말할 수 있
을까?

지금도 정치 지도자나 기업을 운영하는 사람
중에는 큰일을 결정하기 전에 점성가나 관상가
에게 자문을 구하는 경우가 많다고 한다. 멀고
먼 옛날 나약한 인간이 하늘에 의지하며 운명을
점치던 방법이 우주선이 태양계 너머로 날아가

허균의 영정

는 지금 시대에도 여전히 유효할까? 지금 우리의 운명을 지배하는 것은 무엇
일까? 셰익스피어는 《율리우스 시저》에서 이렇게 단언했다.

"내 친구 브루투스여, 잘못은 우리를 지배하는 별들에 있지 않다네. 잘
못이 있다면 그 힘에 굴복하는 우리 자신에게 있겠지."

동양의 하늘 vs. 서양의 하늘

여름철 밤하늘을 올려다보면 아름다운 백조자리가 하늘 가운데를 가로지른다. 가을밤에는 눈이 빨간 황소자리가 그 자리를 차지한다. 사시사철 언제나 볼 수 있는 큰곰자리의 꼬리 부분인 북두칠성도 밤하늘을 채운다. 그리스 로마 신화에서 밤하늘의 별이 된 백조와 큰곰과 황소는 어떤 존재일까?

제우스가 스파르타의 왕비 레다를 유혹하기 위해 백조로 변신한 것이 백조자리고, 강가에서 꽃을 따다가 제우스의 눈에 띄어 헤라의 질투로부터 죽음을 면하기 위해 황소로 변신한 이오는 황소자리며, 제우스의 사랑을 받아 헤라의 질투로 곰이 된 칼리스토는 큰곰자리다.

아름다운 밤하늘의 별자리 전설을 이야기하다 보면 온통 제우스의 여성 편력으로 가득 차 있다. 목성의 4대 위성의 이름도 제우스와 관계가 깊다. 목성은 제우스며 4대 위성은 이오, 유로파, 가니메데, 칼리스토다. 모두 제우스가 사랑했던 사람들이다. 이 중에는 지상에서 가장 아름다운 인간이라는 이유로 제우스가 하늘로 데려가 신들에게 지혜의 물을 따르게 한 가니메데 왕자도 있다. 가니메데 왕자는 물병자리로 남았다.

서양인들이 바라보는 밤하늘에는 제우스를 중심으로 한 그리스 로마 신화의 이야기가 펼쳐져 있다. 많은 부분이 제우스의 여성 편력과 얽혀 있어 밤하늘을 쳐다보면서 아이들에게 별자리 이야기를 하다 보면 동심을 파괴하는 느낌이 들 때도 있다.

하늘의 일이
땅에서도 일어난다고 믿었던
동양의 세계관

그렇다면 동양의 밤하늘에는 어떤 이야기가 있을까? 동양의 밤하늘에도 제왕이 나온다. 바로 하늘의 황제인 옥황상제다. 옥황상제도 전지전능하여 모든 것을 마음대로 할 수 있을까? 그렇지 않다. 옥황상제는 하늘의 신하들과 의논해서 일을 결정하고 백성의 삶을 살펴 궁극적으로 그들이 잘사는 세상을 만들기 위해 노력한다.

오랫동안 동양에서는 하늘에서 일어나는 일이 땅에도 거울처럼 그대로 반영된다고 믿었다. 하늘의 일이 땅에서도 일어나니, 인간이 살아가는 세상이나 하늘의 세상이나 다를 바가 없다. 하늘에도 강이 흐르고 그 강을 건너는 배가 있고 강물이 넘치지 않도록 감시하는 관리가 있다. 죄를 지은 사람을 벌주기 위한 감옥도 있다.

하늘의 모습이 인간 세상에 나타나기 때문에, 만약 왕의 별자리에 문제가 생기면 지상의 왕에게도 문제가 생길 거라 믿었다. 그래서 불확실성으로 가득한 세상을 살아가는 인간은 하늘을 열심히 살필 수밖에 없었다. 하늘에서 일어나는 아주 작은 변화도 놓치지 않고, 그 변화가 인간 세상에 어떻게 나타날지 생각했다. 나쁜 징조라면 재앙이 일어나지 않도록 미리 대비했다.

임진왜란이 일어나 선조가 한양을 떠나 피난하느냐 마느냐를 정할 때, 당시 영의정이던 이산해李山海는 천문을 살펴 나라의 기운이 좋지 않으니 선조가 떠나야 한다고 주장했다. 이산해는 천문을 잘 보기로 유명했다. 나중에 이 일로 파직되었지만 말이다.

하늘에도 왕이 있고 신하들과 함께 국정을 의논한다. 그리고 백성도 살아간다. 하늘에는 옥황상제와 왕실이 사는 궁궐인 자미원紫微垣과 신하들이 일을 의논하고 결정하는 태미원太微垣, 백성이 살아가는 모습을 집약해놓은 하늘의 시장 천시원天市垣이 있다. 이것이 하늘 중심에 있는 별자리 3원垣이다.

3원을 중심으로 동서남북 사방에는 각 방위를 지키는 수호신이 있다. 동쪽에는 청룡靑龍이, 서쪽에는 백호白虎가, 남쪽에는 주작朱雀이, 북쪽에는 현무玄武가 있다. 모두 네 방향에 각각 일곱 개씩이니까 4×7=28, 모두 28개의 별자리가 있는데 이것을 28수宿라고 한다.

28수는 동쪽에 각角·항亢·저氐·방房·심心·미尾·기箕가, 북쪽에 두斗·우牛·여女·허虛·위危·실室·벽壁이, 서쪽에 규奎·누婁·위胃·묘昴·필畢·자觜·삼參이, 남쪽에 정井·귀鬼·유柳·성星·장張·익翼·진軫이 있다.

28수를 외우면 행운을 불러오고 불운을 막아준다고 해서 옛날 사람들은 열

28수를 묘사한 그림

심히 외우고 다녔다. "각항저방심미기~" 하면서 앞부터 외우다가 거꾸로 "진
익장성유귀정~" 이렇게 외우면서 밤길을 걸을 때 귀신을 쫓고, 과거를 보러
갈 때 행운을 빌기도 했다.

서양의 전갈과 오리온,
동양의 심수와 삼수

"달의 여신 아르테미스와 사냥꾼 오리온은 서로 사랑했다. 아르테미스의
오빠 아폴론은 둘의 사랑을 막기 위해 아르테미스로 하여금 오리온을 쏘아
죽이게 했다. 제우스가 이를 가엾게 여겨 오리온을 별자리로 만들었는데,

아폴론이 전갈을 보내 오리온을 뒤쫓게 했다."

"옛날 고신高辛 씨에게 두 아들이 있었는데 형의 이름은 알백閼伯이고 동생의 이름은 실침實沈이다. 광림曠林에 살았는데 서로 사이가 좋지 않아 날마다 창과 방패로 싸웠다. 상제上帝가 이것을 좋지 않게 생각하여 알백은 상구商丘로 옮겨 상성商星이 되게 하고, 실침은 대하大夏로 옮겨 삼성參星이 되게 하니, 두 별이 서로 뜻이 맞지 않아 각각 다른 지방에 거한다."

첫째 이야기는 그리스 로마 신화에 나오는 오리온과 전갈의 이야기다. 헤라가 오리온을 죽이려고 전갈을 보냈다는 이야기도 있다. 아무튼 여기에서 오리온과 전갈은 살아서도 죽어서도 원수가 되어 서로를 쫓는 운명이라는 의미

전갈자리

다. 실제로 밤하늘을 보면, 전갈자리가 떠오르면 오리온자리가 진다. 반대로 오리온이 떠오르면 전갈이 진다. 밤하늘에서 전갈과 오리온은 절대 만날 수 없다. 전갈자리는 여름을 대표하는 별자리고, 오리온자리는 겨울을 대표하는 별자리니 서로 만날 수 없는 것이다.

둘째 이야기는 《좌전左傳》*에 나오는 이야기다. 고신 씨라는 사람의 두 아들이 사이가 나빠서 매일 치고받고 싸우니, 그 꼴을 보지 못해 서로 멀리 떨어뜨려 놓았다는 이야기다. 형제면서도 다시는 서로 만나지 못했다고 한다. 형은 심수心宿가 되고, 동생은 삼수參宿가 되었다.

심수와 삼수는 일 년 내내 밤하늘에서 절대 만나지 못한다. 심수가 떠오르면 삼수가 지고, 삼수가 떠오르면 심수가 지기 때문이다. 그래서 형제가 화목하지 못하거나 친한 친구가 서로 만나지 못하는 경우 이 두 별에 비유한다.

심수는 동쪽 청룡의 심장에 해당하는 별로 여름 밤하늘에서 잘 보이고, 삼수는 서쪽 백호의 앞발에 해당하는 별로 겨울 밤하늘에 또렷하게 나타난다. 그러니 이 두 별자리는 같은 하늘에서 만날 일이 없다.

서양 별자리에서 심수는 전갈자리에 해당하고, 삼수는 오리온자리에 해당한다. 결국 두 이야기는 같은 별자리에 대한 것으로 동서양의 세계관에 따라 이야기를 풀어가는 방법은 다르다. 하지만 하늘에서 일어나는 별자리를 오래 관측한 결과 절대 만나지 못하는 두 별을 보고 만들어진 이야기라는 점은 같다.

---

* 공자의 역사서 《춘추春秋》를 해설한 주석서로, 《좌씨전左氏傳》 《좌씨춘추左氏春秋》라고도 한다.

동서고금, 인간을 행복하게 만들어주는 천문학

국제천문연맹에서 정한 별자리는 모두 88개다. 서양 별자리를 기준으로 만들어진 것이다. 동양 별자리는 몇 개일까? 28수니까 28개라고 생각하기 쉽지만 사방을 지키는 28수 외에도 북두칠성, 남두육성과 같은 많은 별자리가 있다. 〈천상열차분야지도天象列次分野之圖〉를 기준으로 보면 밤하늘의 별자리는 모두 295개다.

〈천상열차분야지도〉는 조선이 개국하면서 만들어진 천문도天文圖다. 새로운

〈천상열차분야지도〉

나라를 세우고 새로운 천문도를 만들고 싶었던 태조는 중국의 천문도를 그대로 가져와 쓰지 않고 조선의 천문도를 새로 만들었다. 이 천문도는 옛날 고구려의 천문도를 바탕으로 하되 새롭게 수정했다. 고구려의 수도 평양과 조선의 수도 한양은 위도가 달라 시간차에 따라 위치가 변하기 때문에 수정한 것이다.

태조는 왜 천문도를 새롭게 만들고 싶어 했을까. 조선은 고려의 장수 이성계가 반역하고 건립한 나라가 아니라, 하늘의 뜻에 따라 세운

나라임을 강조하고 싶었을 것이다. 또한 하늘을 잘 살펴서 백성의 삶을 풍요롭게 해줄 훌륭한 왕조라고 널리 알려 백성에게 새롭게 건립되는 나라에 대한 믿음을 주고 싶었을 것이다. 농경사회에서 백성을 잘살게 하는 방법은 농사가 풍년을 이루게 하는 데 있다. 농사를 잘 짓게 하려면 기후를 정확하게 예측해야 하니 하늘을 잘 살펴야 한다.

이제 한국은 농경사회가 아니지만 하늘을 살피는 일은 더 열심히 해야 한다. 앞으로 펼쳐질 우주시대에 필요한 천문학 연구를 위해서 말이다. 과거의 천문학이 인간을 행복하게 해줬던 만큼, 미래의 천문학도 우리를 더 행복하게 만들어줄 테니까. 그런 의미에서 나는 미국항공우주국[NASA]의 태양 탐사선에 탑승할 수 있는 티켓을 신청했다. 물론 내 몸은 가지 못하고 내 이름이 대신 가는 것이지만.

불길한 별의 꼬리, 혜성

한때 별에 빠져 개기일식을 보러 세계를 돌아다닌 적이 있다. 1997년 3월 9일은 20세기 마지막 우주쇼가 열린 날이다. 개기일식이 일어나는 동안 태양 근처에 있는 혜성을 맨눈으로 볼 기회는 사상 처음이라고 했다. 당시 태양 근처에 있던 혜성은 0.8등급으로 아주 밝은 '헤일 – 밥 혜성Comet Hale-Bopp'*이었다. 지름이 핼리혜성보다 2.7배 크고 100배 이상 밝은 초거대 혜성이었다.

살아생전 다시 볼 수 없는, 아니 죽어서 환생해도 볼 수 있을까 말까 한 이세기의 우주쇼를 보기 위해 나는 몽골로 갔다. 당시 몽골에는 이 우주쇼를 보

---

* 20세기에 가장 널리 관측된 혜성으로 미국의 천문학자 앨런 헤일Alan Hale과 토마스 밥Thomas Bopp이 1995년 발견했다.

기 위해 영국의 엘리자베스 여왕도 갔다고 한다. 일 년 전부터 가슴이 콩콩 뛰었고 전날에는 잠도 제대로 자지 못했다.

당일 아침에 밖으로 나오니 하늘엔 구름이 가득 끼었고 심지어 눈발이 날리고 있었다. 혜성은커녕 개기일식조차 보기 어려운 하늘이었다. 그런 상황에서도 일본 NHK팀은 구름 위로 올라가는 방법을 찾는다고 했다. 과연 구름 위로 올라가 그 장관을 봤는지 모르겠지만, 나의 기억 속에는 태양을 향해 달려가는 혜성 대신 몽골의 흐린 하늘만이 생생하게 남아 있을 뿐이다.

태양을 향해 달려가는 불길한 꼬리

왜 개기일식에 맞춰서 혜성을 관측해야 할까? 혜성이 태양을 향해 달려가는 모습을 직접 확인할 수 있기 때문이다. 혜성의 핵은 더러운 눈과 얼음으로 이루어져 있다. 이 더러운 눈뭉치는 태양의 중력에 끌려간다. 태양에 가까워지면 가열되면서 기체물질이 분출되는데, 태양열에 기화되어 길게 뻗은 혜성의 꼬리는 태양풍에 밀려서 항상 태양의 반대쪽을 향한다. 물론 밤에 혜성을 보고 꼬리의 반대편에 태양이 있을 것이라

혜성

예상을 할 뿐, 정말 태양을 향해 달려가는지 눈으로 확인할 수는 없다.

그런데 개기일식이 일어나는 순간은 태양이 달에 가려지면서 근처가 어두워지고 수성이나 금성 등 태양 가까이에 있는 별들이 보인다. 그때 태양 근처에 있는 혜성도 보인다. 혜성의 핵이 태양을 향해 있고 태양열로 인해 혜성의 핵에서 증발이 일어나 분출된 가스와 먼지가 꼬리를 만들면서 태양풍에 밀려 반대편으로 휘날리는 모습을 볼 수 있는 것이다.

혜성의 꼬리는 대개 푸른색 플라즈마 상태의 꼬리와 암석 성분의 노란색 꼬리 두 가지로 갈라져 나오는 경우가 대부분이다. 꼬리가 하나 뿐인 혜성이나 꼬리가 보이지 않는 혜성도 드물게 있다.

번쩍번쩍 장성의 길이 백 길이나 되고	煌煌長星長百丈
동쪽 끝에 나타나 하늘 복판 가로지르네	出自東極亘天維
혜성인가 패성인가 참창성인가	彗耶孛耶欃槍耶
사람들은 말하기를 이것이 치우기라네	人言乃是蚩尤旗
치우가 죽은 지 이미 일만 년인데	蚩尤死已一萬年
어쩌면 하늘에 정령이 아직 남아	豈有精神猶在天
깃발처럼 빛 날리고 기세 만들어	揚鋩掉旗作氣勢
하늘을 농락하는 병사가 하늘 권세를 훔치네	弄天之兵竊天權

이 시는 조선 중기 4대 문장가의 한 사람인 계곡谿谷 장유張維가 쓴 〈장성행長星行〉의 일부다. 장성은 혜성이다. 긴 꼬리 때문에 장성이라고 불렀는데, 예로부터 병란兵亂을 예고하는 요성妖星이라 해 불길한 징조로 여겼다.

이 시에는 혜성 외에도 패성·참창성·치우기가 나오는데, 모두 장성의 종류다. 혜성은 빗자루로 쓸고 다니는 별이라는 뜻으로 가장 많이 보이는 형태다. 패성은 꼬리가 넷으로 갈라진 것이고, 참창성은 전쟁을 예고하는 혜성이다. 치우기는 꼬리 뒷부분이 구부러져 깃발처럼 보인다. 치우가 전쟁을 일으키기 좋아한 제후라서 치우기가 나타나면 전쟁이 일어난다고 믿었다. 옛날 사람들은 혜성을 종류에 따라 패·혜·참창·치우기·순시旬始·왕시枉矢 등으로 나누었는데, 21가지로 세분하기도 했다.

불길한 머리카락을 가진 사악한 별에서 우주쇼의 주인공으로

왜 이렇게 혜성을 자세하게 구분했을까? 옛날에는 서양과 동양 모두 하늘의 별을 보면서 앞날의 징조를 찾았다. 그중에서 가장 예기치 못하게 나타나는 혜성은 특히 불길한 징조로 여겼다. 그래서 혜성이 나타나면 그것을 어떻게 해석할지 고민했다.

바빌로니아시대에서부터 로마시대까지 사람들은 혜성이 불운을 가져 온다고 믿었다. 점성술사 마릴리우스는 율리우스 시저의 죽음과 내란을 혜성의 영향이라 보았고, 아우구스투스 황제는 혜성이 나타난 후 14년 만에 죽었다. 1314년 프랑스 왕 필리프 4세는 말에서 떨어져 죽었는데 멧돼지가 말을 향해 돌진해오는 바람에 일어난 사고였지만, 혜성 때문이라는 기록이 남았다.

혜성은 불길한 머리카락을 가진 사악한 별이었다. 왜 혜성은 이런 억울한 누명을 써야 했을까? 혜성은 규칙적인 하늘의 움직임에 느닷없이 나타나는 존재였기에 그 사실 자체가 주는 공포가 컸다.

혜성은 일정한 주기를 가진 정주기 혜성과 불규칙적인 비주기 혜성으로 나뉜다. 정주기 혜성은 다시 단주기 혜성과 장주기 혜성으로 구분된다. 200년 이내에 다시 태양으로 돌아오는 것이 단주기 혜성이고, 태양 주위를 한 바퀴 도는 데 200년 이상인 경우 장주기 혜성이다.

우리가 알고 있는 정주기 혜성의 대명사는 핼리혜성이다. 영국의 천문학자 핼리Edmund Halley는 불길한 별, 재앙을 가져오는 별인 혜성을 과학적으로 분석하기 시작했다. 그는 과거 혜성의 관측 기록을 검토하고 궤도를 계산했는데 혜성의 위치 변화를 기록하지 않았기 때문에 참고할 자료가 별로 없었다. 그러다가 1531년, 1607년, 1682년에 나타난 혜성의 관측 기록이 동일하

핼리혜성

다는 것을 확인하고, 이 세 기록이 약 75~76년의 주기를 가진 같은 혜성일 것이라고 예측했다. 핼리는 1705년에 쓴《혜성 천문학 총론Synopsis Astronomia Cometicae》에서 "나는 감히 예언한다. 그것은 1758년에 다시 돌아올 것이다"라고 했다. 핼리는 1742년에 세상을 떠났지만 1758년 크리스마스 밤에 혜성이 돌아왔다고 한다.

인조 17년 기묘(1639) 10월 2일(을유) 맑음

밤 2경에 객성客星이 삼성參星 좌족左足 아래로 자리를 옮겼는데, 3~4척 정도 되는 거리를 두고 아래로 무명성無名星을 덮고 점차 남쪽으로 이동했다. 크기가 금성 같았고 모양이 날리는 솜(紛絮)과 같았다. 4경에 유성이 삼성 아래와 호성弧星 위에서 나왔는데, 모양이 사발 같았고 꼬리의 길이가 6~7척 정도며, 붉은색이고 빛이 땅을 비추었다.

이 내용은《조선왕조실록》에 기록된 혜성 관찰기다. 혜성이 나타난 시간은 물론 모양, 크기, 꼬리의 길이, 위치, 그리고 이동 방향까지 상세히 나타나 있다.《조선왕조실록》에 기록된 혜성의 출현과 소멸에 관한 기사는 1천150여 건이다. 혜성의 관측 기록은 혜성이나 초신성 등과 같이 하늘에서 나타난 변이 현상을 기록해놓은《성변등록星變謄錄》과《천변등록天變

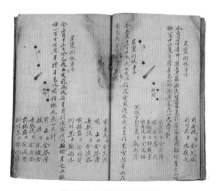

핼리예성이 기록된 《성변등록》

謄錄》에 정리되어 있다.

혜성이 재앙을 가져다주는 불길한 별이었기 때문에 이를 자세히 기록하고 연구해야만 했다. 밤하늘에 느닷없이 나타나 꼬리를 휘날리는 별. 그 존재만으로도 불길한데, 특히 왕을 상징하는 태양을 향하고 있다는 것은 위험하고 두려운 현상이었다.

꼬리가 달렸고 태양을 향한다고 해서 불길한 징조를 상징하던 혜성이 이제는 멋진 우주쇼의 주인공이 되었다. 1994년 7월 16일 슈메이커‒레비 혜성은 목성과 충돌했다. 태양을 향해 달려가다 목성의 중력에 의해 진주 목걸이 모양으로 분해되면서 충돌한 것이다. 7월 22일까지 일주일 동안 이어진 이 충돌은 1천 년에 한 번 볼까 말까한 장관이었다. 이 우주쇼는 천문 관측에 관심 있는 일반인들에겐 신기한 볼거리였고, 과학자들에게는 중요한 연구과제를 제공했다.

우주의 여러 존재 중 하나에 불과한 혜성은 오랜 기간 재앙을 예고하는 불운의 상징이었지만, 천문 과학자들에 의해 억울함을 벗고 이제는 멋진 볼거리로 환영받고 있다. 76년마다 나타나 악명을 떨쳤던 핼리혜성은 2062년 다시 지구로 접근해 멋진 우주쇼를 펼칠 것으로 기대된다. 그 사이 밤하늘을 가로지르며 멋진 꼬리를 휘날리는 또 다른 혜성을 기다리는 것도 즐거운 일이다.

태양 기록의 비과학과 과학

"떡 하나 주면 안 잡아먹지!" 전래동화 《해와 달이 된 오누이》에서 호랑이가 오누이의 엄마를 협박하며 한 말이다. 떡을 다 뺏어 먹은 호랑이는 엄마를 잡아먹고 오누이마저 잡아먹으려 집으로 간다. 호랑이를 피해 달아나던 오누이는 하늘에서 내려온 동아줄을 잡고 올라가 오빠는 해가 되고 누이동생은 달이 된다. 그랬다가 누이동생이 밤이 되면 무섭다고 해 오빠가 달이 되고 누이동생이 해가 된다는 이야기. 우리나라의 해와 달에 관한 대표적인 전설이다.

그리스 로마 신화에서는 제우스의 아들 아폴론이 태양의 신이고, 아폴론의 쌍둥이 여동생 아르테미스가 달의 여신이다. 해와 달을 남매로 엮은 상상력은 동서양이 일치한다.

동양에서는 해가 뜨는 동쪽에 신성한 뽕나무 부상이 있는데, 이 부상의 가지에 열 개의 태양이 달려 있다고 보았다. 태양은 함지咸池에서 목욕하고 탕곡湯谷에서 나와 부상의 꼭대기 위로 솟아오른다고 했다. 한 개의 태양이 오면, 다른 한 개의 태양이 나가는데 태양새가 해를 운반한다고 보았다. 그리스 로마 신화에서 헬리오스는 날개 달린 천마 네 마리가 끄는 불의 수레를 타고 매일 새벽 동쪽에서 출발해 하루 종일 하늘을 가로질러 서쪽으로 가는 여행을 한다고 했다. 해가 동쪽에서 떠서 서쪽으로 지는 모습을 이야기로 만든 것이라 서로 비슷할 수밖에 없어 보인다.

갈릴레이보다 500년 앞선 고려의 태양 관측 기록

태양은 태양계의 중심이다. 태양계의 모든 행성과 위성, 그리고 소행성과 혜성은 태양의 중력에 영향을 받아 돌고 있다. 태양은 지구보다 100배나 크며 표면 온도는 섭씨 6천 도가 넘는다. 태양은 거대한 가스 덩어리인데, 수소 원자의 핵융합반응으로 엄청난 에너지를 쏟아낸다. 이런 태양이 뿜어내는 빛 에너지와 열 에너지를 적절하게 받는 행성은 태양계에서 지구뿐이다. 너무 가깝지도, 너무 멀지도 않은 거리에서 생명이 존재하기에 적당한 환경이 만들어진 것이다.

고려 신종 7년 갑자(1204) 1월 1일

을축에 태양 속에 흑점이 있었는데, 크기가 오얏만 했고, 무릇 3일 동안이

나 있었다. 태사太史가 진晉나라 성강成康 8년 정월에 태양 속에 흑점이 있더니 여름에 제帝가 붕崩했으므로, 그 징조를 싫어하여 감히 바른 대로 지적하여 말하지는 못하고 다만 아뢰기를 "태양은 임금의 상징이니, 만약 흠이 있으면 반드시 그 재앙이 드러납니다" 했다.

이 내용은《고려사절요高麗史節要》에 기록된 태양 표면에 나타나는 흑점을 관측한 기록이다. 갈릴레이가 1610년 자신이 고안한 망원경으로 태양 흑점을 발견했다고 하는데, 고려시대의 태양 흑점 관측 기록은 이보다 500년이나 앞선 셈이다. 물론 삼국시대에도 태양 흑점 관측 기록이 있지만, 꾸준히 기록된 것은 아니다.

태양 흑점은 태양의 표면에 나타나는 검은 반점으로 오래전부터 관측되었다. 흑자黑子 혹은 일중흑자日中黑子 또는 일중흑기日中黑氣라고도 했다. 여기에서는 흑점의 크기가 오얏만 하다고 표현했는데, 다른 기록을 보면 복숭아만 하다, 계란만 하다, 새알만 하다는 등 그 크기를 구별해놓았다. 이 흑점은 자기장이 강하며 온도가 주변보다 낮기 때문에 어둡게 보인다.

태양 흑점은 임금의 상징인 태양에 검은 점이 생긴 것으로 재앙을 예고한다고 믿었다. 세종 때 이순지가 편찬한《천문류초天文類秒》에는 태양 속에 흑점이 있으면 신하

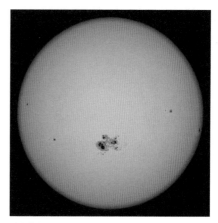

태양 흑점

가 임금의 밝음을 가린다고 했다. 조선 후기의 문신인 허목許穆은 문집《기언記言》에서 태양에 대해 자세히 기록해놓았는데, 흑점에 대해서도 상세히 서술했다.

해 가운데 흑점이 있거나 흑기黑氣가 있어 세 개였다가 금방 다섯 개가 되면 신하가 임금을 폐위시키고, 해가 피처럼 붉으면 임금이 죽고 신하가 반란하고, 해가 밤에 나오면 병란이 일어나고 큰물이 지고, 햇빛이 사방으로 흩어지면 임금이 어둡고 가려져 있고, 해에 삐쭉삐쭉한 이빨이 생기면 적신賊臣이 있는 것이다.

과학적으로 접근한 것은 아니지만, 조선시대에도 태양 흑점을 꾸준히 관찰해 기록했음을 알 수 있다.

한반도에 오로라가 나타났다

그렇다면 태양의 흑점을 왜 이렇게 열심히 관찰했던 걸까? 흑점이 커지면 재앙이 일어난다며 두려워했기 때문이다. 별을 관찰하는 목적이 비과학적이라고 생각할 수도 있다. 그러나 실제로 흑점이 커지고 숫자가 늘어나면 지구의 기후에 영향을 미친다.

태양 흑점의 크기가 커지고 숫자가 늘어가는 현상은 11년을 주기로 한다. 태양 흑점의 11년 주기는 다른 의미에서 중요하다. 지금도 태양 흑점이 극대화되면 지구에 자기 폭풍이나 오로라 또한 극대화된다. 분명히 어떤 변화가 있었기에 태양 흑점을 꾸준하게 기록했을 것이다.

그렇다면 태양 흑점은 어떻게 관측했을까? 해가 뜨거나 질 때, 빛이 약해졌을 때 주로 관측하는데 대야에 물을 떠놓고 태양을 비춰 관측하기도 했다. 조선시대의 태양 흑점 기록은 고려시대보다 간략한 편이다. 《조선왕조실록》 태종 2년의 기록을 보면 "태양 속에 흑점이 있었다. 소격전昭格殿에서 태양독초太陽獨醮*를 지내며 빌었다"고 했다. 태양독초는 일종의 액막이 제사인데, 태양·금성·달 등 다양한 성신星辰에 제사를 지냈다.

한 필의 베를 하늘에 펼쳐놓은 것과 같다. 나타나면 병란이 일어난다. 또 이르기를 "광망이 곧게 뻗어 하늘까지 닿기도 하고, 10길을 뻗기도 하고, 30길을 뻗기도 하는데, 전쟁을 가리킨다"고 했다.

혜성의 일종인 장경長庚에 대한 설명이다. 그러나 혜성의 꼬리가 30길까지 뻗었다는 것이 이상하다. 1길은 여덟 자에서 열 자 정도로 2.4미터 혹은 3미터 정도인데, 혜성의 꼬리가 10길이나 30길을 뻗었다는 것은 예사로운 혜성이라 보기 어렵다. 특히 베를 펼쳐놓은 것 같다는 표현으로 보면 오로라를 말하는 것 같다.

조선시대에 오로라를 볼 수 있었다니? 어처구니없는 소리처럼 들린다. 오

---

* 독초獨醮란 왕실의 안녕과 천재지변 등을 물리치기 위해 행해졌던 초제醮祭의 일종이다. 성신星辰, 즉 별에 지내는 제사로 종류가 다양하다.

로라는 지구의 자기장과 태양풍이 만나 대기에서 충돌하면서 나타나는 빛이다. 따라서 지구 자기장이 강한 북극이나 남극에서 나타나는 현상이다. 한반도에서는 불가능한 일이다.

일본 오사카대 하야카와 히사시^{早川尚志} 교수팀이 1770년 9월 조선의 밤하늘에 붉은 오로라가 나타났다는 연구 결과를 2017년 국제학술지 〈천체물리학저널 레터스^{The Astrophysical Journal Letters}〉에 발표했다. 조선과 청나라, 일본 세 나라에 걸쳐 관측되었다는 이 내용은 붉은 오로라가 역사상 가장 거대한 규모의 태양 자기폭풍의 결과로 생겼다는 설명이다. 연구팀은 《조선왕조실록》과 《승정원일기》, 그리고 청나라 왕조의 기록 등 고문서 111건을 분석한 결과, 붉은 오로라가 1770년 9월 10일부터 9일간 나타났다는 사실을 알아냈다.

이 연구에서 중요한 자료로 《조선왕조실록》과 《승정원일기》의 기록이 사용되었다는 것은 새삼스럽지 않다. 영국 과학자들은 한국의 천문 관측 사료를 높이 평가해왔다. 하늘에 나타난 이상 현상을 보이는 그대로 기록했지만, 현대에 사용하는 용어로 표현되지 않아 정확하게 해당 현상의 기록인지 알 수 없는 경우가 많다. 그럴 때 태양 흑점 극대기와 맞추어보면 정확도를 높일 수 있다고 한다.

'태양에 삼족오가 산다, 태양에 검은 점이 커지면 왕에게 재앙이 생긴다, 병란이 일어날 것

《승정원일기》

을 예고하는 빛이 나타났다' 등의 기록을 보면 무척 비과학적이라는 느낌이 든다. 그러나 비과학적이고 비합리적으로 보이는 기록은 자세하고 꾸준히 지속되었다. 그리고 현대에 이르러 이 기록을 바탕으로 과학적인 연구 성과가 이뤄질 것이다.

죽어야 다시 태어나는 별, 초신성

낮에도 하늘에는 별이 가득하다. 그러나 볼 수는 없다. 왜냐하면 별빛보다 햇빛이 더 강해서 묻히기 때문이다. 어쩌다 낮에도 별빛이 반짝하고 나타날 때가 있다. 잠시나마 햇빛보다 강렬한 빛을 뿜어내기 때문이다. 언제 별이 태양보다 강한 빛을 뿜어낼까? 그것은 별이 죽을 때다. 별이 죽으면서 폭발하는데, 그때 순간적으로 엄청난 에너지가 발생한다. 그 밝기가 평소의 수억 배에 이르기 때문에 해가 떠 있는 낮에도 별이 반짝 빛난다.

어느 날 낮에, 혹은 밤에 갑자기 반짝거리는 별이 나타났다. 없던 별이 새로 생겼다고 생각해서 서양에서는 '신성新星'이라고 불렀다. 신성보다 더 크게 번쩍이는 별은 '초신성超新星'이라고 했다. 동양에서는 손님처럼 잠깐 왔다 가는 별이라고 생각해서 '객성^{客星}', 손님별이라 불렀다. 물론 객성에는 초신성만 포함되는 것은 아니다. 갑자기 나타난 별이니 혜성이나 유성, 변광성^{變光星} 등도 객성의 범위에 넣을 수 있다.

죽어가는 별의 이름은 '새로운 별, 신성'

신성과 초신성은 어떤 차이가 있을까? 신성은 별의 껍질만 폭발하는 것이라 여러 차례 반복할 수 있고, 초신성은 별의 마지막 폭발로 별 자체가 폭발해서 분해되어버린다. 신성이나 초신성은 사실 별이 죽을 때 나타나는 현상이므로 새로운 별은 아니다. 죽어가는 별에 '새로운 별'이라는 이름을 붙였으니 역설적이다. 원래 그 자리에 있었지만 어두워서 보이지 않다가 죽을 때 에너지를 모두 폭발시켜 빛을 낼 뿐인데 없던 자리에 새로운 빛이 나타났다고 해서 신성이라는 이름을 붙인 것이다.

선조 37년 갑진(1604) 9월 21일(무진)

1경^更에 객성이 미수^{尾宿} 10도의 위치에 있었는데, 북극성과는 110도의 위치였다. 형체는 세성^{歲星}보다 작고 황적색이었으며 동요했다. 5경에 안개가 끼었다.

선조 37년 갑진(1604) 11월 11일(정해)

동틀 녘에 객성이 동쪽에 나타나 천강성^{天江星} 위에 있다가 미수 11도로 들어갔는데, 북극성에서는 109도의 위치였다. 심화성心火星보다 크고 황적색이었는데 동요했다. 사시에 태백初白이 오지午地에 나타났다.

《조선왕조실록》 선조 37년(1604년) 음력 9월 21일과 11월 11일의 기록이다. 객성이 1604년 9월 21일에 처음 나타났고 다음해인 1605년 4월까지 있다가 사라졌다. 하나의 객성이 7개월 동안 계속 관측되었다. 이 객성은 무엇일까? 7개월 동안 존재감을 발휘한 이 객성은 당시 금성 다음으로 빛났던 별로 아주 유명하다. 바로 케플러 초신성이다. 독일의 유명한 천문학자 케플러가 관찰하고 연구해 케플러 초신성이라 부른다.

《선조실록》에 남아 있는 상세한 관측 기록은 케플러의 관측보다 4일이 빠

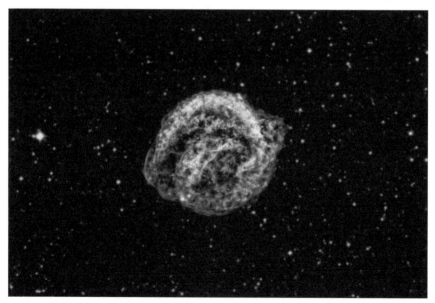

케플러 초신성의 잔재

른데, 당시 유럽에서는 날씨가 흐렸기 때문이라고 한다. 이 기록은 현재 케플러 초신성의 주요 연구 자료로 채택되었다. 특히 초신성의 시작부터 끝까지 정밀하게 기록해 초신성의 구체적인 특성을 파악하는 데 꼭 필요한 자료라고 한다.

보이지 않는다고 없는 것은 아니다

초신성의 기록은 일곱 번뿐이라고 한다. 초신성은 빛이 약해서 보이지 않던 별이 갑자기 폭발하면서 엄청난 빛을 뿜어낸다. 그러나 아무 별이나 폭발하는 것은 아니고 질량이 태양의 열 배 이상 되는 무거운 별이 죽을 때 발생한다.

넓고 넓은 이 우주에 별이 얼마나 많은데 초신성 폭발의 기록은 왜 이렇게 적은 것일까? 일단 초신성 폭발은 매우 드문 현상이다. 질량이 무거워야 하고 별의 진화 마지막 단계에서 죽음을 맞이해야만 한다. 그래서 맨눈 관측한 초신성은 17세기가 마지막이었다고 한다. 그러나 기록되지 않았다고, 보지 못했다고 해서 초신성 폭발이 없었던 것은 아닐 것이다. 날씨가 흐리거나 폭발 당시 두꺼운 먼지 구름에 가려 보이지 않았을 수도 있다.

하늘의 별은 영원히 빛날 것 같다. 먼 옛날부터 빛났고 내가 죽고 나서도 계속 빛나고 있을 테니까. 그래서 영원히 변하지 않을 불변의 존재를 밤하늘의 별에 비유하는지도 모른다. 그러나 세상의 모든 것에는 생명이 있다. 태어나면 죽는다는 말이다.

허블우주망원경이 촬영한 초신성 폭발의 모자이크 이미지

별도 태어나서 어린 별, 청소년 별, 늙은 별의 단계를 거쳐 죽음에 이른다. 별은 태어나는 순간부터 자신을 유지하기 위해 에너지를 계속 방출하는데 이렇게 에너지를 다 쓰고 나면 죽는다. 질량이 큰 별일수록 에너지가 많지만 아주 밝은 빛을 내기 위해 에너지를 빨리 소모한다. 그래서 별이 클수록 수명은 짧다.

태양처럼 질량이 작은 별의 수명은 평균 100억 년 정도인데, 태양은 현재 50억 년 정도 되었으니 앞으로 50억 년 후면 사라질 것이다. 그러나 태양은 에너지가 부족해 초신성이 될 수 없다. 그렇다면 어떤 최후를 맞이할까?

태양은 질량이 작아 50억 년 후에는 지금보다 지름이 50배에서 100배 정도 늘어나고 밝기도 1천 배나 늘어 적색거성^{赤色巨星}이 된다고 한다. 그러면 태양과 가까운 수성과 금성은 커져버린 태양 속으로 삼켜지고 지구도 사라질 것이다. 물론 50억 년 후에 벌어질 일이다. 적색거성으로 지내다가 작고 하얗게 오그라드는 백색왜성白色矮星을 거쳐 서서히 희미해지다가 흑색왜성黑色矮星이 되어 마지막을 맞을 것이라고 한다.

태양이 죽고 그에 따라 지구도 죽고⋯⋯. 조금 슬픈 마음이 들지도 모르겠다. 봄에는 꽃이 피고 가을엔 열매를 맺다가 겨울에 나뭇잎마저 다 떨어지고 나면 마치 모두 끝난 것만 같다. 그러나 봄이 오면 떨어진 나뭇잎은 거름이 되고 열매의 씨앗이 다시 싹을 틔운다. 죽음에서 다시 삶이 시작되는 것이다.

어느 별에서 다시 만날까

초신성이 폭발한 후 핵반응에서 다양한 화학 원소들이 만들어진다. 암석과 금속, 그리고 생명에 필요한 여러 원소들은 거의 별의 내부에서 만들어졌다가 초신성이 폭발하면서 우주 공간에 흩어진다. 터지면서 먼지와 가스를 남긴다.

별이 죽으면서 남긴 잔해 속에는 새로운 별이 탄생할 요소가 마련되어 있다. 별에서 나온 먼지는 가스와 함께 섞이고 에너지가 발생하면서 새로운 별들이 탄생한다. 태양도 지구도 다 이런 과정을 거쳐 태어났다.

별은 태어나서 성장하다가 죽고, 다시 태어나는 과정을 반복한다. 별은 영원히 살지 못하지만 다시 생을 반복한다. 같은 별로 태어나지 않더라도 다시 새롭게 태어난다.

아마추어 천문학회에서 활동할 때 동호회 이름이 '별부스러기'였다. 회원들은 이름이 너무 볼품없다며 멋있는 이름으로 바꾸자고 했다. 어떤 사람들은 '별싸라기'니 '별찌끄러기'라고도 잘못 부르기도 했다. 굳이 폄하하고 싶어서가 아니라, 별부스러기라는 이름이 작고 하찮은 느낌을 주었기에 그렇게 부르곤 했을 것이다.

나는 끝까지 '별부스러기'라는 이름을 고수했다. 우리는 별의 부스러기에서 태어난 존재다. 그리고 죽음과 함께 다시 별의 부스러기로 돌아갈 것이다. 우리의 존재 자체가 별부스러기니 그 의미는 남다르다.

우리는 넓고 넓은 우주의 아주 작은 일부다. 우리는 모두 같은 별의 부스러기에서 태어났다. 길가의 가로수나, 내가 사용하는 가구나, 지나오며 밟았을 돌멩이 하나도 어느 별의 부스러기에서 갈라져 나와 다시 뭉쳐서 태어난 존재다.

광대한 우주에서 길고 긴 시간을 거쳐 함께한 이 모든 존재는 얼마나 대단한 인연인가. 삶과 죽음을 반복하며 이 순간을 살아가는 나는 더 나은 삶을 살아야 하고 나와 함께하는 존재를 아껴주어야 한다고 생각하지 않을 수 없다.

정리

- 천문학과 밀접하게 연결된 점성술은 인류의 오랜 신앙이자 과학이었다.
- 오랫동안 동양에서는 하늘의 일이 땅에서도 일어난다고 믿었다.
- 동서양 모두 오랫동안 혜성을 재앙의 상징으로 여겼다.
- 전 세계 천문 연구에서 《조선왕조실록》 등의 기록은 높이 평가받는 관측 사료다.
- '신성, 초신성'은 사실 새로운 별이 아니라 별이 죽을 때 나타나는 현상이다.

지도를 가진 자, 세계를 제패하다

· 이 정 선 ·

· 키워드 ·

지도   지리   지도의 역사   지도학   패권

고지도   세계지도   세계관   세계사

중고등학생 때 '사회'라는 교과목에는 항상 '사회과부도'라는 별책이 따라붙었다. 모든 교과서가 흑백으로 제작됐는데, 유독 이 책만은 양질의 종이에 칼라로 인쇄되었고, 그림과 지도로 가득한 지면이 시선을 압도했다. 그러나 두껍고 무거워 학교에 가지고 다닐 수는 없었고, 집에서만 보는 것에 만족해야 했다. 나는 지도를 보며 직접 가보지 못한 곳을 표시하고, 그곳의 위치를 가늠하며 상상하곤 했다. 이런 상상은 가까운 지역에서부터 우리나라 전역까지 나아갔고, 관심이 있는 주요 나라에 이르기까지 더 넓게 확대됐다. 지금은 스마트폰으로 검색만 하면 전 세계의 생생한 장면을 동영상으로 볼 수 있는 시대다. 지도를 보고 상상하던 것과는 차원이 다르다. 직접 가보지 않은 곳이라도 마치 직접 가본 것처럼 느낄 수 있다.

과거에 우리가 지도를 보고 상상의 나래를 폈다면, 더 옛날 사람들은 지도에 인간의 생각과 소망을 담았다. 교통과 항해기술이 발달하면서 지리 정보가 축적된 뒤에야 비로소 정확한 지도를 제작할 수 있었다. 그런데 이 지도 또한 현실의 환경을 그대로 보여주지는 못했다. 지도는 현실에 대한 선택적 표현이며, 지도가 그려내는 주제는 지도 제작자의 선택을 반영하기 때문이다.

지도는 만들기 시작하는 순간부터 공간에 대한 가정, 주제의 선택, 표기할 것과 하지 않을 것에 대한 선별을 동반한다. 역사서가 실제의 역사적 사실을 모두 보여주는 것이 아니라 집필자의 시각과 선택의 산물인 것처럼 말이다. 이런 맥락에서 지도는 세계 그 자체가 아니라 인간에게 포착된 세계의 개념이며 하나의 상image일 뿐이다. 그럼에도 불구하고 우리가 지도를 찾고 배우는 것은 지도 속에 담긴 수많은 정보에 인류의 꿈과 계획이 담겨 있기 때문이다.

컴퓨터를 지도 제작에 활용하면서부터 지도 자료의 저장과 표현을 정기적으로 업그레이드할 수 있게 되었고, 실체와의 간극을 좁혀가게 되었다. 구글맵 등 지도 제공 서비스의 발달과 모바일 지도의 발달, 내비게이션 지도 및 애니메이션 지도 등 다양한 형태의 지도가 개발됨에 따라 지도의 개념과 기능 또한 지속적으로 변화하고 있다. 지도학 연구도 새로운 전기를 열고 있다.

지도학과 관계된 학문이나 기술에는 천문학, 측지학, 지구물리학, 전자공학, 정밀기계공학, 사진화학, 인쇄공학 등 여러 분야가 있다. 지도학이 단순한 학문이 아니라 융합지식을 요구하는 학문으로 자리매김하고 있음을 말해준다. 특히 지리정보시스템Geographic Information System은 지리적 위치를 갖고 있는 대상에 대한 위치와 속성자료를 통합·관리해 지도, 도표 및 그림들과 같은 여러 형태의 정보를 제공함으로써 우리 사회 곳곳에서 다양하게 활용된다.

지도는 인류의 상상에서 비롯된 세계였지만, 이제 그 상상은 현실의 세계가 되었다. 거기에 첨단과학과 다양한 학문이 결합하면서 지도학은 미래를 예측하고 대비할 수 있는 새로운 블루칩으로 떠오르고 있다. 과거에는 지도를 가진 자가 세계를 제패했다. 오늘날엔 지도를 얼마나 잘 활용하느냐에 따라 국가의 운명이 좌지우지된다. 계속해서 우리가 지도에 관심을 가져야 하는 이유다.

고지도의 매력과 유혹

"역사는 땅 위에 기록된다. 과거 인간이 지나간 모든 흔적은 땅에 남았다." 20세기 프랑스의 역사학자 조르주 뒤비Georges Duby의 말이다. 그의 말대로 지도는 기호, 색깔로 역사적 사건의 현상을 표현한 그림이자 그 시대 사람들의 정신이 깃든 지적 유산이다.

캐나다 배핀섬Baffin Island의 에스키모는 자신들의 주거 공간 바깥에 주술사의 힘으로 지배되는 신화적인 세계가 있다고 믿었다. 또 캘리포니아 인디언 유로크족 역시 바다 건너 다른 육지에 사람들이 살고 있다고 믿었다. 배핀섬의 에스키모나 캘리포니아의 유로크족에게 세계는 안과 밖이 분명했다. 잘 알고 있으며 사회적으로 의미가 부여된 영역과, 잘 모르지만 외부에 존재하는 미지의 영역으로 구분된다. 외부의 공간은 상상력에 기대어 이해하고 개척해 나갔다. 이처럼 상상력으로 확장한 공간은 인류에게 미지의 세계에 대한 개념을 바꾸는 계기를 마련해주었다 .

세계관과 역사를 품은 상상력의 보고

아주 오래전부터 사람들은 땅에 관심을 갖고 지도를 만들기 시작했다. 옛날 사람들이 만든 지도에는 그 시대 사람들의 생각과 소망이 담겨 있다. 인류가 머물렀던 지리적 한계에도 불구하고 지도는 당시 세계를 어떻게 상상하고 이해하려 했는지 짐작할 수 있는 단서를 제공해준다.

그리스의 천문학자이자 지리학자인 프톨레마이오스^{Claudius Ptolemaios}는 150년경 《지리학^{geography}》을 썼다. 총 8권으로 구성된 책의 지도를 보면 당시 유럽인에게 알려진 세계의 범위와 8천여 지점의 위치를 좌표로 열거했으며, 26개 지역에 대해 설명하고 있다. 고대 로마와 페르시아의 지명 사전과 저서, 여행자들의 기록을 바탕으로 그리다 보니 지중해에서 북서 유럽까지의 지역은 비교적 정확하고 자세히 나타나 있다. 하지만 다른 지역은 정확하지 않다. 동서가 남북보다 길고 인도보다 스리랑카가 더 크게 표현되어 있다. 아프리카가 남극과 붙어 있으며, 아시아는 인도와 중국까지만 그려져 있어 우리나라와 일본은 지도에 존재조차 하지 않는다. 하지만 이 지도에서 사용한 축적, 기호, 방위는 오늘날에도 사용된다. 거리를 측정하기 위한 과학적인 도구가 없었던 점을 감안하면 이런 지도 제작은 경이로운 일이다. 지구 둘레에는 방위를 나타내는 12명의 신이 바람을 부는 모습을 그려 넣었다. 이들에 의해 지구가 공중에 떠 있다고 생각한 것이 흥미롭다.

중세 유럽인들은 유럽을 세상에서 가장 중요한 땅이라고 생각했다. 그리고 다른 곳에 어떤 모양의 땅이 있는지, 어떤 사람들이 사는지 궁금해 했다. 그래서 지도의 중심에 유럽을 그린 후 주변에 아프리카, 아시아를 상상해서 그린 지도를 만들었다. 중세시대의 〈T-O 지도〉가 대표적이다. 이 지도에는 나일강, 돈Don강, 지중해에 의해 T자형으로 분할된 세 개 대륙(아시아, 유럽, 아프리카)의 둘레를 둥근 O자형의 큰 바다가 둘러싸고 있다. 이 원형의 세계는 성지 예루살렘이 세계의 중심에 위치한다는 것을 보여준다. 중세 유럽인들은《성경》에 나오는 이야기를 지도에 표현했다. 이는 신의 가르침과 깨달음을 지도에까지 반영하려는 것이었다. 또한 유럽인들은 신을 이 세상의 주인이라고 생각하며 동경했다. 그래서 신화에 나오는 제우스나 아폴론, 포세이돈과 같은 신들의 이야기까지 지도에 담았다.

이처럼 고지도는 사람들이 세계를 어떻게 이해했는지 보여주는 값진 유산이다. 지도는 조망할 수 없는 세계에 대한 종합적인 인식을 담아내려는 상상력과 함께 그려지고 읽힌다. 다만 지도의 상상력은 다른 예술 분야와 달리 정보와 공유를 전제로 한다. 타인과 공유되지 않고

〈T-O 지도〉

타인이 인정할 수 없는 정보로 제작된 지도는 지도 본연의 기능을 잃기 때문이다.

보이는 세계와
보이지 않는 세계의 공존

현재까지 남아 있는 고지도는 인류가 상상한 세계를 담아낸 특별한 앨범이다. 지도는 동시대인들과 소통을 전제로 하지만 과거를 상상하고 미래를 꿈꾸는 오늘의 시점에서 또 다른 소통의 차원을 열어준다.

고지도에는 땅과 바다의 위치뿐만 아니라 각 시대를 살았던 사람들의 세계관과 역사가 그대로 녹아 있다. 한 장의 지도 속에는 나라와 민족의 흥망성쇠가 있고, 환상과 꿈이 있다. 사람들은 미지의 새로운 세계를 발견할 때마다 지도에 추가했고, 지도는 역사가 됐다. 따라서 고지도는 오늘날 우리가 알고 있는 것처럼 세계를 있는 그대로 정확히 그려낸 것이 아니다. 정확한 세계지도는 근대에 이르러 교통과 항해술이 발달하면서 지리 정보가 축적된 뒤에야 가능했다.

독일 철학자 하이데거Martin Heidegger는 "예술 작품은 하나의 세계를 건립하면서 대지를 설립한다"고 말했다. 예술 작품은 어떤 의미나 가치를 보여주려 하는 동시에 그것을 감추려 한다는 의미다. 그런데 예술 작품의 세계를 만들어내는 주체는 제작자가 아니라 예술 작품을 바라보는 사람의 안목과 상상력에 있다. 예술 작품의 의미는 한 가지로 규정된 것이 아니라 예술 작품을 만나는 사람의 인식에 의해서 다양하게 창출되기 때문이다.

하이데거는 예술 작품을 말했지만 이러한 속성은 모든 사물에 내재되어 있으며 고지도에도 그대로 적용된다. 한 점의 고지도에는 표시된 세계와 표시되지 않은 세계 사이의 갈등과 대립이 있다. 지도가 그려지고 유통되던 시대와 나 사이에는 수백 년의 시간이 놓여 있다. 그러니 고지도를 해석하는 것은 표시된 세계와 표시되지 않은 세계 사이의 갈등을 읽어내는 일이고 넓은 바다를 건너 미지의 세계를 찾아가는 것과 같은 행위다.

귀한 것은 언제나 눈에 잘 보이지 않는 법이다. 물 위로 보이는 빙산의 일각에만 눈길을 빼앗기면 보이지 않는 물 아래 빙산을 놓치게 된다. 지도에 표시

17세기의 세계를 그린 고지도

된 선과 문자와 그림은 표시되지 않은 더 넓은 세계로 안내하는 이정표일 뿐이다. 실상 우리를 유혹하는 것은 여백으로 처리된 세상이다.

사방이 고요하고 마음이 차분해지는 저녁이나 깊은 밤, 여러분의 책상 위에 한 장의 지도를 올려놓는다고 상상해보라! 빛바랜 종이 위에 굵고 가는 불규칙한 선들이 땅의 모양을 만들고 그 안에는 산과 강, 도시와 성이 자리 잡았다. 그 사이에 낯선 글자들이 놓였는데 대부분 나라나 마을, 산과 강의 이름이다. 때로는 동물과 괴물, 그리고 신도 한 자리를 차지하고 있다. 한참을 응시하고 있으면 종이 위에서 문이 열려 중무장한 군사들이 여러분을 끌고 들어가거나, 아름다운 여인이 맞이하기도 할 것이다. 지도와 나 사이에 아무런 간격이 없는 물아일체의 경지에 이르는 것을 느낄 때, 침묵하는 듯한 지도 속에서 수많은 의미를 만날지도 모른다. 고지도의 침묵은 끝 모를 깊이와 광대한 너비의 표현인 셈이다. 여기에 고지도의 매력이 있다.

한눈에 보는 세계지도의 역사

"지도를 가진 자 세계를 제패한다." 문명의 시작부터 현대에 이르기까지 인류의 흔적은 모두 지도 위에 나타나 있다. 찬란했던 문명은 흥망성쇠의 길을 걸으면서도 산맥을 넘어 미지의 땅을 개척하고, 더 멀리 더 빨리 하늘을 날려던 인간의 첫 도전도 지도 위에 남았다. 이제 새로운 세상을 향해 떠났던 인간의 상상력은 지구 너머 우주로 확장되고 있다.

원시 인류가 동굴에서 생활하던 시절, 인간은 어느 산에서 어떤 열매를 주울 수 있는지, 또 어느 지역에 어떤 동물이 살고 있는지 동굴 벽에 그려놓았다. 이러한 그림은 생명을 유지하기 위한 중요한 행위이자 인류가 지구 표면에 남긴 최초의 지도가 된다. 이런 바위지도는 지금도 세계 도처에서 발견되

바빌로니아 세계지도

고 있다. 1931년경 이라크 키르쿠크 근처에서 발굴 작업을 하던 고고학자들에 의해 발견된 바빌로니아시대의 점토판 지도가 있다. 점토판에는 두 개의 산과 수로, 마을이 그려져 있고 쐐기 문자로 '아잘라Azala'라고 쓰여 있다. 아잘라는 토지 주인의 이름으로, 이 지도는 토지의 소유권을 명확히 하기 위해 만들어진 것으로 추측된다. 기원전 2300년경으로 추정되며, 현존하는 지도 중에서 가장 오래된 지도로 알려져 있다.

이탈리아 북부 브레시아 지방의 발카모니카에서 발견된 '바위지도'는 기원전 1500년경에 그려진 것으로 추정되며, 사람들이 살았던 촌락·길·경작지 등이 직선과 곡선을 이용해 그려져 있다. 기원전 600년경에 제작된 바빌로니아 세계지도도 있다. 점토판에 그려진 이 지도에서 지구는 고리 모양의 물길에 둘러싸인 조그만 원반처럼 묘사되어 있다. 지도의 중앙에는 수도 바빌론과 시가지를 관통해 흐르는 유프라테스강이 그려져 있다. 이는 지구 전체를 나타내고자 의도한 최초의 세계지도다.

땅에 대한 이해에서 천문에 대한 상상까지

이처럼 고대인들은 자기들이 살고 있는 땅을

지도로 그려 이해하려고 했다. 고대의 세계지도는 대부분 실제로 관측해 그린 것이 아니라 신화 속 이미지를 형상화하거나 주변의 정황 표시 정도를 나타낸 것에 불과했다. 그러나 고대 그리스인들은 실제 여행이나 항해를 통해 얻은 지식을 바탕으로 지도를 그리려 노력했다.

본격적인 세계지도 제작은 알렉산드로스 대왕^{Alexander Ⅲ Magnus}의 세계 원정 이후부터 시작되었다. 당시 그리스인들은 폭넓은 항해와 무역을 통해 새롭게 발견한 땅에 관한 지식을 얻을 수 있었다. 비로소 실제와 가까운 지도를 그리기 시작했으며 알렉산드로스 대왕의 경우 측량기사를 데리고 다닐 정도로 열의를 보였다. 이러한 지식을 바탕으로 그리스 철학자들은 '지구는 하나의 대양으로 둘러싸인 구형'이라고 생각하게 됐다. 특히 천문학자였던 에라토스테네스^{Eratosthenes}는 지구를 완전한 구형이라 가정한 후 지구 둘레를 계산했고, 처음으로 지도에 경도와 위도를 표시하기까지 했다. 그가 측정한 지구 둘레의 크기를 현대에 와서 측정한 것과 비교하면 불과 15퍼센트 정도밖에 차이가 나지 않는다.

그리스를 중심으로 발달한 지도 제작술은 지리학자이자 천문학자였던 프톨레마이오스에 의해 비약적인 발전을 이루게 된다. 그는 《지리학》을 통해 세계지도를 소개했다. 로마시대의 지리적 지식을 모아 유럽에서 중국에 이르는 세계를 지도에 담았다. 그가 그린 반구도^{半球圖}에는 현재와 비슷한 모양의 세계지도가 실려 있다. 동서를 잇는 위도는 현재와 같이 적도를 0도로 시작해 북극까지 90도로 커지는 방법으로 나타내고, 남과 북을 잇는 경도는 동쪽과 서쪽으로 180도로 나누어 표시했다. 현재의 경도와 비교해도 불과 몇 도밖에 차이가 나지 않을 정도로 정밀하다. 당시에 이런 고도의 지식을 갖출 수 있었던

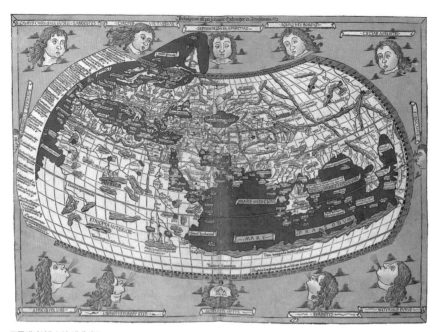

프톨레마이오스의 세계지도

이유는 그가 세계 곳곳을 여행한 상인이나 로마 관리들과 많은 이야기를 나눌
수 있었기 때문이다.

그런데 서구의 중세시대는 이렇게 발달된 지도 제작술을 계승하지 못했다.
중세 사회는 폐쇄적이고 봉건적이었기에 지역 간의 교류가 막히면서 지도에
대한 필요성을 크게 느끼지 못했기 때문이다.

중세시대의 대표적인 지도로 〈T-O 지도〉를 들기도 한다. 그러나 이는 현
대의 기준으로 보면 지도라기보다 기독교의 신앙관을 나타낸 '신화 지도'에
불과하다. 이 지도는 아시아 · 아프리카 · 유럽 대륙을 3분하여 표시하고, 지
중해와 나일강 등이 표현되어 있다. 하지만 지도의 중심에 예루살렘이 위치하
고 지도의 꼭대기에 그리스도를 표현한 것 등 과학과는 거리가 멀다. 이는 조

선시대 중기에 만들어진 둥근 모양의 세계지도인 〈천하도〉와 흡사하다. 〈천하도〉역시 지도의 중심에 중국을 두고 조선은 주변에 작게 표시했으며, 내해와 환대륙에 수십 개의 가상 국가를 표시했다. 중국 중심의 세계관을 표현한 관념도로 볼수 있다.

〈천하도〉

지도사에 업적을 남긴 이슬람 문화

　　　　　　　　　　서구 사회가 중세시대를 보내고 있을 무렵, 아랍 세계는 이슬람이라는 새로운 종교를 바탕으로 아시아에서 북아프리카, 유럽에 이르는 거대 이슬람제국을 건설하면서 문화 중흥기를 맞이했다. 당시 이슬람 세계가 일궈낸 문화 수준은 상상을 초월한다. 이슬람 지도학자들은 이미 9세기에 프톨레마이오스의 작품을 아랍어로 번역해 분석하기 시작했다. 또한 이들은 중국과의 교역을 통해 얻은 지식도 지도에 반영했다.

지도 제작에서 가장 주목할 만한 업적을 남긴 이슬람 학자는 알 이드리시 Abdullah Al-Idrisi다. 당시 지리학에 특별한 관심이 있던 시칠리아의 왕 로제르 2세Roger II를 만나면서 그의 지도 제작술은 활짝 피어났다. 그가 그린 세계지도는 이전과 달리 남과 북이 거꾸로 되어 있다. 스칸디나비아 반도는 물론 중국

알 이드리시의 세계지도

연안까지 지도에 포함시킨 것이나, 중국의 동쪽 해상에 '신라Al-Silla'로 이름 붙인 섬 5개를 배치한 점이 인상적이다. 이는 우리나라를 표시한 최초의 세계지도다.

　15세기에는 유럽의 지도 제작술이 획기적인 발전을 이뤘다. 프톨레마이오스의 세계지도에 유럽인들도 관심을 갖기 시작했기 때문이다. 1406년에《지리학》이 라틴어로 번역되었고, 이 번역서에 근거해 만들어진 지도들이 곳곳에서 제작되었다. 유럽인들이 지도 제작에 새로운 눈을 뜬 것이다. 15세기는 포르투갈의 엔리케Henrique 왕자가 최초로 탐험대를 파견해 대항해시대를 개척한 때이기도 하다. 항해에 필요한 정확한 세계지도의 필요성이 절실해졌다. 거기에 1450년대 이후 급속히 발달하기 시작한 인쇄술은《지리학》에 대한 열광과 지도 제작술 발달의 요인이 되었다. 이 책이 개정판을 거듭할수록 새로운 지도가 첨가되거나 보완되었다. 1427년에는 북유럽 부분이, 1472년에는 프랑스와 이탈리아·스페인 등이 추가 및 보완되었다. 이처럼 프톨레마이오스 세계지도의 재발견은 서양지도 제작에 큰 영향을 주었다.

이후 세계지도는 콜럼버스에 의해 발견된 아메리카까지 추가되면서 점점 현대의 세계지도와 닮아갔다. 콜럼버스가 아메리카를 발견하기 전까지만 해도 유럽인들은 지구가 표면의 약 3분의 2를 덮고 있는 하나의 대륙과 그것을 둘러싼 바다로 이루어져 있다고 생각했다. 그러나 신대륙 발견으로 그것이 잘못된 생각이란 사실을 깨달았다. 뒤이어 계속된 마젤란의 세계일주로 유럽인들은 지구에 대해 새롭게 알게 되었다. 수많은 탐험과 발견을 통해 세계지도는 바다와 육지의 윤곽이 점점 분명해지게 되었다.

네덜란드는 지도 제작술이 획기적으로 발전하면서 지도학이 가장 먼저 발달했다. 네덜란드의 지도학자 메르카토르Gerardus Mercator는 1569년 '메르카토르 도법Mercator projection'을 발명해 근대 지도학의 아버지로 불린다. 이 도법에 따르면 경선의 간격은 고정한 채 위선의 간격으로 각도를 정확하게 그릴 수 있어 평면지도에 주로 사용한다. 그러나 대륙과 대양의 형태와 크기가 왜곡되어 남아메리카 대륙보다 8배나 적은 그린란드가 더 크게 표시되었다. 이후 플란치오Petro Plancio, 오르텔리우스Abraham Ortelius, 혼디우스Jodocus Hondius, 블라외Willem Janszoon Blaeu 등 여러 지도학자가 세계지도를 제작했다.

동아시아에 진출한 여러 서

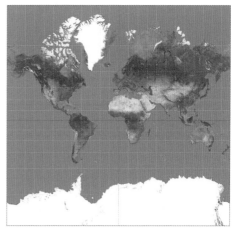

메르카토르 도법이 적용된 세계지도

구 열강 중 특히 지도 제작에 뛰어났던 프랑스는 동아시아의 지도학 발전에 커다란 역할을 했다. 이는 지도 제작을 적극 지원했던 루이 14세^{Louis XIV}와 지리학에 관심이 많았던 청나라 강희제^{康熙帝}의 뒷받침이 있기에 가능했다. 이들의 지원으로 지도학자들은 지도 제작을 위한 대대적인 측량 사업을 통하여 동아시아의 지리 정보를 과학적으로 얻을 수 있었다. 당시 프랑스 최고의 지도 제작자로 이름 높았던 당빌^{Jean Baptiste Bourguignon d'Anville}이 가세하면서 동아시아 지도 제작은 활기를 띠었다. 그는 1737년 새로운 동아시아 지도인 《신중국지도총람》이라는 지도책을 완성하는데, 이 책에는 〈조선왕국전도^{Royaume de Corée}〉가 실려 있다. 이는 조선을 독립국가로 인정한 최초의 유럽 지도다. 우리는 조선시대의 대표적인 지도로 김정호의 〈대동여지도〉를 떠올린다. 그러나 김정호가 이전의 자료를 바탕으로 지도를 편집·제작한 점을 상기할 때, 당빌이 제작한 지도도 〈대동여지도〉 제작에 일정한 영향을 주었을 것으로 판단된다.

당빌이 제작한 한국의 지도

지도를 그릴 때, 누구나 정확하게 그리는 것을 최우선으로 생각한다. 그러나 세계지도와 같이 여러 나라가 동시에 포함된 지도를 그릴 때는 이 외에 또 다른 요소가 개입하게 마련이다. 가장 큰 문제는 국경선이다. 지도에 어떻게 표시하느냐에 따라 국경선이 달라지고 그 나라의 면적이 달라지기 때문이다. 따라서 나라마다 지도는 조금씩 차이가 있다. 이는 정치 권력의 압력을 받은 지도 제작자가 자국에 유리한 지도를 그렸다는 뜻이다. 이는 북아메리카를 놓고 벌어진 열강의 지도 전쟁이나 아프리카 지도의 국경선 쟁탈전에서 명백하게 나타난 사실이다.

인간이 생존을 위해 그렸던 지도는 근대 역사에서 세계를 지배할 수 있는 하나의 도구가 되었다. 지도를 가진 자가 더 넓은 땅을 차지하고 더 많은 부를 획득할 수 있었기 때문이다.

탐험의 시작, 미지의 세계를 향하다

〈신세계 교향곡〉으로 널리 알려진 드보르작^Antonín Dvořák의 대표곡인 교향곡 9번 마단조 Op.95 〈신세계로부터〉는 그를 일약 유명 작곡가의 반열에 올려놓았으며, 낭만주의시대 교향곡 중에서도 가장 인기 있는 작품으로 알려져 있다. 곡에는 그가 조국 체코를 떠나 미국으로 건너가면서 느꼈을 새로운 세계에 대한 기대와 두려움이 고스란히 녹아 있다.

자신이 경험해보지 못한 세계를 접할 때면 사람들의 마음속엔 두려움과 기대가 교차한다. 그러나 두려움보다는 새로운 세계에 대한 기대 심리(상상력)가 커야 진정한 신세계를 만날 수 있다. 인류의 역사를 되돌아보면 탐험은 그렇게 이루어졌다. 단 하나의 상상력이 중세 500년의 세계사를 뒤바꾸었다. 그것은 바로 바다에 대한 상상력이다.

바다로 뻗어나간 포르투갈

　　　　　　　500년 전, 바다를 둘러싼 유럽과 아시아 양 진영의 상상력은 서로의 운명을 확연하게 갈라놓았다. 13세기 유럽 해양 국가들은 아시아에서 유래된 나침반을 실제 항해에 적용하며 정치경제적 위상에 혁신적인 변화를 불러왔다. 나침반으로 안개 속에서 길을 잃는 일이 없어지면서 원거리 항해가 가능해지자 조선 기술도 발전했다.

　당대 중국의 해양 역량은 유럽을 능가할 정도로 강성했다. 명나라 초기 영락제永樂帝 때, 환관이자 무관인 정화鄭和가 영락제의 명령으로 일곱 차례나 해외 원정을 시도해 먼 아프리카까지 해상 루트를 개척했기 때문이다. 거기에 무역 상인들이 중국 내륙에서부터 중동에 이르기까지 수로와 육로를 통해 소통했다. 아라비아 숫자, 비단, 차, 도자기, 향신료, 의약품, 조세 제도에 이르기까지 다양한 선진 문물과 제도가 교류되었다.

　그렇다면 그토록 막강했던 중국의 위상은 왜 지속되지 못했을까?《문명과 바다》를 쓴 역사학자 주경철은 그 이유를 바다에 대한 상상력에서 찾는다. 15세기 이후 세계는 갑자기 바다를 통해 영향력과 지식의 지평을 확대했다는 것이다. 콜럼버스 이후 불과 수십 년의 짧은 기간 동안 전 세계가 바다를 통해 새로운 세계를 경험했기에 진정 세계사라는 단어는 이때부터 적용되어야 한다는 이야기다. 내륙 지향성을 유지했던 중국을 중심으로 한 아시아적 상상력

대항해시대를 연 엔리케 왕자

과 해양 지향적 상상력을 직접 실행에 옮긴 유럽의 시도가 양 대륙의 운명을 갈라놓았다.

포르투갈은 유럽이 해상에 상상력을 펼치며 앞다퉈 진출할 시기에 가장 도전적인 선발대였다. 15세기의 포르투갈은 국토 면적 9만 제곱킬로미터에 인구가 100만 명에 불과했던 작은 나라였다. 대한민국 (22만 제곱킬로미터)의 절반에도 미치지 못한다. 그런데도 포르투갈은 스페인과 더불어 15~16세기 대항해시대를 주도적으로 이끌었다. 포르투갈의 왕자 엔리케의 풍부한 상상력과 치밀한 준비가 있기에 가능했다.

그는 1416년 포르투갈 남단 산 비센테 곶 사글레스에 위치한 '빌라 두 인판트Vila do Infante (왕자의 마을)'에 해양 연구소를 세우고 유럽 각국으로부터 많은 학자와 항해자, 지도업자들을 초청해 탐험과 항해에 필요한 항해술 · 천문학 · 지리학을 연구하도록 했다. '사글레스 학파'로 불렸던 그들은 항해학을 발전시켰으며 포르투갈이 후대에 식민지를 확장하는 기반을 다졌다. 엔리케는 세계에 관한 정보를 체계적으로 분석하고 부국강병을 위한 전략적인 목표를 세웠다.

당시 중세 유럽을 주도하고 경제와 문화의 중심지를 형성한 곳은 지중해 지역이었다. 그 중심에는 이탈리아가 있었다. 이탈리아 상인들은 자신들이 확보한 무역로와 교역품으로 정치경제의 주도권을 쥐었다. 영국, 스페인, 프랑스 사이에 끼인 작은 나라 포르투갈은 좁은 땅 대신 넓은 바다로 상상력을 넓혀야 했다.

당시 유럽인들이 가진 상상력의 끝은 아프리카 서북부에 돌출한 보자도르 곶에 멈춰 있었다. 그때까지만 해도 유럽인들의 머릿속에는 카나리아 제도가 한계였기 때문이다. 그곳을 넘어서면 바닷물이 끓기 시작한다고 생각해 그 너머로 항해할 생각은 엄두도 내지 못했다. 그런데 포르투갈은 유럽이 '세상의 끝'이라고 규정한 상상력의 장벽을 뛰어넘으면서 모험에 성공했다.

그 덕분에 포르투갈은 대항해시대를 여는 수많은 탐험가들을 배출하게 된다. 바르톨로뮤 디아스(아프리카 남단 희망봉 발견, 1488), 바스코 다 가마(인도 항로 개척, 1497), 페드루 알바르스 카브랄(인도 항해 도중 브라질에 표착, 1500), 페르디난드 마젤란(인류 최초의 세계일주 항해 지휘, 마젤란 해협, 태평양, 필리핀, 마리아나 제도 등을 명명, 1505~1521)이 대표적인 인물이다.

포르투갈은 아프리카, 남미, 인도를 장악하면서 과감하고 모험적인 투자를

페르디난드 마젤란

통해 유럽의 변방국에서 스페인, 프랑스, 이탈리아와 같은 강대국과 어깨를 나란히 하며 식민제국을 건설하고, 앞선 항해술과 지리 정보를 장악할 수 있었다.

바다의 문을 닫은 중국

유럽의 변방 포르투갈이 엔리케라는 인물의 등장으로 세계 역사를 바꾸었다면, 중국에는 유럽보다 훨씬 앞선 정화라는 인물이 있었다. 1405년 가을, 명나라 정화의 함대는 217척에 달하는 거대한 선단을 이끌고 원정길(1405~1407)에 나섰다. 정화가 이끈 선단은 선박 건조술이나 항해술 면에서 유럽보다 몇 세기 앞선 기술을 보유하고 있었다. 그들은 이미 나침반도 사용했다. 자바, 수마트라, 스리랑카, 케랄라와 남서 인도를 방문해 외교 관계를 맺고 보석, 생강, 후추, 계피 등 향신료를 교역했다. 귀환길에는 해적을 소탕하고 우두머리를 난징으로 압송해 황제 앞에서 처형시켰다. 제5차 남해 원정(1417~1419)은 아라비아를 거쳐 아프리카 말린디까지 이르렀다. 이는 바르톨로뮤 디아스가 희망봉을 발견했던 1488년보다 80여 년이 앞선다.

정화에게 대항해를 명령한 영락제는 그 무렵 육상을 통해 서쪽으로 진출하기보다 해상에서 동남아시아를 제압해 더 넓은 세계로 진출하고자 했다. 그 무렵 중국을 찾아온 세계 각국의 상인과 여행객들은 대항해가 가능하도록 세계 지리

남해 원정을 이끈 '정화'의 동상

에 대한 지식을 전해주었다. 그러나 자금성 축조와 해양 원조를 주도하는 등 영토 확장에 심혈을 기울이던 영락제가 사망한 후 명나라는 더 이상 해외 진출에 관심을 갖지 않았다. 그보다는 내부 통치에 관심을 기울였고, 정화의 원정대 역시 제7차로 종결되기에 이르렀다. 1433년 중국은 정화의 마지막 원정을 끝으로 바깥 세계와 연결된 문을 닫아버렸다. 신대륙을 찾는 데 혈안이 된 유럽이 걸어간 길과 정반대로, 중국은 항해용 선박 건조를 금지하는 칙령을 발표하고 이를 어긴 사람은 사형으로 처벌했다.

1405년부터 1433년까지 일곱 차례에 걸친 해외 원정을 통해 정화가 수집한 정보와 기술을 제대로 활용했다면 아마도 중국이 세계를 정복하고 수많은 식민지를 지배하게 되었을지도 모른다. 당시 정화의 원정이 달성한 거리와 선단의 규모는 포르투갈의 엔리케와는 압도적인 차이를 보였다.

당시 명나라가 내륙을 선택한 가장 중요한 이유는 북방 이민족들의 지속적인 침략으로부터 내부를 방어하기 위함이었다. 농민 봉기와 같은 직접적이고 현실적인 정치 불안도 있었다. 이런 상황에서 실리가 분명치 않으면서 비용이 많이 드는 바다 원정을 고집할 이유가 없었다. 나라의 수도를 남경에서 북경으로 옮긴 것에서도 황제의 의중이 드러난다.

이후 중국은 내륙 지향적 중화주의를 택했다. 내부에서 모든 것이 충족되었기에 굳이 원정을 통해 외부에서 조달하거나 수입해야 할 필요가 절실하지 않았던 것이다. 이러한 태도는 결국 중국을 세계사의 큰 흐름에서 뒤처지게 했다. 아시아 국가 중 바다 너머 세상을 꿈꾼 일본의 부상과 쇄국정책으로 외부를 차단한 조선의 종말도 결국 바다 밖의 세계에 대한 도전과 응전의 결과라 할 수 있다.

포르투갈이 대항해시대를 열자 스페인과 영국, 네덜란드, 프랑스가 줄줄이 해양 원정에 경쟁하듯 뛰어들었다. 유럽 국가들의 해양 원정과 식민지 건설은 근대의 세계지도가 탄생하는 직접적인 배경이 되었다. 세계는 지배와 피지배, 선점과 분할, 제국과 식민지로 굳어졌고 이 지도는 20세기까지 지속되었다.

지도상 바다 명칭의 유래와
우리 바다 '동해'

우리가 잘 알고 있는 태평양, 대서양, 인도양의 이름에는 그 유래가 있다. 라틴어 'Mare Pacificum(평화로운 바다)'에서 유래한 '태평양Pacific Ocean'이라는 이름은 탐험가 마젤란이 지었다고 한다. 마젤란은 에스파냐에서 새로운 항로와 대륙을 개척하기 위해 항해를 하고 있던 중 남아메리카 남쪽 끝에 도착하면서 좁은 해협을 어렵게 통과했다. 그런데 그곳에서의 기억이 채 가시기도 전에 또다시 아시아로 가는 넓은 바다를 만나자 너무 감동한 나머지 '태평양'이라는 이름을 붙여주었다고 한다. 그러나 실제의 태평양은 마젤란이 생각한 것처럼 '평화로운 바다'로 일컫기에는 미안할 정도로 태풍과 폭풍이 그치지 않는 험난한 바다다.

대서양은 'Atlantic Ocean'이라고 부른다. 여기에서 'Atlantic'은 그리스 로마 신화에 나오는 거인의 신인 '아틀라스'에서 나온 말이기에 'Atlantic Ocean'은 '아틀라스의 바다'라는 뜻이 된다. 당시 유럽인들은 자신이 사는 지역 바깥에 거대한 미지의 대륙이 있다고 생각했다. 그곳을 찾기 위해서는 바다를 건너야 한다고 여겼고, 서유럽 너머의 광대한 바다를 '대서양'이라고 칭했다. 유럽인들이 다른 대양을 발견하기 전까지 대양ocean이란 '대서양'만을 일컫는 표현이었다. 그리스인들이 세계를 둘러싸고 있다고 믿었던 '오케아노스'라는 거대한 강의 이름에서 'ocean'이라는 단어가 유래했다고 한다.

한편, 서양에서는 아시아를 인도로 지칭했다. 유럽인들은 아시아로 가는 바다를 인도로 가는 바다로 해석해 'Indian Ocean', 곧 '인도양'이라고 이름을 붙였다. 그들이 바라보았을 때 아시아는 태양이 떠오르는 동쪽에 있다고 생각했다. 그래서 아시아를 '동양'이라고 부르며 신비로운 땅으로 여겼다. 동양에는 무서운 괴물과 사람들이 한곳에 어울려 살고, 땅속에는 황금이 아주 많을 것이라고 상상했다. 아시아를 '향신료의 땅' 또는 '행운의 섬'이라고도 불렀다. 아시아에는 독특한 향을 지닌 향신료가 넘쳐난다고 전해졌기 때문이다.

이탈리아 상인인 마르코 폴로Marco Polo는 1271년부터 1295년까지 서아시아, 중앙아시아, 중국 등을 여행하면서 《동방견문록》이라는 기행록을 펴냈다. 처음에는 유럽인들이 내용을 매우 신기하게 여겨 믿지 않았으나, 그 후 많은

---

* 그리스어 Ōkeanós, 영어 Oceanus. 고대 그리스 로마에서 '대지를 둘러싼 거대한 강'을 뜻하는 말로 포세이돈 이전의 2세대 바다의 신을 일컫는 말이기도 하다.

사람이 아시아 여행을 하면서 책의 정확
함을 알게 되었다고 한다. 이 책은 훗날
콜럼버스가 아메리카 대륙을 발견하는
계기가 되었으며 지리상의 발견에도 큰
역할을 했다. 흥미로운 사실은 콜럼버스
가 아메리카 대륙을 발견했을 때 그곳을
인도로 생각했다는 사실이다. 유럽인들
이 생각했던 인도에 대한 인식은 이처럼
광적일 만큼 절대적이었다.

마르코 폴로

동쪽 바다를 넘어서는 이름, 대한민국 동해

　　　　　　　　우리나라 바다임에도 불구하고 세계지도상
에는 일본해^{Sea of Japan}로 더 알려진 동해의 유래를 살펴보자. 우리나라 애국
가의 첫마디는 "동해물과 백두산이 마르고 닳도록"으로 시작한다. 그만큼 동
해는 우리와 밀접한 관련을 맺고 있다. 동해에 대한 기록은 《삼국사기》《광개
토대왕릉 비문》《고려사》《조선왕조실록》과 문집, 그리고 고지도 등에 나타
난다.

　동해는 단순히 '동쪽 바다'만을 의미하지 않는다. 해가 뜨는 바다로서 신성
함과 기원의 대상이 되었던 곳이다. 이 때문에 우리 조상은 해가 뜨는 동해를
외경畏敬했으며, 문자가 생기기 전부터 한 해의 풍요와 다산, 평안과 번영을 기

원했다. 그래서 동해묘東海廟라는 동해 신사東海神祠를 양양에 세우고 제사를 지냈다고 전한다.

한편 《고려사》에는 왕건이 후백제 견훤에게 고려 건국의 당위성을 설명하는 글에 "동해의 끊어진 왕통을 이어나가게 하는 것이다"라고 말한다. 고려가 고구려의 정통성을 계승해 세운 나라라고 본다면, 왕건이 말한 동해는 고구려를 일컫는다. 동해가 국호로도 사용되었음을 말해준다. 우리 민족에게 동해는 단순히 동쪽 바다를 의미하는 방위의 개념이 아니라 해가 뜨는 바다이면서 현재로 따지면 대한민국이라는 국호와도 같은 뜻으로 사용되었다고 할 수 있다.

서양 고지도에 동해는 16세기 초까지 인도양과 태평양을 포함하는 동양해, 동방해를 뜻하는 'Ocean Oriental' 'Mer Oriental' 'Petite Mer Orientale'

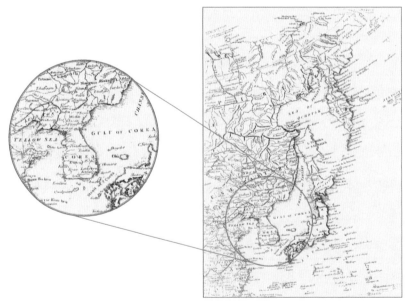

1770년대 북태평양탐험 경로를 그린 지도에는 'Gulf of Corea'로 표기되어 있다.

'Oceanus Occidentalis' 등 다양한 언어로 표기되었다. 그러나 17세기 초부터 항해와 지리 지식의 발달로 포르투갈과 이탈리아에서 제작된 지도에는 동해를 'Mar Coria' 'Mare di Corea'로 표기했다.

18세기에 들어 서양은 동양과 교역 확대를 위해 활발하게 탐험과 선교 활동을 하면서 바다의 명칭을 구체적으로 표기했다. 그래서 동해는 'Mer de Coree' 'Gulf of Corea' 'Sea of Corea' 'Sea of Korea' 'Corean Sea' 등 나라 이름으로 표기되기 시작했고, 1750년대 중반 이후에 더욱 구체적으로 나타난다.

그런데 19세기 중반부터 동해는 세계지도상에 '일본해'로 표기되기 시작했다. 그러나 일본의 저명한 천문학자인 다카하시 가케야스高橋景保의 〈일본변계약도日本邊界略圖(1809)〉나 난학(네덜란드 학문)의 권위자인 미쓰쿠리 쇼고箕作省吾의 〈신제여지전도新製輿地全圖(1835)〉에는 동해를 일본해가 아니라 '조선해朝鮮海'로 표기했다. 이는 당시 지도의 바다 명칭을 표기하는 데 또 다른 요소가 작용했음을 알려준다. 앞에서 밝혔던, 국경선 표시를 사이에 둔 국가 간의 알력과 힘겨루기가 바다 이름에까지 확장된 것으로 보인다.

동해가 일본해로 표기된 것은 아마도 일본이 서양과 활발히 교류하면서 국제 사회에서 영향력을 행사했고, 다른 한편으로는 1904년 러일전쟁을 계기로 바다 이름까지 바꿔 부르며 침략의 의도를 드러낸 것으로 판단된다.

다시 찾아야 할 이름

　　동해는 한국, 북한, 일본, 러시아 4개국이 인
접한 수역이고, 모든 해역이 연안국의 영해와 EEZ(배타적 경제수역)이다. 바다
에 대한 명칭 표기는 1919년에 런던에서 개최된 국제수로회의에서 국제수로
국ᴵᴴᴮ 창설을 결의한 후 1921년에 18개국이 모여 안전한 항해를 위해 세계의
해양과 바다의 경계를 설정하고 고유한 명칭을 부여하면서 시작되었다.

　　그런데 우리나라가 일본 제국주의에 의한 국권 침탈로 회의에 참석하지 못

'일본해'와 '동해'가 함께 표기된 프랑스의 세계지도책

하자, 일본은 1923년에 동해의 명칭을 일본해로 등록했다. 또한 1929년에 국제수로기구에서 세계 해양의 경계 및 해양 명칭에 관한 국제 기준으로 편찬한 《해양과 바다의 경계》 초판(1929)에서 동해를 일본해로 표기하면서 국제적으로 동해는 일본해로 고착되었다.

이후 우리나라는 1991년 유엔 가입을 계기로 국제수로기구와 유엔지명표준화회의UNCSGN에 동해 표기의 수정을 요구하기 시작했다. 동해의 명칭을 두고 한국과 일본 간의 첨예한 대립은 지금도 지속되고 있다. 특히 국제수로기구와 유엔지명표준화회의 총회 시기가 오면 관심은 절정에 달한다. 여전히 미흡하지만 우리 정부와 시민단체 등의 지속적인 노력으로 점차 동해 단독 표기나 일본해와 병기하는 경우가 많아졌다. 2014년 미국 버지니아주가 공립학교 교과서에 동해를 일본해와 함께 쓰는 법안을 통과시킨 것이 한 예다.

지명 표기의 방법에는 해당 지역 주민이 사용하는 토착 지명을 사용하는 방법과 외래어를 사용하는 방법이 있다. 동해를 한국어로 표기할 때는 문제가 되지 않는다. 그런데 이를 외래어로 표기할 때는 상황이 다르다. 한국인이 사용하는 동해는 로마자 표기로 'DONG HAE'여야 하는데 현재 동해의 영문표기는 'EAST SEA'다. EAST SEA에는 우리 민족이 간직한 동해에 대한 정서는 없고 단순히 동쪽에 자리한 바다만을 가리킬 뿐이다. 동해 이름 되찾기 연구를 지속해온 김혜정(전 경희대학교 혜정 박물관장)의 주장에 따르면 'DONG HAE / EAST SEA' 표기는 우리 민족의 의식 속에 자리한 동해의 의미를 부각하면서, 우리 정부가 그동안 동해를 EAST SEA라고 주창했던 외교적 원칙을 지키는 방법이다.

지도는 꿈의 세계다. 인간은 미지의 세계에 대한 생각과 소망을 지도에 표현했다. 앞서 보았듯 바다의 명칭도 그곳을 탐험했던 사람들의 생각과 상상 속에서 만들어졌음을 알 수 있다. "내가 그의 이름을 불러 주었을 때 그는 나에게로 와서 꽃이 되었다"라는 김춘수 시인의 〈꽃〉에서 말해주듯, 이름은 사물의 상징에 지나지 않는다. 그러나 그 이름은 의미로 정립되어 우리의 의식에 각인된다는 점에서 무척 중요하다. 따라서 우리는 우리 바다임에도 일본해로 더 알려진 '동해'를 세계지도상에 올바로 표기하고, 이를 널리 알리기 위한 노력을 게을리해서는 안 된다.

5교시

<대동여지도>,
조선의 네트워크를 구축하다

"길 위에는 귀천도 없고 신분도 없다. 다만, 길을 가는 자만 있을 뿐. 길 위에서 나는 늘 자유로웠고, 그 길을 지도에 옮겨놓을 꿈에 평생 가슴이 뛰었다. 어쩌면 이루지 못한 꿈으로 끝날지라도 나는 꿈꾸기를 멈추지 않을 것이다."

지난 2016년에 개봉한 영화 <고산자, 대동여지도>에서 주인공 고산자의 대사 중 일부다. 영화는 지도가 곧 권력이자 목숨이던 시대에 진짜 지도를 만들기 위해 두 발로 전국 팔도를 누빈 '고산자古山子 김정호'의 삶을 그렸다. 지도에 미친 사람이라는 손가락질에도 아랑곳 않고 오로지 지도 제작에 몰두하며,

나라가 독점한 지도를 백성과 나누려는 마음으로 〈대동여지도〉를 완성하고 목판 제작에 혼신을 다하는 김정호. 거기에 안동 김씨 문중과 대립각을 세우던 홍선대원군. 이들이 김정호의 〈대동여지도〉를 손에 넣어 권력을 장악하려는 부분까지 영화는 역사로 기록되지 못한 김정호의 감춰진 이야기를 흥미롭게 소개한다.

그런데 김정호에 관한 기록은 모든 사료를 다 모아도 A4 한 장 정도에 불과하다. 그래서 창작자에게는 상상의 공간이 더 커야만 하는데, 이는 부담스러울 수 있다. 그런 탓에 한국사 교과서에는 그에 관한 내용이 단 두 줄만 언급되어 있을 뿐이다.

기록되지 못한 행간의 헌신들

김정호는 정조가 승하하고 4년이 지나 세도 정치가 본격적으로 시작된 순조 4년(1804년)에 황해도 토산兔山에서 태어났다. 출신은 중인이라고도 하고 몰락한 잔반殘班 혹은 평민이라고도 한다. 정확하게 밝혀진 건 없다.

일제 강점기, 육당 최남선은 조선을 빛낸 인물 중 지리 분야에서 김정호를 꼽았다. 1925년 〈동아일보〉에 실린 기사를 통해서 김정호가 전국을 방방곡곡 직접 답사하며 지도를 만들었고, 백두산을 일곱 차례나 올랐으며, 이후 완성된 목판은 조선 정부에 의해 몰수당했다는 세 가지 설을 주장했다. 최남선의 의도는 지도의 정확성과 김정호의 헌신을 널리 알리기 위한 것이었다. 그런데 1930년대 조선인들을 교육하기 위해 일제가 만든 교과서 《조선어 독본》에는 이를 개악해 의도적으로 조선 정부와 조선인을 깎아내린 내용으로 서술되었다. 김정호는 조선의 지도가 엉망이라 애를 먹었으며, 조선 정부는 이런 무능함을 감추기 위해 목판을 모두 몰수해 불태워버렸고, 심지어 김정호가 만든 지도가 적에게 정보를 제공한다는 이유로 김정호 부녀를 옥에 가둬 굶겨 죽였다는 것이다. 조선을 다스리던 지도자들이 얼마나 어리석고 한심한지 은연중에 보여주고 김정호와 같이 업적을 이룬 사람을 일본이 발굴했다는 식으로 왜곡한 것이다.

이 때문에 최근까지도 김정호에 대한 이야기가 사실과 다르게 전해져 왔고 대부분의 사람들이 사실로 받아들였다. 그러나 김정호가 온 국토를 걸어다니며 지도를 만들었다는 사실이나, 대원군의 탄압으로 감옥에서 쓸쓸히 죽음을 맞았다는 사실, 목판본을 소각했다는 사실 모두 확인된 바 없다.

오히려 김정호는 대원군 시절에 병조판서, 공조판서를 지냈던 신헌申櫶과 실학자인 최한기崔漢綺의 도움을 받아 지도를 제작했음이 기록에 남아 있고, 일부 목판본도 현존한다. 특히 신헌은 당시 비변사에 소장된 국가 기밀 지도를 김정호에게 보여주며 지도 제작을 도왔다. 만약 김정호가 조정의 탄압을 받았다면 신헌의 도움은 불가능했을 것이다. 최한기는 《청구도》 서문에서 "친구 김정호는 어려서부터 지도와 지리지에 관심이 깊어 오랜 세월 지도와 지리지를 수집했고 여러 지도의 도법을 서로 비교해서 청구도를 만들었다"고 술회했다. 신헌은 "나는 우리나라 지도 제작에 뜻이 있어 비변사나 규장각에 소장된 지도나 고가古家에 좀먹다 남은 지도들을 널리 수집하고 이를 비교하고 또 지리서를 참고하면서 하나의 지도로 만들고자 했으며 이 일을 김정호에게 부

1834년 김정호가 제작한 지도책 〈청구도〉

탁하여 완성토록 했다. 증명하고 도와주기를 수십 년, 비로소 1부를 완성하니 모두 23권이다"라고 《대동방여도》 서문에 김정호와의 일화를 남겼다.

이규경李圭景은 《오주연 문장전산고》에서 "근자에 김정호란 사람이 《해동여지도》 두 권을 지었는데, 따로 바둑판처럼 만들어 글자로 부호를 붙이고 서울과 군읍에 각각 그림 하나씩을 만들어 책에 넣고 글자의 부호에 따라 찾아보면 나란히 나타나서 착란하지 않으니, 그는 생각한 바가 다른 사람보다 뛰어나고 정밀하기가 보통이 아니었다. 그가 또 《방여고》 20권을 지었는데, 《여지승람》을 가지고 잘못된 것을 바로잡고 시문에서 쓸모없는 문자나 어구를 삭제하며 빠진 것을 보충해 매우 해박했으니, 그의 지도와 지지는 반드시 널리 전할 만한 가치가 있다"며 김정호와 지도 제작에 관한 내용을 기술했다.

지도 위에 구축한 조선의 네트워크

김정호가 탄압을 받으며 지도를 만들었다면 이처럼 당대에 높은 벼슬을 지낸 사람이 서문을 쓸 리 없다. 그가 만든 지도들을 다 태워버렸다면 〈대동여지도〉를 비롯해 〈청구도〉 〈동여도〉 등 김정호가 만든 지도들도 남아 있을 수 없다. 김정호 이전에 우리나라에는 〈조선전도〉 〈동국지도〉 〈해동여지도〉 〈여지도〉 〈팔도도〉 등 정교하게 만들어진 고지도가 다수 있었다. 김정호는 이러한 지도를 참고하고 집대성해 〈대동여지도〉를 탄생시킨 것이다. 그 덕분에 18세기에 제작된 지도의 장단점을 고르게 분석, 정보를 비교 검토해서 상당히 많은 오류를 바로잡았다. 그리고 한번 제작한 지도는 판본을 바꿔가며 끊임없이 오류를 반복해서 수정했다. 그렇게 탄생한 것이 1861년에 제작한 〈대동여지도〉다. 그리고 다시 수정해 1864년에 재판한다.

일부 지역에 한해 김정호는 직접 답사도 했을 것이다. 작은 규모는 많이 다니며 그리는 것이 가능하다. 그러나 큰 규모, 넓은 지역, 전국지도나 세계지도 등의 제작은 답사와 지도의 정확성과는 크게 연관이 없다. 사람의 시야는 한정되어 정확한 자료나 측량 자료를 기반으로 해야 하기 때문이다.

따라서 우리는 〈대동여지도〉를 볼 때, 답사를 통한 실측 지도 제작 여부보다는 다른 부분에 관심을 기울일 필요가 있다. 〈대동여지도〉가 한국 역사상 가장 위대한 지도로 불리는 이유는 휴대성이 높으며, 정확하고 풍부한 정보를 담은 지도로 대량 생산이 가능하다는 특징 때문이다.

〈대동여지도〉

〈대동여지도〉는 세로 6.7미터, 가로 3.8미터로 건물 3층 높이의 거대한 크기다. 하지만 22첩으로 구성된 분첩절첩식分帖折疊式으로 만들어져 휴대가 쉬울 뿐만 아니라 필요한 부분만 가지고 다닐 수 있다.

또 한 장의 지도에는 산맥과 강줄기 등의 지리 정보뿐만 아니라 간략한 부호로 군사, 행정 등의 풍부한 정보를 정확하게 담았다. 페이지마다 축척을 통일해서 대략 16만:1 축척으로 제작했으며 첫 권에는 모눈을 그려 넣고 매방십리(눈금 한 칸이 10리＝약 4킬로미터)라고 표시해두어 실제 거리를 측정하기 쉽도록 했다. 산이 많은 한국 지형의 특징을 살리기 위해 이전처럼 산을 점으로 표시하지 않고 산맥과 줄기를 그려 넣었다. 또 십 리마다 방점을 찍어 실제 거리를 예측 가능하도록 했다. 배가 진입할 수 있는 물길은 2줄로, 진입하기 어려운 물길은 1줄로 그려 넣기도 했다. 조선 팔도 군현의 인구 통계, 봉수와 성곽 위치, 군사시설 등 다양한 내용을 한눈에 확인할 수 있도록 했다. 한 장의 지도에 네트워크를 구축한 셈이다.

또한 목판으로 제작되어 목판에 먹칠을 하면 종이에 인쇄할 수 있어 대량 생산이 가능했다. 따라서 지도가 필요한 백성이 누구나 사용할 수 있었다. 김정호는 이런 수많은 아이디어와 노력을 통해 얻은 많은 정보를 담으면서도 깔끔하고 실용적인 지도를 만들었다. 한마디로 김정호는 뛰어난 데이터 수집분석가였다.

정리

- 고지도는 과거의 사람들이 세계를 어떻게 이해했는지 보여주는 유산이다.

- 고대 그리스의 철학자 프톨레마이오스의 지도 제작술은 후대에 큰 영향을 끼쳤다.

- 계속된 탐험과 인쇄술의 발달로 15~16세기 지도 제작은 비약적인 발전을 이뤘다.

- 대항해시대를 연 포르투갈, 바다의 문을 닫은 중국은 상반된 길을 걸었다.

- 세계지도에서 '동해'를 단독 표기하거나 '일본해'와 병기하기 위한 노력은 지금도 진행 중이다.

- 〈내동여시도〉를 비롯한 김정호의 업적에는 신헌 같은 정치가들의 조력이 있었다.

나를 찾아가는 글쓰기

· 최 옥 정 ·

· 키워드 ·

글쓰기　　글　　언어　　독서　　습관　　반복　　독서법

스토리텔링　　문장　　감정　　묘사　　서술　　매력　　퇴고

우리가 잘 아는 '여우 누이' 설화에는 부모의 생사가 걱정되어 집으로 향하는 아들에게 세상 이치를 터득한 도사가 나타나 세 가지 색깔의 병을 건네주고, 아들은 이 병을 던져 가까스로 위기를 모면한다는 이야기가 나온다. 노란병에는 가시덤불, 빨간 병에는 불, 파란 병에는 물이라는 최적의 처방이 위기극복에 쓰였다.

학교에서 배우는 지식 중 가장 필요한 것을 꼽으라면, 나는 그중 하나로 자신 있게 '글쓰기'를 꼽겠다. '창의적인 인간'이 시대적 화두가 되었기 때문이다. '창의적'이라는 단어에는 사고력, 표현력, 공감력이라는 뜻이 내재되어 있다. 생각한 바를 자신 있게 드러내고 동료와 협력하라는 의미이다. 학교에서 배우는 교과 과정의 절반은 여기에 해당한다.

무엇을 생각하고 어떻게 드러낼 것인가? 춤과 노래, 그림 등 자신을 표현하는 방법에는 여러 가지가 있지만 예술적 재능을 타고나지 못하면 선뜻 나서기 어렵다. 이때 글쓰기는 이러한 고민을 말끔하게 해결해준다. 정규 교육과정을 거친 사람이라면 글쓰기는 누구나 할 수 있으며, 쓰면 쓸수록 더 잘쓰게 된다.

글쓰기는 공부법으로도 최적화되어 있다. 학교에서 많은 지식을 배우지만 내 것으로 만들지 못하면 아무 소용이 없다. 글쓰기는 배운 것을 갈무리하기에 그만이다. 내 언어로 정리하다 보면 배운 지식을 스스로 얼마나 흡수했는지 정직하게 알 수 있다. 글쓰기를 하다 보면 마음의 소리도 더 잘 들을 수 있다. 복잡한 생각을 정리하고 나아가야 할 방향도 스스로 정하게 된다.

문제는 글을 쓰고 싶은데 어디서부터 시작해야 하는지 모르는 사람들이 많다는 데 있다. 학교에서나 직장에서나 주어진 과제를 해결하는 데 급급하다 보니 정작 필요해서 글을 써야 할 때에는 실력 발휘를 못 하는 경우가 많다. 글을 쓰기 위해 문서작성 프로그램을 띄워 놓고 키보드에 손을 올리면 갑자기 머리가 하얗게 되기도 한다. 그래서 '커서cursor 증후군'이라는 신조어까지 나왔다.

이 강의는 글쓰기가 결코 어려운 게 아니라는 사실을 간결하게 소개한다. 소설가로서 글쓰기의 필요성을 정리하다 보니 정작 교과과정에서 활용하기에 미흡한 부분도 있을 것이다. 하지만 먼저 읽어야 쓸 수 있고, 쓰고 난 다음 거듭 고치다 보면 누구나 좋은 문장을 쓸 수 있다는 진리를 이해하기에는 충분하다.

지금은 공존의 시대다. 다른 생각을 하는 사람과의 공존을 넘어서 기계와의 공존을 고민해야 하는 시대가 됐다. '더불어 함께'라는 의미의 공존을 실현하기 위해서는 평화라는 가치가 사람들의 마음에 자리잡아야 한다.

글쓰기는 사람을 이해하고 세상을 알아가는 데 더할 나위 없이 좋은 방법이다. 생각이 다른 사람을 인정하고, 함께 평화로운 세상을 만들어나가기 위한 힘을 기르기 위해서라도 글쓰기를 해야 한다.

글쓰기는 학교를 졸업하고 나서 더 필요한 공부이기도 하다. 글은 설득과

협상으로 실력을 발휘해야 하는 사회생활은 물론 사랑하는 사람에게 매력을 전달하는 데도 요긴하다. 쓰는 행위는 그 자체로 치유가 되며, 쓰면서 다시 읽는 행위 자체가 삶의 위안이 된다. 누구나 할 수 있지만 아무나 하기 어렵다는 글쓰기에 좀 더 다가서 보는 것은 어떨까? 살아가는 데 필요한 무기 중 하나는 반드시 얻게 될 테니 말이다.

말과 글이 삶을 바꾼다

대도시의 광장 귀퉁이에 한 시각장애인이 앉아서 구걸을 한다. 도시에서 흔히 볼 수 있는 풍경대로 자신의 사연을 적은 두꺼운 종이 옆에는 동전을 넣는 깡통이 놓여 있다. 그 앞을 바삐 지나가는 사람 중 몇이 깡통에 동전을 넣는다. 넓은 광장, 눈을 감은 장애인, 끊임없이 흘러가는 인파의 구둣발 소리, 가끔 그 흐름을 깨는 동전 떨어지는 소리가 도시의 일상을 연출하고 있다.

잠시 후 익숙한 풍경을 깨는 일이 일어난다. 느린 발걸음 소리가 천천히 시각장애인 앞에 멈춰 선다. 그 발길의 주인공은 장애인을 지나치지 않고 앞에 서서 한참 동안 종이 뒤편에다 새로운 문장을 적는다. 장애인은 손을 뻗어 그 사람의 구두를 만져본다. 여자의 날렵한 하이힐이다. 여자는 떠나고 시간이 조금 흐른 뒤 믿을 수 없는 일이 벌어진다. 깡통에 동전 떨어지는 소리가 쉬지 않고 이어진다. 얼마 후 다시 그 발자국 소리가 들리고 시각장애인은 그녀가 또 왔음을 알아차린다. "당신, 이 종이에 뭐라고 쓴 거죠?" 여자가 종이를 늘자 화면에는 그가 쓴 글이 보인다.

'저는 앞을 볼 수 없어요. 도와주세요.'

"저는 같은 말을 좀 다르게 썼을 뿐이에요." 그 종이 뒤편에는 이렇게 쓰여 있었다.

'날이 아주 좋아요. 전 볼 수가 없지만요.'

인터넷을 보다가 발견한 이 짧은 동영상의 제목은 'Change the words, Change the world'였다. 언어가 세상을 바꾼다는 단순하지만 강렬한 메시지를 담고 있어서 글쓰기 강의를 할 때 종종 인용하곤 한다. 어떤 장황한 설명보다 언어가 가진 힘을 전달하는 데 효과적이다.

공감을 끌어내는 언어의 힘

나와 남과의 거리는 한 뼘도 멀다. 김춘수 시인의 말대로 내가 이름을 불러주기 전까지는 꽃도 꽃이 아니다. 의미를 두지 않은 타인은 사물과도 같다. 손을 내밀거나 말을 걸어서 그 거리를 좁혔을 때 관계가 생기고 내 삶에 영향을 끼치는 존재가 된다. 이때 가장 중요한 요소가 언어, 말이나 글이다.

인생에서 사실fact은 얼마나 중요한 역할을 할까? 시각장애인이 앞을 볼 수 없다는 사실, 그래서 누군가의 도움을 받아야만 살아갈 수 있는 현실에는 한 치의 거짓도 없다. 그 사실이 타인에게 건너가는 데는 다른 도움이 필요하다. 공감이 작용해야만 한다. 하지만 비장애인은 시각장애인이 감당해야 할 고통의 실체를 모른다.

우리는 앞을 볼 수 없는 장애인이 햇살 가득한 광장의 모습을 볼 수 없다는 사실을 알지 못한다. 알 수가 없다. 아무런 관계도 형성되지 않았기 때문이다. 그런데 누군가 시각장애가 있다는 건 이 세상에 존재하는 아름다움을 볼 수 없는 상실을 뜻한다고 말해주자 비로소 그 고통에 공감한다. 변화는 거기서 일어난다.

혹시 주변에 있는 중요한 누군가와 갈등을 겪고 있다면, 그 갈등이 고통의 원인이라면 이 점을 생각해볼 필요가 있다. '나는 그 사람이 알 수 있는 언어로 말하고 있나?' '그 사람이 듣고 싶은 말, 꼭 알아야 할 말을 제대로 했나?' '나는 팩트만을 나열해놓고 할 말을 다 했다며 모든 걸 그 사람 탓으로 돌리고 있는 건 아닐까?'

글도 마찬가지다. 내가 원하는 만큼의 반응을 얻지 못했다면 상황을 상대편이 알아들을 수 있는 언어로 생생하게 그려냈는지 점검해봐야 한다. 말 한 마디로 천 냥 빚을 갚는다는 속담이 괜히 생긴 게 아니다. 상대의 가슴 한가운데를 푹 찌르는 말을 빚어내는 것은 내 마음속 진심이다. 진심은 상대에게 전

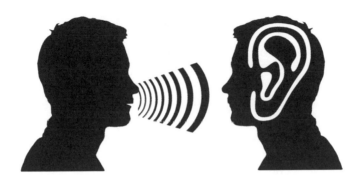

상대방이 알아들을 수 있는 언어(글)인가?

해져 공명을 일으킨다.

'Change the words, Change the world'를 떠올리며 당신의 언어를 바꿀 수만 있다면 언젠가 당신의 세계(인생)가 바뀔 것이다. 일상에서 수시로 스쳐 지나가는 바를 한 장면으로 압축해서 보여주자. 큰 변화의 씨앗은 언제나 작은 움직임에 있다.

시간이 우리를 현명한 사람으로 만들어줄까? 나이가 들수록 오히려 삶 앞에서 어리둥절할 때가 많다. 원인을 찾고자 인문학 아카데미나 각종 동호회에 가입한다. 공부는 학생만 하지 않는다. 제대로 된 인생을 살기 위해서는 늘 독서와 공부가 필요하다는 것을 절감한다. '사람 인人'과 '글월 문文'으로 이루어진 인문학에서 그 답을 찾는다.

사람은 어쨌든 글로 자신을 표현하고자 하는 존재인 것이다. 글이란 평면적인 한 인간의 삶을 입체적으로 보이게 해주는 힘이 있다. 요즘 글을 쓰고 싶어 하는 사람들이 많이 늘어나는 것도 이런 이유일 것이다. 글을 쓰겠다고 마음을 먹고 한 글자라도 끄적이기까지 걸리는 시간은 사람마다 다르겠지만, 녹록한 일은 아니다. 대부분은 무엇을 써야할지 모르겠다거나, 노트북을 켜고 키보드에 손을 올려놓으면 머릿속이 텅 빈 듯 아무 생각이 나지 않는다고 하소연한다.

글쓰기는 누구나 할 수 있는 일이지만 아무나 할 수 있는 일은 아니다. 태어날 때부터 인간의 유전자에 글을 쓰는 능력이 존재하는 게 아니라는 것이 뇌과학 연구자들의 주장이다. 말은 자연스럽게 배우지만 글은 다르다. 생각을 정리하고 문법에 맞게 문장을 만드는 과정은 훈련이 필요하다. 정규 교과과정을 충실히 거쳐 성인이 되었다고 해도 글쓰기 훈련은 부족하기 때문이다.

글쓰기 범위를 정하고
생각을 시작하자

글쓰기 강의를 할 때면 제일 먼저 글쓰기 범위를 정해준다. '내 인생 최악의 여행' '나는 왜 자꾸 화가 날까?' '3년 후의 내 모습' '가장 친한 친구' 등 삶에 밀착된 주제를 써볼 것을 권한다. 주제는 달라도 내용은 자기 인생의 어느 날들에 관한 이야기다. 글의 배경에는 언제나 내가 있고 내가 살아온 인생이 있다. 글 속에서 깜빡 잊고 살았던 자기의 본래 모습을 보게 된다. '그래서 내가 그때 그토록 마음 아팠구나.' '그날 나는 정말 행복했어.' '생각지도 못했는데 그 사람도 그 일로 무척 화가 났겠군.'

글을 쓰는 동안 자기 인생을 새롭게 바라볼 수 있다. 그 상황에 등장하는 모든 사람의 처지에서 다시 생각해본다. 글이 되는 순간 객관적인 거리가 만들어지기 때문이다.

이런 이유로 사람들은 읽기에서 머물지 않고 쓰기로 나아가고자 한다. 남의 글에 만족하지 못하고 나만의 글을 쓰고 싶어 한다. 나의 인생은 남의 인생과 다르다는 사실에 주목하기 시작한 것이다. 공통점과 차이점을 분석하는 이유는 해답을 찾기 위한 모색의 과정이기 때문이다. 이것을 출발점 삼아 앞으로 나아가기 위해 몇 가지 제안을 하고자 한다.

첫째, 매일 30분 이상 쓰자

글쓰기에 비법이 있다면 매일 꾸준히 쓰는 것뿐이다. 책상에 앉아 머릿속에서 실을 잣듯이 글을 뽑아내려는 행동 자체가 중요하다. 해보면 알겠지만 글쓰기를 생활화하면 많은 것이 달라진다. 인생을 몸으로 한 번 살고, 글로 다시 한 번 복습, 점검한다.

둘째, 나와 내 주변의 모든 것을 관찰하자

현미경과 망원경으로 가까이 때론 멀리서 이미 알고 있다고 생각한 것들을 다시 살펴보자. 무엇이든 자세히 보면 달리 보인다. 이게 원래 그런 거였냐고 묻지 않을 수 없다. 생활의 재발견이다. 맘만 먹으면 내가 찾는 많은 힌트와 단서들을 거기서 발견할 수 있다.

셋째, 인생의 큰 그림을 그리자

앞서 얘기한 두 가지는 남은 인생을 큰 틀에서 짜기 위한 디딤돌이다. 디딤

돌 위에 이정표를 세워야 한다. 내가 진짜 원하는 것이 무엇이고 남은 인생 동안 이루고자 하는 것이 무엇인지를 알면 목표가 생기고 실천 동기가 부여된다. 실천에 앞서 계획하는 것만으로도 가치가 있다. 인생에서 중요한 것은 해답이 아니라 질문이다. 질문에서 그치지 말고 답을 찾으려 노력하자. 쉼 없는 질문과 모색, 해답. 그것이 바로 인문학의 뼈와 살이다.

일단은 시작해서 무조건 써나가야 한다. 글쓰기는 손이 하는 일 중에서 가장 자연스러우며 아름다운 일이라는 것을 알려주고 싶다. 잘하면 조력자, 적어도 동병상련의 벗 노릇을 자처하는 것이다. 글쓰기는 느리더라도 꾸준히 하는 것이 핵심이다.

"Slow and Steady!"

인생은 스토리텔링이다. 쓸 것은 무궁무진하다. 아직 눈과 귀가 밝지 않아 자신이 가진 것을 다 알지 못할 뿐이다. 세상에서 가장 훌륭한 텍스트는 나 자신이라는 사실만 잊지 않는다면 글쓰기는 곧 일상의 한 부분으로 자리 잡을 것이다. 이제 첫걸음을 내디딜 때다.

2교시

독서,
글쓰기에 연료를 공급하는 일

단언컨대 독서를 많이 하지 않고는 좋은 글을 쓸 수 없다. 꾸준한 독서가 밑거름이요, 밑밥이다. 글쓰기를 시작하는 순간 매일 손에서 책을 떼지 말고 오랜 시간 연마한 작가가 쓴 좋은 문장을 밥을 먹듯 섭취해볼 것을 권한다. 그리고 무작정 읽고 끝내지 말고 독서기록장을 만들어 몇 줄이라도 감상을 적어보자. 무엇이든 습관을 들이기가 어렵다. 하지만 독서기록장을 쓰기 시작해서 습관이 된다면 좋은 글쓰기 자료가 된다. 귀찮을 때는 제목이라도 적어두면 일정 기간이 지난 뒤 몇 권의 책을 읽었는지 알 수 있다. 내가 읽은 모든 책이 다 글쓰기 교재다.

비우고 채우고,
독서가 인생의 연료다

　　　　　　　　　　　　모든 작가가, 선생이, 어른이 독서를 권한다. 뭔지는 몰라도 엄청 좋은 것이 책 속에 있다는 듯이 책을 읽으라고 협박한다. 책을 안 읽는 인간은 사람 구실도 못 할 것처럼 책 읽기를 강조한다. 어릴 때부터 숱하게 독서의 중요성을 듣기는 했는데 과연 독서가 그렇게 중요하단 말인가. 결론을 말하자면 '그렇다'이다.

　책을 읽지 않으면 모르는 게 많아서 너무 답답하다. 하루에도 몇 번씩 스마트폰을 열고 검색어를 치며 궁금증을 해소한다. 간단한 것들이야 인터넷 검색으로 해결되지만 문제의 난이도가 높을수록 나보다 앞서 뭔가를 알아낸 사람이 쓴 책을 읽어야 답이 나온다. 마치 직소퍼즐 조각을 맞춰 한 장의 그림을 완성하듯이 책을 읽으면 지식의 얼개를 맞추기가 인터넷보다 훨씬 수월하다. 무엇보다 시간 보내기에 독서보다 더 좋은 걸 아직 발견하지 못했다.

　독서 역시 습관이다. 한번 길들이고 나면 독서를 안 하는 게 이상하다. 늘 신간을 확인하고 마음에 드는 책을 고르고 사서 책꽂이에 꽂아둔다. 바로 읽을 수도 있고 시간이 흐른 다음에 읽을 수도 있다. 어떤 책은 몇 년이 지나도록 못 읽기도 한다. '책은 산 것만으로도 절반은 읽은 셈'이라고 나는 항상 생각한다.

　바쁠 때는 책 전체를 읽을 시간이 없다. 우선 제목과 작가를 보고 목차를 훑어보고 추천사를 읽고 때로는 작가의 말까지 읽는다. 그게 어딘가. 그 정도 읽고 진짜(내용)는 나중을 위해 남겨두는 것, 이 시대의 독서법으로 그리 나무랄

읽는 사람이 쓸 수 있다.

일은 아니다. 사랑하면 돈을 쓰라고 했다. 책을 사서 소유하는 것만으로도 관심을 표현하는 최상의 일을 한 것이다.

수입의 일정액을 도서 구입에 쓰는 사람은 꽤 많다. 1만 원어치든 2만 원어치든 읽은 책이 1년, 3년, 10년 쌓인다고 생각하면 실로 엄청난 결과를 가져올 것이다. 그것이 무엇이든 오래 할 수 있다는 건 대단하다. 작은 것도 쌓이면 크다. 크다는 것은 그만큼 나를 바꾸는 데 기여했다는 뜻이다. 책 속에서 내 나름의 보석을 찾아내 아름다운 목걸이를 만들 수 있다. 보배를 만들려면 구슬을 가져야 한다. 구슬 서 말 만들기가 독서다. 책 속에서 내가 피상적으로 알고 있던 일에 대한 속 이야기를 들을 수 있다.

소설 《철도원》을 쓴 작가 아사다 지로는 오전에는 글쓰기에 집중하고 오후에는 주로 독서를 한다. 글을 쓰려면 반드시 남의 글을 읽어야 한다는 게 그의 창작론이다.

"읽지 않으면 쓰는 게 두려워집니다. 콘텐츠를 생산하느라 자기 속을 비웠다면 읽어서 그 빈 곳을 채워줘야 합니다. 만일 읽지 않고 살기 위해 글만 쓴다면 참 불행한 생이니 그만두라고 말할 겁니다."

읽지 않으면 쓸 수 없다는 극단적인 주장이다. 독서는 글쓰기의 연료다. 빈약한 어휘와 다듬어지지 않은 거친 문장으로는 아무리 좋은 내용을 담고 있어도 독자를 설득할 수 없다. 탄탄한 인문학적 소양과 정확하고 유려한 문장은 독자와 소통하기 위한 필수 도구다. 요리를 하기 위해 칼을 갈듯 글을 쓰기 위해 독서로 나의 문장을 다듬어야 한다.

글을 쓰는 것을 업으로 삼는 사람들은 독서에 대해서도 뚜렷한 자기만의 스타일이 있다. 독서 방식은 글쓰기 방식과도 통한다. 한 가지 일을 반복하면서 자기만의 세계관이 생겼을 것이다. 그러면서 자기 글에도 그 세계관이 드러나 개성으로 빛을 발한다. 그때쯤이면 글쓰기에 대한 심정적인 부담은 사라진다. 그냥 내 생각이나 감정을 편안하게 글로 쓰고, 쓰는 동안 생각을 정리하고 하루를 마무리하는 것이 자연스러운 일상으로 자리 잡는다. 그렇게 물 흐르듯이 좋은 습관 하나를 내 것으로 만들어 간다. 작은 일처럼 보이지만 내 인생을 바꿀 수도 있는 중요한 습관이다. 작은 변화를 온 마음으로 느끼고 누리는 태도 자체가 행복한 삶의 첫 단추다.

독서에도
방법이 있다

　　직업적인 버릇일 테지만 나는 사람들을 만나면 그 사람이 사용하는 단어들을 유심히 듣고 살핀다. 당연히 그 단어의 출처를 추적한다. 삶의 현장에서 배운 어휘든 독서를 통해 배운 어휘든 그 사람의 생활방식이나 여가생활까지 짐작할 수 있다. 말은 인간의 거의 전부다. 말을 잘해야 한다. 남이 잘 이해할 수 있게 내 감정과 생각을 잘 표현하고 전달하는 것이 말을 잘하는 것이다. 말을 많이 하거나 말이 번드르르하지 않아도 된다. 정확히 말할 줄만 알아도 그 사람이 매력적으로 보인다.

　　말만 잘해도 사회생활의 많은 부분이 순조롭다. 보통은 명확하게 똑 떨어지는 문장을 사용하지 않고 대충대충 이야기한다. 네가 한 말 내가 알아듣고

독서는 적확한 단어의 사용에도 도움이 된다.

내가 한 말 네가 알아들었으니 그다음은 문제를 해결하기 위한 행동만 하면 된다. 이 간단한 일이 잘 안 된다. 정확한 의사표시를 위해서는 적확한 단어를 써야 하는데 그러려면 어휘가 풍부해야 한다. 그건 오직 독서밖에 길이 없다. 많은 책을 읽고 거기서 이삭 줍듯 단어를 줍는 거다.

많이 읽으라고 했지만 많은 양의 책을 읽기보다 많은 시간 동안 읽으라는 뜻이다. 가능하면 좋은 책을 정독하자. 한 장 한 장 단어와 문장과 의미를 새기며 책과 대화를 나눠 작가가 전하고자 한 모든 것을 꿰뚫어야 한다. 마음에 드는 문장은 두세 번 반복해서 읽는다. 해보면 알겠지만 그때마다 감상이 다르다. 내가 이 책을 읽은 건가 싶게 새삼스러운 내용이 많다. 내 경험으로는 이런 사람들이 대체로 말을 잘하고 생각도 깊다.

하지만 많은 양의 책을 읽어서 지식이 많고 모르는 게 없는 사람들은 의외로 소통을 잘 못한다. 제 이야기하느라 바쁘다. 아는 게 많으니 할 말도 많다. 들을 시간이 없다. 이런 사람과 대화하기란 참 곤란하다. 지루하다. 피곤하다. 때로는 불쾌하다. 왜 그들은 남이 자신의 말을 듣고 싶어 한다고 생각하는 걸까? 책을 빨리 많이 읽은 만큼 말도 빨리 많이 하고 싶은 걸까?

찬찬히 음미하면서 책을 읽은 사람, 선별한 독서를 한 사람은 말도 비슷한 방식으로 한다. 조심조심 상대와 반응을 주고받으며 대화하고 상대의 말에 귀 기울일 줄 안다. 행간을 읽으려는 마음이 있기 때문이다. 인간은 자기가 아는 대로, 겪은 대로밖에 할 줄 모른다. 행간을 읽고 느껴본 사람만이 타인의 말에도 행간이 있다는 걸 안다. 제발 남의 말 좀 듣자. 하고 싶은 말은 절반으로 줄이고 들어주는 말은 두 배로 늘리자. 인간관계에서 분명 남는 장사가 될 거라고 장담한다. 소통이 뭐 별건가. 이런 게 소통이다.

다독이 필요한 경우도 있다. 직업상 많은 지식이 필요한 경우, 트렌드를 파악하고 재빨리 새 환경에 적응해야 하는 경우에는 그때그때 필요한 책을 찾아 섭렵해야 한다. 사적인 수다를 위해서건 술자리 환담을 위해서건 화젯거리를 풍부하게 만들기 위해서는 이런저런 잡다한 책을 읽는 게 도움이 될 수 있다. 사람의 성격이나 스타일도 작용한다. 대강 빨리 읽어 치우고 새 책을 읽는 게 재미있는 사람은 그렇게 해야 한다. 한 책을 오래 붙들고 있을 수 없는데 공연히 시간만 끌어봤자 아무 소용없다.

특별한 경우가 아니라면 대개는 자기가 정한 계통에 따라 양서를 선별해서 정독하는 것을 기본으로 삼는다. 이따금 새로운 흐름을 쫓는 책이나 가벼운 책으로 다독의 시간도 갖는다. 정독과 다독을 자기 리듬에 맞게 번갈아 하면 된다. 뭐든 한 가지를 오래 하면 진력도 나고 몸의 활력을 잃어버리기 쉽다. 상황 따라 마음이 가는 쪽으로 흘러가자.

관심 분야가 뚜렷한 사람이라면 그 분야의 잡지를 구독할 것을 권한다. 매달 업데이트된 내용을 따라잡으며 훑어보는 식의 독서가 머리를 식혀준다. 어쩌면 한 가지쯤은 관심을 두고 그 분야의 최신 경향을 파악하는 생활 리듬을 유지하는 게 정신건강에 좋을 수도 있다. 누군가를 만나 얘기를 나누다 보면 그런 점을 많이 느낀다.

자기만의 특별한 느낌과 안목이 있고 어떤 대상에 대해서 신선한 대화를 펼쳐나가는 상대를 보면 기분이 좋다. "아, 그 얘기 흥미롭네요. 좀 더 들려주세요." 이런 말을 해가며 대화에 열정을 보이는 사람은 60이 넘어도 청년이다. 그 또한 다른 사람에게 더 듣고 싶은 이야기를 하는 유쾌한 대화상대임이 틀림없다. 독서만 꾸준히 했다면 최소한 대화의 기피 상대는 되지 않는다. 책이 전부는 아니지만 요즘처럼 스승이나 선후배, 동네 어른 없이 개체화된 삶을 사는 우리에게는 독서가 소통과 배움의 많은 부분을 해결해준다. 책과 즐겁게 친하게 지내시라.

소설가의 독서법

몇 해 동안 꽤 이름난 인문학 아카데미에서 글쓰기 수업을 해왔다. 처음 일반인에게 글쓰기 강의를 시작한 이유는 단순했다. 퇴직자들이 늘어나고 취업을 준비하는 사람들이 많아지는데 정작 그들은 자신의 능력을 정확히 알지도 못하고, 앞으로 무엇을 해야 할지조차 몰라서 쩔쩔매며 시간을 보냈다. 그들은 평소 명민하고 성실한 사람들이었다. 그야말로 '스마트'한 내 친구들이나 가까운 선배들이 막상 퇴직 후 새 인생 앞에서 난감해하는 것을 보면서 글쓰기 전도사가 되기로 했다.

"글을 좀 써보세요." 많은 사람이 내게 인생상담 비슷한 걸 해온다. 그때 내가 종종 하는 말이 바로 글을 써보라는 거다. 지금 나한테 한 이야기들을 글로 써보면 좋을 것 같다고, 그러고 나면 분명 무슨 생각이 날 텐데 그때 나하고 다시 얘기하자고 말한다. 글은 참 묘한 구석이 있다. 분명 말로 했어도 글로 쓰고 나면 새로운 것들이 그 사이로 끼어들어 전혀 다른 느낌의 문장들이 이어진다. 글 사이에 뭔가가 고인다. 내뱉자마자 공중으로 휘발되어버리는 말과는 대조적이다. 타인에게 말을 거는 것보다 혼자서 글을 쓰고 쓴 글을 다시 들여다보는 것이 인생살이에 어려운 문제를 푸는 데 도움이 되는 이유도 바로 느닷없이 튀어나온 문장들 덕분이다.

단도직입의 글쓰기와 필독서 읽기

　　　　　　　　무수하게 떠오르는 생각을 글로 쓰고 나면 대화의 내용도 달라진다. 소위 말이 통하는 것이다. 비로소 진짜 이야기를 할 수 있는 순간이 되었다. 윗물을 걷어낸 아랫물로 바로 들어가는 대화가 시작된다. 문제의 뿌리는 그곳에 있다. 이렇게 말과 글의 변주를 통해 현재를 파악하고 미래를 계획하는 것이 내가 생각하는 글쓰기의 가치와 의미다. 그러면 누구나 이런 글쓰기에 도전할 수 있을까?

　내 강의를 듣는 수강생 중에는 글을 꽤 써본 사람도 있고 마음은 늘 있었지만 써보는 건 처음인 사람도 있다. 어떤 경우든 3~4주가 지나면 달라진다. 거의 예외 없이 일어나는 일이다. 단순히 문장만 달라지는 정도가 아니라 글에 접근하는 마음과 태도에도 변화가 찾아온다. 멋을 부리거나 연출을 하려는 태도는 사라지고 하고 싶은 말을 있는 그대로 할 수 있게 된다. 가짜는 진짜를

꾸밈없이 바로 본질의 이야기로 들어가는 게 좋다.

못 이긴다. 가짜를 지어내거나 변죽만 울리는 게 재미없다는 것을 쓰면서 알 아버렸다. 단도직입으로 달려가는 것이 가장 쉽고 또 얻는 것도 많다는 이 간 단한 글쓰기의 핵심을 꿰뚫었다.

나는 학생들에게 매주 필독서를 권한다. 일주일에 한 권이지만 반드시 읽 으라는 뜻은 아니다. 그 책의 존재를 알고 있으면 언젠가는 읽게 된다.

내가 20년 동안 글을 쓰면서 '읽어온 책 중에서 정말 이 책은 한때 내 인생 에 빛이었어' 하는 책만 골라서 추천한다. 처음에는 독서를 해야 글쓰기 모드 로 들어가기 쉽다. 학생들이 차츰 책 읽는 재미를 느끼면서 좋은 책을 추천해 줘서 고맙다는 말을 한다. 알고 보니 사람들은 책이 읽고 싶어도 뭘 읽어야 할 지 몰라서 못 읽고 있던 것이다.

그런 의미에서 서평 쓰기를 공부하는 건 여러모로 쓸모가 있다. 이 세상에 는 정말 다양한 책이 존재한다. 그 책들 중 내 손이 선택한 몇몇 책에 대해 내 마음이 불러주는 말을 받아 적은 것이 서평이나 독서일기다. 그럴 때 조금씩 정신의 키가 크는 것이 아닐까 짐작해본다. 예쁘거나 귀한 물건을 수집하는 일만큼이나 흥미로운 게 새로운 책 수집하기다. 요즘은 북디자인도 어찌나 세련됐는지 내용을 떠나 책이라는 물건을 갖고 싶은 마음이 먼저 든다.

콩나물시루에 물을 붓듯 매일 책을 읽는 것이 내 생활이다. 물은 아래로 다 새버린다. 그래도 콩나물은 자란다. 내가 할 일은 그저 물을 붓는 것이다. 물을 먹고 안 먹고는 콩이 알아서 할 일이다. 이렇게 느린 호흡으로 기다리는 일이 인문학적인 태도라는 생각이 든다. 당장 눈에 보이는 것만을 추구하는 삶을 살고 있지만 삶의 10퍼센트, 혹은 5퍼센트쯤은 실용과 무관한 맑은 공기를 쐬듯 책을 읽고 글을 쓴다.

길게 보면 어떤 것이 더 실용적인지 단언하기 어렵다. 실직을 하거나 실연을 당하거나 다른 어떤 커다란 인생의 재앙을 만났을 때 무엇이 나를 도와줄 것인가. 여간해서 쓰러지지 않는 투지, 쓰러졌다가도 어찌어찌 다시 일어설 수 있는 회복력은 어디서 만들어지는가 생각해볼 일이다. 이 세상에는 나보다 더한 일을 겪고도 인생에 감사하며 사는 사람이 많다는 걸 책에서 숱하게 보아왔다. 나는 삶의 아주 작은 부분밖에 모른다. 더 살아보고 더 견뎌보고 나서 말하겠다고 용기를 내는 삶에 대한 애정은 어디서 나왔을까?

나만의 책꽂이 만들기

몇 년 전부터 집에서 책 버리기 운동을 하고

있다. 책이 너무 많고 공간은 적으니 어쩔 수 없이 안 읽는 책은 버릴 수밖에 없다. 그런데 이게 참 쉽지 않다. 버리고 싶은데 버려지지 않는다. 그래서 우선 잡지와 판형이 오래돼서 읽기 어려운 책부터 정리했다. 한 번에 버릴 수 없어서 한두 권씩 책꽂이에서 빼낸 뒤 모았다 버리곤 한다.

목수한테 부탁해서 내 방의 한 면을 다 차지하는 책꽂이를 짰다. 그리고 그 중 한 칸은 내가 반복해서 보는 책이 꽂혀 있다. 글이 안 풀릴 때, 어떤 일로 심장이 두근거리며 안정이 안 될 때, 아무 이유 없이 그냥 책장을 넘기며 손끝에 닿는 종이의 감촉을 느끼고 싶을 때, 그 작가의 문장이 주는 긴장감을 경험하고 싶을 때 그 책꽂이를 찾는다. 이유는 매번 다르지만 손가락 끝으로 책등을 훑어본 뒤 기분 따라 한 권을 뽑아 펼친다.

어린아이들한테 '필로우 콤플렉스'라는 게 있다는 말을 들었다. 자기가 꼭 베는 베개를 베야만 잠이 온다. 베개일 수도 있고 잠옷이나 곰인형일 수도 있다. 그게 곁에 있다는 것만으로도 심리적 안정을 얻는다. 아마 작가에게는 책이 그런 역할을 할지 모른다. 여행을 떠날 때도 꼭 한 권을 가방에 챙겨 넣는다. 어떤 책을 가져갈지 심사숙고한다. 왜냐하면 여행지에서 수없이 반복해서 읽고 또 읽을 책이기 때문이다.

세월이 흐르면서 나만의 책꽂이에 있는 책도 늘어난다. 그 책의 저자는 나와 함께 이 공기를 호흡하기도 하고 이 세상을 떠나기도 했다. 로맹 가리와 김승옥과 나쓰메 소세키는 지금 어디서 뭘 하고 있을까? 죽음 다음의 세상은 과연 있을까? 이런저런 상상을 한다. 그들 셋이 지옥이든 천국이든 어딘가에서 만난다면 참 재미있는 일이 벌어질 텐데.

이상한 일은 나와 동시대를 살아가는 작가들보다 오래전에 죽은 옛날 작가들에게 더 쉽게 감정이입이 된다는 사실이다. 100년 전에 일본에 살던 그 남자의 마음이 어떻게 지금 서울에 사는 나와 비슷할 수 있는지 불가사의하다. 모든 마음에는 여간해서 메워지지 않는 틈이 있다. 그 틈에 무엇이 깃들어 있는지 알아보는 사람들이 작가다. 그 틈에서 흘러나오는 작은 속삭임을 알아듣고 귀기울인다.

"모든 아름다운 것에는 슬픔이 있다"는 오스카 와일드의 말을 사람들은 자주 인용한다. 그는 자신이 쓴 동화를 아들에게 읽어주곤 했는데 그때마다 눈물을 흘렸다. 왜 아름다운 이야기를 들려주면서 우느냐고 아들이 물었을 때 오스카 와일드가 들려준 대답이다. 이것이 비유든 실제든 아주 가끔 누구나 지극한 아름다움 앞에서 눈시울을 적신 적이 있을 것이다. 반대로 지극한 슬픔과 고통의 장면에서 아름다움을 읽어내기도 한다.

자신의 세계를 갖는다는 건 중요하다. 필수적이다. 내가 들어서면 주인공

나만의 독서 세계를 꾸리는 일이 모든 배움의 시작일 수 있다.

이 되고 나만의 방식과 취향으로 이루어진 세상을 꾸몄다면 그곳은 지하벙커처럼 유사시에 나를 보호해준다. 독서 성향도 인간관계도 내 인생의 계획표도 나만의 세계 위에 세워야 한다. 나를 잘 알고 나를 살 이해해야 타인도 잘 이해할 수 있다. 타인은 나의 바깥 버전이라고 생각한다. 자신을 충분히 이해하고자 노력해본 사람은 타인의 노력을 알아볼 수 있다. 그렇게 우리는 하나씩 배워가며 나와 남 사이에 다리를 놓아야 한다.

좋은 책을 갖는 것은 좋은 친구나 스승을 만나는 일과 같다. 책은 나의 부족함을 조용히 일러주며 더 나은 나로 만들어주는 존재다. 나만의 책꽂이를 만들고 거기서 나를 위안하는 법을 찾을 줄 아는 사람은 자신을 지키기 위한 타인의 노력도 존중할 줄 안다. 손을 뻗어 책 한 권을 꺼내 들고 나에게 말을 거는 작가와의 나직한 대화를 시작하는 시간. 글을 쓰는 것도 책을 읽는 것도 마음의 틈을 건너 대화를 시작하는 일이다. 거기서 모든 것이 싹튼다.

4교시

어쨌든 문장이다

글쓰기 강의에 참가하는 사람들의 목적은 분명하지만, 글을 쓰러 온 이유는 제각각이다. SNS에서 인기를 얻고 싶어서, 책을 한 권 출간하기 위해서, 인생을 글로 정리해보고 싶어서 왔다고 수줍게 자기소개를 한다. 그런데 빠뜨리지 않고 하나같이 하는 말이 "저는 글을 잘 못 쓰지만 언젠가 한번 꼭 써보고 싶었어요"라는 겸손의 관용구다.

왜 스스로 글을
못 쓴다고 생각할까?

뛰어난 한국어 실력에다 책도 많이 읽었고 공부도 할 만큼 했다. 그런데 왜 다들 글을 못 쓴다고 생각하는 걸까. 실제로 써보면 실력이 상당한데도 여전히 못 쓴다고 우긴다. 잘한다고 우겨도 시원찮을 판에 왜 정색하면서 못 한다고 펄쩍 뛰는 걸까? 얼핏 떠오르는 건 이런 생각들이다. '학교 다닐 때 칭찬을 별로 못 받았구나.' '누군가 이것도 글이냐고 핀잔을 주었구나.' 글을 쓰든 안 쓰든 그건 자유다. 그러나 자기가 글을 못 쓰기 때문에 안 쓴다고 철석같이 믿고 있다면 그건 불행한 일이다. 글을 써서 맛볼 수 있는 다른 형태의 삶이 시도도 안 된 채 차단당하는 셈이니까.

인문학 아카데미에서는 소수 그룹으로 강의를 해서 과제를 내주고 써온 과제를 피드백하는 방식으로 수업을 진행한다. 요즈음은 공공도서관에서도 글

피드백이 있으면 발전 속도가 더 빨라진다.

쓰기 강의 요청이 제법 들어온다. 도서관의 경우 30명 정도 불특정 다수의 사람이 모이기 때문에 과제를 내기가 어렵다. 수업시간에 주제를 정한 다음 15분의 시간을 주고 그 자리에서 A4용지에 쓰라고 한다. 수업이 끝나면 집에 가져가서 읽고 간단한 리뷰를 적어 다음 수업시간에 돌려준다. 번거로운 과정이지만 글쓰기는 이렇게 직접 쓰고 객관적인 의견을 듣지 않으면 늘지 않는다. 늘 같은 오류를 반복하고 반성 없는 글쓰기를 계속한다.

막상 해보면 알겠지만 처음 글을 쓰려고 하면 눈앞에 있는 A4용지가 엄청나게 큰 종이로 보인다. 상당수가 절반을 채우는 것도 어려워한다. 엉뚱한 자기소개를 잔뜩 늘어놓거나 글씨를 크게 써서 단 몇 줄로 모든 공간을 채우는 변칙을 쓰는 사람도 있다. 자기 이야기를 글로 쓰는 일에 대해 무척이나 긴장하고 있음을 글과 행간에서 느낄 수 있다. 준비가 안 된 만큼 두서없기도 하고 거칠기도 하지만 그 어떤 글보다 그 사람의 진심이 담겨 있다. 왜 글을 쓰려고 하는지 속마음이 보인다는 얘기다. 글이란 참 묘해서 아무리 짧아도 글 쓴 사람의 정체성이 드러난다.

기적은 그다음에 일어난다. 불과 2~3주 지났는데 글이 완전히 달라진다. 첫 실마리를 풀기가 어렵지, 누군가 그것만 해주면 그 사람 안에서 잠자고 있던 말의 샘이 봇물 터지듯 쏟아진다. 차츰 문장도 가지런해지고 자신의 생각을 표현하는 방식도 안정을 찾아간다.

한 여자 수강생에 대한 기억이 뚜렷하다. 5년 전에 이혼했고 그 충격으로 우울증 치료를 받고 있다는 그녀는 첫 시간에 글쓰기에 심적 부담을 느껴서 낙서처럼 몇 자 끼적거린 글을 제출했었다. 세 번 정도 글을 쓰고 나니까 A4용지 한 장을 앞뒤로 빼곡하게 채운 글을 쓸 수 있었다. 처음의 격정과 울분을 가라앉히고 현재의 자신과 미래의 일에 대해서도 말할 수 있는 상태까지 발전했다. 그럴 수 있는 에너지가 자기 안에 있었는데 찾지 못해 그동안 그토록 힘든 삶을 살아왔던 거다.

예외 없이 매번 그런 일이 생겼다. 불과 5주 수업 동안 글과 사람 둘 다 많은 변화를 통과한다. 내 안에 무엇이 있는 줄도 모르고 살던 사람이 의외의 잠재력을 발굴하기도 한다. 생각지도 못한 글쓰기 재능을 발견해서 계속 글을 쓰겠다는 사람도 한둘 이상 꼭 나온다. 오랫동안 눌러놓고 지냈던 감정들도 제자리를 찾아간다. 아픔은 아픔대로 소망은 소망대로 반짝이며 슬며시 얼굴을 내민다. 어떤 대책을 마련하기 전에 그 사실을 있는 그대로 바라보았다는 사실에서 큰 위안을 얻고 치유받는 것을 여러 번 목격했다. 그런 일을 되풀이해서 경험하는 동안 나는 누구에게든 글을 좀 써보라고 권하는 사람이 되었다.

짐작보다 센 묘사의 힘

이제 남은 문제는 '어떻게 쓸 것인가'다. 글쓰기에 대한 울렁증, 과장된 공포증을 극복하고 나면 다들 글을 잘 쓰고 싶어 한다. 어떻게 하면 글을 잘 쓸 수 있나요? 이 질문을 던진다면 한고비는 넘긴 것이다. 이제 쓰는 건 어느 정도 할 수 있다는 자신감이 생겼고 앞으로는 더 잘쓰는 데 집중하겠다는 다짐이 들어 있는 말이다. 쓰는 사람도 즐겁고 읽는 사람도 재미있는 글, 한마디로 감동적인 글을 쓰려면 역시나 좋은 문장을 구사해야 한다. 어떤 것이 좋은 문장이고 좋은 문장은 어떻게 만들어질까? 사실 거기에는 왕도가 따로 없다.

나는 무조건 정확한 문장부터 쓰는 훈련을 한 다음 기교를 부리라고 말한다. 아름다운 문장도 비문이 없는 깔끔하고 정확한 문장에서 나온다. 그러려면 책을 많이 읽어서 어휘력을 늘리고 감정과 생각을 최대한 내가 원하는 만큼 근사치로 표현할 수 있어야 한다. 사유가 깊어져야 스스로 만족할 수 있는 여운이 남는 글을 쓸 수 있다. 많이 읽고 많이 생각하고 쓰는 것, 귀가 닳도록 들은 이 단순한 방법 말고 다른 비법은 없다.

한 가지 내 생각을 더 보탠다면 서술보다는 묘사의 문장을 구사하는 것이 독자의 공감을 불러들이기에 더 좋다. 문장에는 크게 두 가지가 있다. 묘사 문

서술보다는 묘사가 느낌을 더 잘 전달한다.

장과 서술 문장. 묘사는 말 그대로 사진을 찍은 것처럼 상황을 보여주는 것이다. 서술은 상황을 설명해주는 정보가 담긴 문장이다. 이를테면, '그녀는 아름답다'는 서술 문장이고, '그녀의 입술은 앵두같이 붉고 머리카락은 새까만 명주실처럼 윤기가 난다'는 묘사 문장이다.

어떤 사람이 실연의 고통으로 죽을 것 같다는 서술 문장을 풀어내서 실연당한 사람이 하는 행동을 하나하나 보여주면서 그의 고통을 독자가 느끼도록 하는 것이 묘사의 역할이다. 서술은 단박에 한 문장으로 상황을 정리해버리니까 문장에 속도가 붙는다. 글 쓰는 사람 입장에서는 길게 묘사하기보다 한두 마디로 재빨리 정리해서 끝내버리고 싶다.

독자의 마음을 움직이는 것은 그 사람이 장애인인지 아닌지의 여부보다 그 장애로 말미암아 겪게 되는 진짜 고통의 모습이다. 박탈당해 누리지 못하는 그 무엇을 볼 수 있어야 공감을 불러일으킨다. 독자만을 위해서가 아니다. 글을 쓰는 사람 자신을 성찰하거나 치유하고 위안받고 때로는 즐거움을 느끼고 싶다면 언어의 맛을 충분히 보아야 한다. 그러기 위해서 거리를 두고 대상을 그려 보이는 묘사가 필요하다.

서술과 묘사를 변주하면서 때로는 속도를 내고 때로는 장면을 그려주어 글에 탄력을 가져오는 감각은 많이 써야 생긴다. 글을 쓰면 남의 글을 읽을 때도 훨씬 자세히 들여다보게 된다. 독서의 밀도가 높아지면서 문장 실력이 늘어간다. 모든 배움이 다 그렇듯이 그 과정을 즐겨야만 오래 할 수 있고 잘 할 수 있다.

담담히
그러나 꾸준히 나아갈 것

손과 머리의 거리는 천 리다. 머릿속에서는 만리장성 같은 이야기가 펼쳐져 있고 용광로처럼 들끓어도 손은 꿈쩍도 안 한다. 처음 글쓰기를 시작했을 때 가장 난감한 것은 그것 때문이었다. 내 머릿속에 있는 생각은 금강석인데 손으로 꺼내는 순간 숯덩이로 변한다. 머리에서 손까지 내려오는 동안 그 숱한 생각들은 다 어디로 사라지고 앙상하고 초라한 몇 줄의 글만 남았는가. 그 지점에서 절반 이상은 포기한다.

그렇다면 어떻게 해야 이 안고수비眼高手卑의 시기를 무사히 통과할 수 있을까. 절박함, 책임감, 자존심이 있다면 여기서 백기를 들 수는 없다. 어떻게 해서든 갈 데까지 가봐야 한다. 마지막 정거장에서 뭐가 기다리고 있는지 알기 위해서는 자갈밭이든 진흙탕이든 지나가야 한다. 어떤 사람들은 이 과정을 미리 짐작하고 침착하게 대응할지도 모른다. 단숨에 정상까지 도달할 수는 없다. 담담히 그러나 꾸준히 나아간다.

초라한 몇 줄을 며칠 동안 계속 쓴다. 쓰고 또 쓴다. 길이는 점점 길어진다. 조금씩 덜 초라하고 덜 거칠다. 뭔가 기미가 보이는 것도 같다. 고수는 호들갑을 떨지 않는다. 고수가 될 싹수가 보이는 사람은 어지간한 뚝심으로 초기의 이 울퉁불퉁한 감정을 태연히 넘어선다. 이 고비만 넘기면 곧 긴 숨을 내쉬면서 산의 중턱쯤 올라와 먼발치에 아름답게 펼쳐진 능선을 볼 수 있다. 이때부터는 여태까지 해온 속도로 계속 가기만 하면 된다.

한 수 거든다면 처음에 손가락이 움직이지 않으려고 할 때 스스로에게 이렇게 명령하라. "세 줄만 써. 딱 세 줄만!"

그다음 날도 또 그다음 날도 그렇게 하면 된다. 어느새 한 달이 지나 있을 것이다. 그때는 스스로에게 명령할 필요가 없다. 써놓은 글이 쌓이는 시간이 필요하다. 어느 정도의 양이 나오면 그때는 자기가 하려는 말의 형태가 어렴풋이 보인다. 그게 전부다. 이 일을 계속 반복하는 것이 글쓰기의 핵심이다.

마음을 다잡는 글쓰기의 기술

글은 쓰고 싶은데 어디서 시작해야 할지 모르는 사람이 많다. 글감을 찾지 못해 고심하는 사람에게는 인생 이력서를 써보라고 권한다. 지금까지 살아온 삶을 겪은 대로 마음의 소리에 귀기울이며 풀어낸다. 나중에는 어떻게 될지 몰라도 우선은 창작의 답을 찾을 수 있다. 자기 안에 실마리가 있다고 생각하면 쉽다. 하지만 어떤 경우는 내 안에서 글감을 찾기가 더 어려울 수도 있다. 그렇다면 주변에 있는 누군가를 내세우면 된다. 의외로 글을 쉽게 시작할 수 있는 방법이다.

미학적
거리 두기 연습

시작하기가 어렵지, 시작하고 나면 속도는 나게 마련이다. 주변 인물을 빗대어 쓰기 시작한 글이라도, 쓰다 보면 결국 자기 얘기다. 인간은 자기 자신밖에 관심이 없다. 가족이나 친구, 주변 사람들에게 마음을 쓰고 사랑을 주고받으며 살고 있지만 궁극적으로는 자신에게 가장 많은 관심과 애정을 보낸다. 지극히 정상이다. 자기보다 남에게 애정이 많은 사람이 있다면 오히려 건강하지 않은 사람일 가능성이 높다. 많은 신경증이나 정신과적 증상이 자기보다 타인을 더 의존하는 데서 생긴다. 무엇이든 나를 믿고 사랑하는 마음가짐에서 시작해야 한다.

자기중심적인 사람이 되라거나 타인에게 공감하지 못하는 냉혈한이 되라는 말이 아니다. 가장 가까운 사람인 자기 자신을 알고 자신의 문제를 깊이 들여다볼 줄 알아야 남의 문제도 그만큼 잘 다룰 수 있다. 전문 용어로는 '미학적 거리 두기'라고 부르는데, 타인을 빌어 내 이야기를 시작하면서 나와 타인을 동시에 아울러 이해하는 지점에 도달한다.

인간은 자신의 진실을 표현하고 인생을 기록하고자 하는 욕망을 가진 존재다. 자기 이야기를 솔직하게 한다고 하면서도 나쁜 건 숨기고 좋은 건 부풀리게 마련이다. 처음 글을 쓰면서 누구나 겪는 과정이다. 참 이상하게도 솔직하지 않은 글은 독자가 다 알아차리게 되고, 결국 감동을 주지 못한다. 쓰는 사람조차도 점차 흥미를 잃는다. 스스로 마음의 빗장을 열고 진솔하게 써나간 글만이 필자와 독자 모두를 움직인다. 기술보다 마음이다. 머리로 생각하고 마음으로 써야 한다. 기술은 그 과정에서 저절로 터득하게 된다.

꾸미지 않은 내 이야기가 독자에게 가닿는다.

오래도록 글을 쓰려면 자신만의 리듬을 파악해야 한다. 어떤 때 제일 잘 써지고, 어떤 때는 도저히 한 줄도 못 쓰는지 알면 싫은데 억지로 쓰는 일을 피할 수 있다. 적어도 나 스스로 재미있어서 자발적으로 한다는 느낌이 들어야 한다. 이것 또한 나(의 능력)를 알아가는 과정에 해당한다.

도망갈 수 없는 첫 문장으로 시작하라

첫 문장이 중요하다는 것은 모든 작가가 강조하는 대목이다. 작가들의 빼어난 첫 문장만 모아놓은 책이 출간될 정도로 첫 문장은 독자의 관심사다. 책장을 펼쳐 만나게 되는 첫 번째 문장에서 많은 것이 판가름 난다. 모든 감각과 내공을 집중시켜서 첫 문장에 승부를 거는 것은 쓰는 이의 당연한 의무다.

그럼 어떤 문장을 써야 첫눈에 독자를 사로잡을 수 있을까? 그에 따른 고견들은 넘쳐나겠지만 우선 말해두고 싶은 것은 빠져나갈 지점이 많은 느슨한 문장을 피하고 단도직입적인 문장을 써야 한다는 점이다. 빠져나갈 곳이 없고 정곡을 찌를 수밖에 없는 문장 말이다.

"그 일은 3년 전에 일어났다."

이런 문장으로 글을 시작했다고 상상해보자. 그리 나쁜 문장은 아니다. 하지만 앞으로 나올 문장이 뻗어 나갈 곳이 너무나 많다. 느슨하다.

"3년 전 나는 감옥에 갔다."

이 문장 다음에 어떤 문장이 나와야 할까. 바로 본론으로 질러갈 수밖에 없다. 무슨 죄를 저질렀는지 말해야 할 것이고, 죄를 짓게 된 사연이 나와야 한다. 다른 데로 도망갈 수가 없다. 직진밖에 할 수 없다. 글을 시작한 지 얼마 안 된 사람일수록 강렬하고 인상적인 첫 문장으로 시작하는 것이 비결이다. 그래야 문장에 힘이 생기고 글이 샛길로 빠지지 않는다.

글을 쓰다가 어쩐지 맥이 빠지고 재미가 없다는 기분이 들면 맨 처음으로 돌아가 첫 문장을 바꿔보는 것도 방법이다. 첫 단추를 달리 끼워보는 것이다. 뭐가 잘못됐는지 알게 된다. 학생들이 쓴 글을 읽을 때 이 점을 유심히 본다. 사람에 따라 다짜고짜 하고 싶은 말을 쓰거나 배경 설명만 열 줄 이상인 사람도 있다. 본인도 금방 깨닫는다. 서두가 길면 매력 없는 글이 된다는 것을. 뒤로 갈수록 점점 좋아지는 뒷심도 필요하지만 처음 날리는 강펀치의 힘은 절대적이다.

요즘에는 더더욱 핵심이 맞닿는 첫 문장으로 시작하는 것이 독자의 감각과 맞아떨어진다. '아, 이런 이야기를 하려는 거구나.' 미리 알려주면 그걸 붙들고 계속 읽어나간다. 물론 마지막 순간까지 사이사이에 이야기의 맥락을 일깨우는 문장을 심어주는 것도 잊지 말아야 한다. 그것이 복선과도 연결되고 글의 자연스러운 흐름을 만든다.

끝없이 퇴고하라

내가 쓴 글은 계속해서 읽고 고쳐야 한다. 내 문장력이 늘어갈수록 이전에 쓴 글에서 전혀 다른 요소를 발견한다. 아는 만큼 보이는 것을 넘어 쓴 만큼 보인다. 그때가 퇴고로 더 나은 글로 만들고 완성도를 높이는 시기다. 아무리 재능 있는 작가라도 자기가 쓴 글을 수없이, 적게는 두세 번에서 많게는 열 번 이상 퇴고한다. 헤밍웨이가 《노인과 바다》를 서른 번 넘게 고친 이야기는 유명하다. 10년, 20년 써온 작가도 예외는 아니다. 훌륭한 작가일수록 고치면 고칠수록 좋아진다는 것을 잘 안다. 한 문장만 끼워 넣거나 빼도 전혀 다른 느낌을 주는 게 글이다. 그 사실을 발견하려면 거듭 읽고 수정하는 길밖에 없다.

퇴고가 중요한 이유는 또 있다. 글에 오자나 탈자, 띄어쓰기 등 기초적인 오류가 많으면 읽는 사람이 짜증을 내고 흥미를 잃는다. 기본을 갖추기 위해서도 퇴고가 필요하다. 기본이 돼 있어야 한 단계 높은 차원의 평가를 들을 수 있다. 사소한 지적을 계속 받으면 창작 의욕만 꺾이고 모처럼 얻은 피드백 기회를 아깝게 날린다. 독자가 기대하고 읽고 싶어 하는 글은 이렇게 사소해 보이는 일을 사소하지 않게 해낼 때 탄생한다.

헤밍웨이는 매일 처음부터 다시 읽고 퇴고하기를 반복했다.

"작은 차이가 큰 차이다."

이 말을 명심해서 한 번 읽을 때 한 가지 이상의 문제점을 발견한다는 마음으로 샅샅이 문장을 헤쳐서 읽자. 그렇게 읽어도 지겹지 않은 글을 쓰는 것을 목표로 삼는다. 내가 읽기 싫은 글은 독자도 읽기 싫다. 내가 몰두해서 애정을 갖고 조금이라도 나은 글을 쓰려고 꼼꼼히 살핀 글은 그 기운이 글에 배어난다. 읽는 사람도 똑같은 집중력으로 몰입하게 된다.

퇴고의 장점 중 하나는 글을 반복해서 읽으면서 겸손을 배운다는 점이다. '이렇게 단순하고 지루한 작업을 반복하면서 쓰는구나.' 그런 생각에 도달하면 이제 작가라는 직업의 껍데기가 아닌 알맹이를 맛보는 단계에 이른 것이다. 작은 것 하나도 허투루 넘기지 않으려는 '작가정신'만이 내 글을 살린다는 각오는 끝까지 지켜내야 할 재산이다.

오래 하는 일이
잘하는 일이다

이제 계속 글을 쓰는 일만 남았다. 매일 글쓰기를 이어가고 있다면 이제 생각과 감정을 글로 표현하는 일이 조금은 익숙해졌으리라. 내 언어가 나 자신임을 알게 되었을 것이다. 더 정직하고 더 정교한 나만의 표현, 오롯한 나의 글을 얻기 위해 우리는 책을 읽고 생각을 하고 글을 쓴다. 우리가 써내려간 글 속에 앞으로 하고자 하는 바가 녹아 있고 지금 해야 할 일들이 담겨 있다.

뜬구름이 아니라 손바닥을 적시는 빗방울. 그리고 그 빗방울이 땅에 떨어져 키울 씨앗과 새싹. 우리는 이제 그런 실제적인 것을 발견하고 바라볼 수 있게 되었다. 앞으로의 인생은 스스로에게서 위안을 찾고 스스로를 격려하자. 적어도 가까이 다가가는 법을 익혔으리라 믿는다. 위안도 기쁨도 슬픔도 고통도 절반 이상 이미 내 안에 있다. 내 속에 숨죽이며 기다리고 있는 여러 얼굴의 나와 사이좋게 잘 지내는 법, 그것들과 나란히 걷는 법. 배우기를 멈추지 말자.

'나를 믿음'이 모든 것의 맨 앞자리에 있다. 나를 믿고 나의 주변을 믿고 세상을 믿으려면 내 손에 닿고 내 눈에 들어오는 것이 실체가 있어야 한다. 매너리즘과 허세, 실체 없는 두려움은 눈을 흐리게 하고 판단을 헝클어놓는다. 눈을 밝게 하고 손과 발을 부지런하게 하는 것들로 주변을 채우는 일이 자연스럽고 즐거워야 삶이 가볍다. 힘을 내자. 그래도 힘이 안 나면 잠깐 쉬어도 좋다고 스스로에게 말해줄 수 있는 여유. 그것은 삶에 대한 용기요 자신감이다.

여태까지 잘해왔다. 더 잘하면 좋겠지만 이만하면 나쁘지 않다. 가장 중요한 것은 '오늘'이다. 내가 발 디딘 오늘이 온전히 '나의 오늘'이 되도록 오늘도 삶을 사랑할 수밖에 없는 것이 우리 인간의 운명이다. 기쁜 오늘은 기쁜 내일을 불러온다. 애쓴 오늘은 덜 버거운 내일을 데려온다. 삶이 아무리 비관 속에 진행되더라도 낙관을 향한 의지만은 잃지 않도록 스스로를 믿고 사랑하자.

정리

- 글은 말처럼 상대가 알아들을 수 있는 언어를 사용하는 것이 중요하다.
- 세상에서 가장 훌륭한 글감은 이미 내 안에 있다.
- 독서와 글쓰기는 함께 가야 한다.
- 감동적인 문장보다 정확한 문장을, 단순 서술보다는 묘사로 시작하는 게 효과적이다.
- 담담히 그리고 꾸준히 쓰기를 반복하는 게 글쓰기의 전부일 수 있다.

클래식, 문학을 만나다

· 나 성 인 ·

· 연관 교과목 ·

중등교과	고등교과
예술과/음악	영어/영미문학 읽기, 예술/음악 감상과 비평

· 키워드 ·

문학　클래식　오페라　가곡　괴테　파우스트

셰익스피어　한여름 밤의 꿈　빅토르 위고　리골레토

오르페우스　프로메테우스　마르틴 루터　바흐　수난곡

예술작품이 어렵다는 말은 잘못된 표현이다. 굳이 사실관계를 따져본다면 예술은 어렵기보다 낯선 것이다. 자주 만나지 못한 까닭에 익숙하지 않을 뿐이다. 만날 기회를 주고 사랑할 기회를 주면 누구나 내 안에 있는 예술을 사랑하는 능력을 증명해낸다. 그 순수한 사랑은 편견을 뛰어넘기도 한다.

예술작품이 일종의 사치품이라거나 입시 당락을 좌우하는 '국영수' 다음에 '음미체'가 온다는 생각도 잘못됐다. 예술은 마음에 필요한 물과 같아 우리 정서를 풍요롭게 가꿔준다. 인간을 인간답게 해주는 교양이다. 다른 이의 삶에 공감할 줄 알고, 내 삶 너머에 있는 다른 삶을 상상할 수 있게 해준다. 그러니까 예술은 소수를 위한 사치품이 아니라 인간으로서 살아가는 데 필요한 필수품이다.

하지만 그동안 우리는 시험지 안에 예술을 구겨 넣느라 안 그래도 낯선 예술작품을 '어려운' 문제풀이로 바꿔놓았다. 혹은 넌지시 혹은 노골적으로 국영수 과목을 앞세우면서 예술의 가치를 제대로 평가하려 들지 않았다. 인간다움, 공감력 그리고 상상력을 뒷전으로 밀어두고 대신 시험이 주는 울렁증을 택했다. 예술의 무용성을 편견으로 대물림하고 있는 것은 아닐까 생각까지 든다.

예술의 진면목을 알지 못하는 사람이 늘어날수록 공감 능력이 떨어지는 사회가 될 수 있다. 공감은 타인을 존중하는 마음에서 비롯된다. 나와 너의 다른 생각을 서로 인정하게 될 때 비로소 공감의 힘이 작용한다. 최근 벌어지는 학교폭력, 자살, 왕따 등 사회적 문제들은 공감의 힘이 부족할 때 벌어지기 쉽다.

'시간은 유의미하고 삶은 허무하지 않다.'

오랜 세월 많은 사람에게 감동을 선사한 예술작품이 전하는 공통의 메시지이다. 예술작품은 삶의 숙명과도 같은 허무에 맞서 싸우는 영혼의 저항력을 길러준다. 예술의 공통 재료는 인간의 삶이다. 만드는 방법이나 도구의 차이는 있지만, 그 본질은 삶과 유사하다.

과자를 마음껏 먹지 못해 마음이 상해본 사람이 작품 〈헨젤과 그레텔〉에 더 쉽게 공감하는 법이다. 예술과 삶이 겹쳐지는 지점에서 우리는 친숙함과 진실성을 느낀다. 진실한 공감은 나 아닌 다른 이의 삶을 받아들이게 하고, 아직 오지 않은 내 삶을 상상하게 하며, 이로써 삶을 대하는 마음과 인식을 풍성하게 가꿔준다.

모든 학생은 예술과 친숙해야 한다. 4차 산업혁명으로 새로운 사회적 패러다임을 요구하는 이 시대에 예술은 다른 교양보다 더 필수적인 항목이다. 공감력 부족으로 상상력과 창의력을 발휘하지 못하게 되면 개인의 삶뿐만 아니라 우리 사회의 미래까지 불투명해진다.

그럼 어떻게 해야 할까? 음악, 미술과 같은 예술을 문학과 연계해 통합적인 사고를 할 수 있도록 도와줘야 한다. 문학은 곧 삶의 이야기이자 성찰이다. 그래서 문학은 다른 예술 장르의 출발점 역할을 해왔다. 화가는 그림으로, 음악가는 소리로 표현하지만 궁극적으로 모두 '사람 사는 이야기'를 그리고자 한다. 그래서 문학과 다른 예술을 연결 짓는 연습은 작품 안에서 의미를 찾아내는 눈을 길러준다. 허무한 삶에서 의미를 찾을 줄 아는 능력, 위로할 줄 아는 영혼의 능력과 연결된다.

인문학은 모든 예술의 뿌리다. 문학, 미술, 음악 등의 장르는 가지에 해당한다. 예술의 본질에 접근해 감상하는 사람은 열매에 해당하는 작품을 보고 뿌리와 가지를 모두 아는 사람이다.

작곡가의 상상 속에 녹아든
괴테의 문학

〈파우스트〉

프랑크푸르트 괴테 하우스에는 특별한 물건이 있다. 괴테가 다섯 살 때 할머니로부터 선물 받은 인형극 상자다. 널빤지로 된 모형 극장은 꼬마 괴테에게 새로운 세계를 열어주었다. 관객이 있든 없든 그는 이 작은 극장의 감독이 되어 상상 속의 연극을 무대에 올렸다. 우리가 아는 대문호 괴테의 시작이다.

인형극 상자에 함께 들어 있던 인형들에 대한 설명도 찾을 수 있다. 다윗과 골리앗이었다고 한다. 하지만 꼭 그렇게 놀아야 한다는 법이 어디 있겠는가? 여느 아이들처럼 괴테도 다양한 상상력을 동원했다. 다윗과 골리앗은 늘 새로운 인물로 바뀌었다. 이웃집 한스 아저씨가 될 수도 있고, 한 대 때려주고 싶은 도둑 호첸플로츠(1962년에 독일 소설가 오트프리트 프로이슬러가 발표한 소설 속

괴테 하우스에 있는 인형극 상자

주인공)가 될 수도 있다. 인형극 상자는 괴테의 상상력 놀이터였다.

중요한 사실이 하나 더 있다. 괴테는 그의 자서전 《시와 진실》에서 이 인형극 상자를 언급한다. 자신이 만든 연극이 반복 연습을 거치면서 점점 더 볼만해졌다고 적었다. 꼬마 괴테는 자기 상상에만 빠져 있었던 게 아니라 진정한 공연을 보여준 것이다. 어떻게 보여주어야 관객들이 더 재미있어 하는지, 어떻게 전달해야 더 잘 알아듣는지, 어떤 이야기가 마음을 더 울리는지 등을 골똘히 생각하게 되었으리라. 꼬마 괴테는 상상력 연습뿐 아니라 소통 연습도 함께한 것이다.

꼬마 괴테가 상상으로 재현하는 연극 무대 가운데는 프랑크푸르트 지방을 순회하던 극단들의 흔한 레퍼토리 〈민중본 파우스트〉도 있었을 것이다. 언젠가 지켜본 극단 공연을 자기도 해보겠다며 손때 묻은 다윗과 골리앗에 박사 파우스트와 악마 메피스토펠레스의 이름을 붙이고 한나절 상상의 나래를 폈을지도 모를 일이다. 여기서 중요한 건 괴테가 할머니의 선물 덕분에 자신도 모르게 상상력을 연습하고 소통의 기술을 배우게 되었다는 점이다.

우리는 모두 파우스트와 닮아 있다

괴테는 우리가 잘 아는 대로 〈파우스트Faust〉

라는 명작을 남겼다. 1만 2천여 행이라는 방대한 규모, 60여 년의 집필 기간. 괴테 필생의 역작 〈파우스트〉는 독일 문학의 기념비적 작품이다.

노학자 파우스트는 열심히 살아왔다. 병에 걸린 사람들을 치료해주고 깊이 있게 학문을 연구했다. 하지만 인생을 돌아볼 때면 허무가 엄습해 왔다. 열심히는 살았으나 그의 마음속에 기억에 남는 인생의 장면이 남아 있지 않은 까닭이다. 외부 세계에서 무엇을 얻어내고 성취하느라 인생을 다 써버린 까닭이다.

내면이 공허하다. 그래서 파우스트는 악마 메피스토펠레스와 계약을 맺는다. 단순히 회춘을 하고 싶어서가 아니라 영원히 마음속에 담아둘 수 있는 일생일대의 아름다움을 보고 싶어서였다. 그는 이렇게 계약을 맺는다.

"악마여, 내가 만일 시간아 멈추어라, 너 참 아름답구나 하고 말하거든 그때는 네가 나를 결박해도 좋으리."

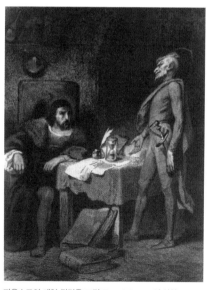

이 유명한 계약 장면은 중요한 진리를 말하고 있다. 사람은 오는 즉시 사라져버리는 물리적 시간만을 사는 게 아니다. 만일 그렇다면 인간의 삶은 허무할 뿐이다. 때로 인간은 물리적 시간이 아닌 '영원한

파우스트의 계약 장면을 그린 Tony Johannot의 삽화

시간'을 살아가기도 한다. 시간이란 인간이 일상에 의미를 부여해 마음속에 간직한 추억이다. '영원한 시간'은 물리적 시간처럼 흘러가버리지 않고 몇 년이 지나도 남아 있다.

생멸하는 시간인 크로노스와 의미가 부여된 시간인 카이로스, 인간은 이처럼 두 겹의 시간을 살아간다. 일상이 바쁘고 경쟁이 치열할 때 우리는 오직 바깥세상에서만 사는 것 같다. 내면을 돌아볼 여유가 없다. 현대를 살아가는 우리는 모두 파우스트와 닮아 있다.

그렇다면 우리는 어떻게 삶 속에 카이로스의 시간을 새겨놓고 있는가. 《파우스트》의 중요한 주제다. 회춘한 파우스트가 그레트헨을 만나 사랑에 빠지는 건 필연적인 일이다. 사랑만큼 시간에 특별한 의미를 부여할 수 있는 행위는 없기 때문이다.

예술가들의 상상력을 불러온 '하나의 세계'

시간에 의미를 부여해주는 건 사랑밖에 없을까. 예술은 사랑의 한 종류인 '애호愛好'의 감정에 뿌리를 두고 있다. 예술도 우리에게 카이로스의 경험을 선사한다. 예술은 상상력을 통해 카이로스의 시간을 선사한다. 상상력은 일상을 새롭게 볼 수 있도록 도와준다. 글을 읽고, 음악을 들으며, 그림을 보는 이유는 일상에 의미를 부여하는 인간의 능력, 바로 상상력을 키우기 위해서다.

상상력은 다시 또 다른 상상력을 불러온다. 〈파우스트〉는 여러 방면의 예술가, 특히 음악가의 상상력에 불을 지폈다. 음악가들이 〈파우스트〉에 나오는 시구와 대사에 곡을 붙이기 시작한 것이다. 흔히 〈벼룩의 노래〉로 알려진 악마 메피스토펠레스의 노래는 벼룩을 장관으로 임명한 한 황당한 임금님의 이야기다. 이를 통해 무능하면서 제 식구만 감싸는 정치인들을 시원하게 풍자한다. 이야기에 격하게 공감한 베토벤은 벼룩이 뛰는 모습을 피아노로 재치 있게 묘사한 가곡을 남긴다. 바로 〈벼룩의 노래(Mephistos Flohlied Op.75-3)〉다.

음악으로 작곡된 〈파우스트〉에서 가장 인상적인 캐릭터는 역시 여주인공 그레트헨이다. 파우스트를 처음 만났을 때 그레트헨은 어떤 모습이었을까. 목소리는 어땠을까. 작곡가들도 괴테의 글을 읽고 어떤 음악을 입힐지를 상상해야 했다. 괴테의 그레트헨은 소박하고 평범하지만 진실한 소녀다.

프랑스의 오페라 작곡가 구노Charles Francois Gounod가 보기에 평범한 여자들은 모두 보석을 좋아한다. 그게 상식이다. 오페라는 대중적인 장르로 어디까지나 상식적이어야 했으므로 구노는 괴테의 원작을 번안한 불어 텍스트를 가져다 유명한 보석의 노래를 작곡한다. 구노의 오페라 〈파우스트〉 중 〈보석의 노래 Ah! Je Ris De Me Moir〉다. 파우스트가 선물한 보석을 둘러보고 황홀해하면서 자기가 왕후나 공주처럼 보일 거라고 기대하는 그레트헨의 모습을 화려한 아리아에 담았다.

슈베르트는 그레트헨을 진중한 성격의 소유자로 느꼈다. 슈베르트는 보석 장면보다 물레를 돌리며 고민하는 그레트헨의 모습을 포착한다. 그녀는 파우스트를 사랑하게 됐다. 사랑은 진심이다. 그럼 행복해야 하는데 왜 이렇게 불안한 걸까. 파우스트 곁에 있는 악마 메피스토펠레스 때문이다. 하지만 순진한 소녀 그레트헨은 그 사실을 모른다.

사랑이 평안을 깨뜨리는 이 장면을 두고 슈베르트는 탁월한 상상력을 발휘한다. 가곡 〈물레 가의 그레트헨(Gretchen an spinnrade D.118(Op.2)〉은 이렇게 탄생했다.

1920년대 활동한 소프라노, 메리 가든이 연기한 그레트헨

물레 돌아가는 소리와 페달 밟는 소리가 피아노로 재현된다. 이 묘사는 다시 그레트헨의 소용돌이치는 내면과 고동치는 심장 소리를 연상시킨다. 외적 묘사와 내면의 묘사가 절묘하게 일치한다. 파우스트를 떠올릴수록 그녀는 제어할 수 없는 격정에 사로잡힌다. 안데르센의 동화 〈빨간구두〉의 주인공 카렌처럼 이제 그레트헨도 자신이 물레를 돌리는 게 아니라 물레가 자신을 휘휘 돌리는 것처럼 느낀다.

여기서 물레는 운명의 상징으로도 등장한다. 이처럼 슈베르트는 괴테의 시를 읽고 자신만의 음악적 상상력을 불러냈다. 사람의 내면을 깊숙이 들여다보며 감정을 포착한 가곡은 이전에 존재하지 않았다. 사람들은 슈베르트의 이 곡을 최초의 예술가곡으로 기념한다.

모든 시작은 사소하다. 대문호 괴테의 처음도 다르지 않았다. 하지만 어린 요한 볼프강에게 인형극과 이야기는 그의 증언대로 '하나의 세계'가 되었다. 장난감 그 자체의 힘은 아니었을 것이다. 함께 놀아주고 간식도 만들어주던 할머니의 그 따사로운 마음이 괴테라는 꼬마 안에 하나의 세계를 만들어준 것이다. 손자가 보여주는 인형극을 꼭 한번 보고 싶다는 할머니의 맑고 소박한 관심이 꼬마 괴테의 상상력에 날개를 달아준 것이다. 내 속에 잠들어 있던 하나의 세계를 일깨워준 따사로운 이는 누구였을까. 나는 어떤 선물과 격려로 하나의 세계를 꿈꾸기 시작하는 꼬마들을 응원할 수 있을까.

함께 들으면 좋은 음악

| 벼룩의 노래 Op.75 No.3 | 베토벤 |
바리톤 : 디트리히 피셔 디스카우 | 피아노 : 제럴드 무어

| 오페라 〈파우스트〉 중 "보석의 노래" | 구노 |
소프라노 : 조안 서덜랜드 | 연주 : 코번트 가든 로열 오페라 하우스 오케스트라 |
지휘 : 프란체스코 몰리나리 프라델리

| 물레 가의 그레트헨 D.118 | 슈베르트 |
소프라노 : 엘리 아멜링 | 피아노 : 외르크 데무스

셰익스피어의 언어, 음악이 되다

〈한여름 밤의 꿈〉

셰익스피어의 언어는 특별하다. 갖가지 인생사와 희로애락을 아우르면서도 광대다운 유연함을 잃지 않는다. 작가 자신의 분신이라고 할 수 있는 유연한 광대 같은 목소리는 짓궂으면서도 지혜롭기도 하고, 공상의 날개를 펴면서도 간결하다. 말을 많이 하지 않지만 한 마디 한 마디가 촌철살인이다. 그 흐름은 물처럼 자연스러우며, 효과는 선명하기 이를 데 없다.

셰익스피어에게는 드높은 지성에 뒤따르는 먹물의 흔적이 없다. 그는 구구절절 설명하려 들지 않고 유머와 순발력으로 받아치는 데 능하다. 그가 현장에 밝았다는 증거기도 하다. 극장의 허드렛일을 하는 잡부였다가 배우 · 연출가 · 극작가를 거쳐 극장 관리인까지, 그는 연극과 관련된 모든 일을 밑바닥에서부터 모조리 체험하며 통달한 것이다.

셰익스피어는 동시에 현실 속에 깃들어 있는 환상적 요소를 꿰뚫어 보는 능력도 갖췄다. 인간이 지어낸 환상 속에서 욕망이 어떻게 작동하고 있는지, 그 욕망이 사람의 마음을 어떻게 흐리며 인간 본성의 약한 부분을 어떻게 까발리는지, 그러한 욕망들이 한데 모이면 어떤 난장판이 벌어지는지…. 그는 냉철한 관찰자의 시선을 놓지 않으면서 이를 관객들과 함께 즐긴다. 셰익스피어는 탁월한 현실감각과 더불어 현상 이면을 꿰뚫어 보는 통찰을 지닌 최고의 극작가였다.

알고 보면
사랑도 인생도 그런 것

〈한여름 밤의 꿈〉은 셰익스피어의 면모를 보여주는 최초의 걸작 희극이다. 한곳에 매이지 않는 셰익스피어의 창조 정신은 현실과 환상, 고귀한 이와 비천한 자, 남자와 여자, 본 연극과 막간극을 거침없이 오간다.

〈한여름 밤의 꿈〉은 세 가지 이야기가 뒤엉켜 있다. 첫째 이야기는 아테네 젊은이들의 사랑, 둘째 이야기는 요정의 왕과 여왕인 오베론과 티타니아의 부부 싸움, 셋째 이야기는 바틈 일당의 엉터리 공연을 다룬다.

네 젊은이가 어긋난 사랑 때문에 골치가 아프다. 헬레나는 드미트리우스를 사랑한다. 드미트리우스는 변심해 허미아를 사랑한다. 허미아는 라이샌더를 사랑한다. 다행히도 라이샌더는 헬레나가 아닌 허미아를 사랑한다. 하지만 허미아를 드미트리우스와 결혼시키려는 아버지 탓에 그녀는 아테네 법에 따라 수녀가 되거나 죽을 위험에 처한다. 결국 허미아와 라이샌더는 아테네를 몰래 빠져나가기로 한다. 그런데 허미아를 사랑하는 드미트리우스와 드미트리우스를 사랑하는 헬레나가 숲으로 따라와 네 사람 모두 아테네 근처의 숲속에 있게 된다.

그 숲속에서는 하필 요정의 왕 오베론과 여왕 티타니아가 부부 싸움 중이었다. 싸움의 불똥은 두 쌍의 젊은이들에게 튄다. 오베론이 사랑의 묘약으로 티타니아를 골려주려다가 오지랖을 부린 게 발단이었다. 오베론은 아내가 처음 보는 누군가와 사랑에 빠지게 만든다. '사랑에 빠뜨리는 약이 자기 손에 있으니 이번엔 드미트리우스에게 발라주자. 그런 다음 헬레나를 보여주면 모두

오페라 〈한여름 밤의 꿈〉의 한 장면

제 짝을 찾고 행복할 것이 아닌가.'

티타니아의 새 연인으로 가장 우스꽝스러운 존재를 골라야 했던 요정 퍽은 숲속에서 연극을 연습하는 무리를 만난다. 그들은 아테네 공작 테세우스와 아마존 여왕 히폴리타의 결혼 축하연 때 연극을 공연하려는 바틈 일당이다. 사회 밑바닥의 이 무식한 장인들은 오직 포상금을 받겠다는 일념으로 〈피라무스와 디스비〉라는 비극을 말도 안 되는 코미디로 바꾼다. 이 비극은 〈로미오와 줄리엣〉처럼 사랑에 빠진 연인이 도망치다 결국 비참한 죽음을 맞는다는 이야기지만, 이들은 원래 이야기가 뭔지도 모르는 작자들이다. 퍽은 이거다 싶어 바틈에게 나귀 머리를 씌운 뒤 잠에서 깨어나는 티타니아에게 데려간다. 졸지에 이 바보는 요정 여왕의 사랑을 듬뿍 받는다.

퍽은 이 세 이야기를 마구 뒤섞기 시작한다. 드미트리우스 대신 라이샌더에게 묘약을 바르는 실수를 한 것이다. 그가 깨어나 헬레나를 가장 먼저 보면서 이제 두 남자 모두 헬레나를 사랑하고 허미아는 버림받는다. 헬레나는 모두가 작당하고 자신을 놀린다며 화를 내고, 허미아는 헬레나가 라이샌더를 가로챘다며 화를 낸다. 그렇게 두 여자는 욕지거리를 하고 두 남자는 결투를 하러 간다. 어이없는 상황과 꼬여버린 욕망 앞에서 자신의 밑바닥을 드러내는 것이다.

알고 보면 누구나 그렇다. 교양 있고 배운 이들도 학벌, 지위, 재산을 떨쳐내고 보면 진짜 밑바닥을 드러낸다. 이처럼 요정 퍽의 실수는 인간의 속내를 발가벗긴다. 이 지점에서 관객들은 질문하게 된다. 네 명의 젊은이가 바틈의 무리와 다른 게 뭘까. 알고 보면 지체 높은 이들이 사회적 위치와 자원으로 제 밑바닥을 가리고 있을 뿐, 그게 사라지고 나면 다를 게 없는 것 아닐까. 이 뒤

섞임의 와중에도 자기 모습을 온전히 유지하는 건 밑바닥 인생인 바틈뿐이다. 그는 바보처럼 순수하게 티타니아의 사랑을 받은 것이다.

사태를 파악한 오베론이 나선다. 그는 퍽을 시켜 라이샌더에게 바른 묘약을 지우는 한편 드미트리우스가 다시 헬레나를 사랑할 수 있도록 한다. 그리고 그들에게 깊은 잠을 허락한다. 네 사람이 이 모든 소동을 한낱 꿈이었다고 믿을 수 있도록 말이다. 마침내 자신의 짝을 찾은 허미아와 라이샌더, 헬레나와 드미트리우스는 이제 테세우스-히폴리타 커플과 함께 결혼식을 올린다.

바틈 일당은 비극을 희극으로 바꿔 축하연을 올린다. 이 또한 뒤죽박죽이다. 하지만 차라리 희극이 낫다는 기분으로 신혼부부들은 이 조잡한 코미디를

시카고 셰익스피어 극장에서 상연한 〈한여름 밤의 꿈〉의 한 장면

즐겁게 본다. 기억은 가물가물하지만 그들이 겪은 일 역시 오베론이 연출하고 퍽이 실행한 하나의 희극이었기 때문이다.

여기서도 바틈의 무리는 자신들의 무대를 가릴 마음이 없다. 그들은 억지로 연극을 하면서도 관객의 반응에 더없이 성실하게 반응한다. 연극의 원작에는 관심도 없지만 여성 관객들이 연극을 보다가 무서워하거나 혼란에 빠질까봐 노심초사한다. 참으로 순수하고 친절한 광대들이 아닌가. 그래서 그들의 희극은 우스꽝스럽지만 감동스러운 면이 함께 있다.

알고 보면 사랑도 인생도 그런 것 아니던가. 비극인지 희극인지 알 길이 없는 뒤죽박죽 아니던가. 예술가가 연극이랍시고 무대에 올리는 공연도 뭐가 사실이고 뭐가 환상인지 알 길이 없지 않던가. 하지만 간섭(이지우스)과 실수(퍽), 무식(바틈)과 변심(드미트리우스), 다툼(커플들)과 계략(오베론)이 난무하는 복잡한 삶 속에도 상상력만큼은 즐거움과 감동을 준다.

셰익스피어는 퍽의 말을 빌려 이렇게 말한다. "제가 가장 즐거워하는 일은 뒤죽박죽 뒤섞이는 거랍니다." 또 테세우스의 입을 빌려 이렇게 말한다. "광인과 연인과 그리고 시인은 오로지 상상으로 꽉 차 있는 자들이오." 한여름 밤의 소동이 우리에게 전해주는 진정한 메시지는 바로 상상력의 즐거움 아닐까.

한여름 밤에 펼쳐지는 상상력의 축제

셰익스피어 문학의 생생한 세계는 19세기 낭만주의 예술, 특히 음악에 지대한 영향을 미쳤다. 슈베르트, 브람스, 슈트라우스 같은 독일 리트 작곡가들은 그의 몇몇 시에 가곡을 남겼고, 프랑스의 멜로디에서도 다양한 작곡가들이 셰익스피어 시를 작곡했다. 그 밖에 베르디는 〈맥베스〉〈오텔로〉〈팔스타프〉 같은 작품을 오페라로 만들었고, 벨리니와 구노는 〈로미오와 줄리엣〉을 작곡했다. 앙브로와 토마는 〈햄릿〉을 오페라로 작곡하기도 했다. 하지만 이 많은 작품 가운데 대중적으로 가장 사랑받는 작품은 바로 멘델스존이 작곡한 〈한여름 밤의 꿈〉일 것이다.

신비로운 요정들의 음향과 화사한 행진곡풍의 리듬이 인상적인 서곡(Op.21)은 멘델스존이 열일곱 살에 작곡하고 훗날 수정한 것이다. 멘델스존은 슈만류의 어두운 충동이나 리스트류의 압도적 에너지와 달리 단정하고 절제된 음악을 들려준다. 고상하고 격조 높은 낭만성이 곡 면면에 흐른다.

이후 멘델스존은 추가로 극 부수음악(op.61)을 작곡하는데 여기에도 인상적인 악상이 많이 들어 있다. 가장 유명한 건 신랑 신부의 행진 음악인 〈결혼 행진곡〉이겠지만, 요정들이 여왕 티타니아를 잠재울 때 부르는 자장가 또한 우아하고 세련된 멘델스존 음악의 진가를 드러내준다.

한바탕의 소동. 아무도 다치지 않았다. 보는 이들은 즐거웠다. 한여름 밤에 펼쳐지는 상상력의 축제 속에서 우리는 너무 심각해지지 않으면서도 현실을 돌아봤다. 우리 안에 들어 있는 욕망을 성찰했다. 이 모든 일을 즐거운 마음으로 할 수 있다니! 셰익스피어는 정말 놀랍지 않은가!

| 한여름 밤의 꿈 Op.21 "서곡" | 멘델스존 |

지휘 : 세이지 오자와 | 연주 : 보스턴 심포니 오케스트라

| 한여름 밤의 꿈 Op.61 No.3 "티타니아의 자장가" | 멘델스존 |

지휘 : 세이지 오자와 | 소프라노 : 캐슬린 배틀, 프리데리카 폰 슈타데 |

나레이션 : 주디 덴치 | 연주 : 보스턴 심포니 오케스트라, 탱글우드 합창단

자유를 갈망하는 시대정신의 증언자, 빅토르 위고

〈리골레토〉

요제프 단하우저Josef Danhauser의 그림 〈피아노를 치는 리스트〉에서는 파리 사교계의 이름난 예술가들이 한데 모인 장면을 볼 수 있다. 피아노의 대가 프란츠 리스트는 영감에 사로잡혀 연주를 하고 있다. 그런데 그의 시선이 향하고 있는 곳은 악보가 아니라 창문 밖에 있는 대리석 흉상이다. 흉상의 주인공은 음악가들의 영웅, 베토벤이다. 그가 영웅인 이유는 난청이라는 개인적 어려움을 극복했기 때문만은 아니다. 자유로운 인간의 창조라는 시대정신을 불굴의 의지로 구현했기 때문이다. 그림 속 예술가들은 베토벤처럼 자유를 갈망하던 이들이었다.

리스트의 발치에는 사교계의 안주인 마리 다구 백작 부인이 등을 보인 채

〈피아노를 치는 리스트〉

앉아 있다. 소파에는 조르주 상드와 한때 그의 연인이었던 소설가 알프레드 뮈세가 앉아 있다. 소파 뒤쪽에는 불세출의 바이올리니스트 니콜로 파가니니와 천재 작곡가 엑토르 베를리오즈가 서 있다. 그리고 그 옆에 한눈에 봐도 명석함을 알아볼 수 있는 반짝이는 눈빛의 소유자가 있다. 《레 미제라블》의 작가 빅토르 위고다.

당시의 화두는 '혁명은 실패했는가. 자유의 정신은 사라졌는가'였다. 나폴레옹이 몰락하자 빈 회의에 모인 왕들은 케이크를 자르듯 손쉽게 유럽을 조각내며 혁명을 없던 일로 지우고 있었다. 수십 년의 전란으로부터 아무 교훈도 얻지 못했다는 듯 왕들은 자신의 특권을 지키는 데 골몰했고, 시대를 역행하는 검열과 억압이 다시 전면에 등장했다.

오페라 역사상
가장 강력한 바리톤 캐릭터

위고는 1832년 〈왕은 즐긴다〉라는 희곡을 썼다. 그해 6월에 《레 미제라블》에서 영원한 생명을 얻은 바리케이드 봉기가 있었고, 위고는 이를 직접 목격했다. 이후 2주 만에 위고는 희곡을 완성한다.

작품에서 왕 프랑수아 1세는 난봉꾼의 모습으로 등장한다. 쾌락을 위해서라면 신하의 아내든 평민의 딸이든 거리의 여인이든 차별하지 않고 건드리는 그는 일견 자유로워 보인다. 하지만 프랑수아 1세를 조종하는 건 광대 트리불레다. 그는 지루해하는 왕에게 정복 대상을 끝없이 지정해주는 적의에 찬 광대다. 왕을 타락시키고 우둔하게 만들어 자신에게 가해지는 신분상의 억압에 복수하는 것이다. 권력 집단은 그러한 그에게 비열한 복수를 가한다. 광대의 딸인 처녀 블랑슈를 납치해 유린당하게 만드는 것이다.

자식을 강탈당한 트리불레의 고뇌는 숭고하다. 딸의 명예를 위해 국왕 시해를 결단하는 트리불레는 저항자다운 용기로 가득하다. 그러나 그는 목적을 이루지 못하고, 도리어 자기 손으로 딸을 죽이게 된다. 이로서 위고는 가장 지체 낮은 광대 트리불레를 비극의 주인공으로 격상시킨다.

과격하고도 혁명적인 이야기에서 위고는 트리불레에게 가장 선명하고도 깊이 있는 인간성을 부여한다. 반면 모든 것을 할 수 있다는 왕은 쾌락만을 쫓는 일종의 중독자일 뿐이다. 왕에게 당하면서도 그를 버리지 못하는 귀족들은 개성을 거세당한 인간 군상에 지나지 않는다. 비록 어그러졌으나 인간다움을 가장 잘 간직하고 있는 이가 곧 '비참한 광대' 트리블레다.

위고의 〈왕은 즐긴다〉는 과격한 내용 탓에 무대에 오른 지 하루 만에 공연 불가 판정을 받는다. 이후 다시 관객을 만나기까지 무려 50년의 시간이 걸린다. 무대에 오르지 못했다고 사라진 건 아니었다. 이탈리아 오페라로 변신해 생명력을 이어갔다.

베르디의 대표작 오페라 〈리골레토〉는 〈왕은 즐긴다〉를 각색한 작품이다. 당시 오스트리아 합스부르크 왕가의 통치를 받고 있던 이탈리아에서 대본가 피아베는 검열을 피하기 위해 프랑스 왕가 대신 만토바 공작을 내세웠다. 국왕을 시해한다는 모티브도 청부 살인으로 바꿨다. 정치적 측면을 희석해 개인적 원한을 부각시킨 것이다. 그럼에도 광대 리골레토와 그의 딸 질다는 여전히 비참하면서도 숭고한 시민의 표상을 간직하고 있다. 만토바 공작은 자의적인 난봉꾼의 모습 그대로다.

신랄한 정치극이 대중적 오페라로 바뀌었다는 것은 중요한 의미를 지닌다. 위고의 원작 〈왕은 즐긴다〉가 시민들이 즐길 수 있는 작품이 되어 영향력이 더 커진 것이다. 프리마돈나Prima donna 질다의 유명한 아리아 〈그리운 그 이름〉이나 딸을 돌려달라는 눈물겨운 호소가 인상적인 리골레토의 〈대신들이여, 들으소서〉 등은 위고 원작에 나타나는 생생한 인간적 감정을 청중에게 제대로 전해주었다.

악역 만토바 공작의 유명한 아리아 〈여자의 마음〉마저 관객들에게 호소력을 지니는 게 문제라면 문제일까. 유명한 4중창 장면은 오페라에서만 맛볼 수 있는 짜릿한 감동을 선사한다. 리골레토는 딸 질다의 마음을 돌리기 위해 만토바 공작이 다른 여인에게 작업을 거는 현장에 데려간다. 만토바 공작은 자객 스파라푸칠레의 여동생 막달레나를 유혹하고 질다는 충격에 빠진다. 리골레토는 그 모습을 보며 복수를 다짐한다. 이 모든 대화가 긴장감 있게 진행된다. 그러면서도 음악적으로 더없이 잘 짜인 하모니를 이룬다.

베르디는 위고의 플롯을 통해 오페라 역사상 가장 강력한 바리톤 캐릭터를 만들어냈다. 프리마돈나나 테너 주인공이 중심이 아닌 바리톤이 중심이 되는 오페라. 이는 작곡가 베르디가 위고 원작의 광대 트리불레의 역할을 정확히 꿰뚫어보았다는 증거다.

화려한 아리아를 부르지만 가볍기 이를 데 없는 귀족 만토바 공작은 이 오페라의 주변 인물일 뿐이다. 희생당하는 순수한 처녀 질다 또한 주인공이 될 수 없다. 이 두 사람만으로는 사랑과 치정극이라는 통속적 오페라의 주제를 벗어날 수 없다. 하지만 리골레토는 인간적 고뇌를 품고 있는 광대다. 우스꽝스러운 광대지만 사랑 깊은 아버지다. 천하지만 숭고하다. 희극적이지만 비극

오페라 〈리골레토〉의 중심에는 광대 트리불레가 있다.

의 주인공이다. 새로운 시대의 주인공들은 이처럼 비참함 속에 숭고함을 보여준다.

예술은 그렇게
그들의 희생을 기념한다

〈왕은 즐긴다〉 이후 30여 년 뒤 위고는 《레미제라블》을 완성한다. 그 사이에 실제로 사랑하는 딸과 사위를 잃은 위고는 놀라운 정신적 발전을 이룬다. 복수 대신 화해를 드라마의 메시지로 내세운 것이다. 하지만 그는 드높은 박애의 정신 없이 혁명을 이룰 수 없다는 점을 회고한다.

프랑수아 1세나 만토바 공작의 모습은 낡아빠진 18세기 귀족 질노르망 노인에게서 나타난다. 그러나 이와 같은 삶의 방식에 동의할 수 없었던 손자 마리우스 퐁메르시는 바리케이드 봉기 현장에 가 있다. 트리불레나 리골레토는 장발장의 모습으로 다시 나타난다. 귀족에 의해 희생당한 질다는 이제 사회 전체에 의해 희생당하는 팡틴이다. 스스로 복수를 감행하고자 했던 트리불레/리골레토와 달리 장발장은 화해의 행보를 이어간다. 일면식 없는 팡틴의 딸 코제트를 구출한다. 이는 질다를 잃었던 리골레토가 또 다른 질다를 품에 안는 것과 같다. 또 그는 질노르망의 손자요 퐁메르시 대령의 아들인 마리우스를 파리의 하수구에서 구출한다. 이는 만토바 공작과의 두 세대에 걸친 화해다. 게다가 그는 추적자 자베르 경감마저 용서한다.

귀족의 후손 마리우스 퐁메르시가 이 같은 화해의 드라마에 참여하기 위해

빅토르 위고

서는 고된 과정이 필요했다. 무엇보다 그는 그와 코제트의 사랑이 비참한 사람들의 희생 위에서 이루어진 것임을 깊이 깨달아야 했다. 이를 위해 그는 귀족 가문을 등진 채 몸소 가난을 체험했고, 바리케이드의 봉기에 참여했고, 또 다른 비참한 사람인 에포닌의 죽음을 목도했다. 죽음의 순간에 그를 구해준 은인이 혁명 이전 시대라면 만날 일조차 없었을 장기수 장발장이다. 또 그가 사랑하는 코제트 또한 이름 없이 스러져 간 비천한 여공의 딸이었음을 온전히 받아들여야 했다.

위고는 팡틴에 대해 이렇게 말한다. "사랑은 하나의 과오다. 그러나 팡틴의 사랑은 과오라 부르기에는 너무 순수했다."

너무 순수했기에 너무 비참했던 사람들. 위고는 그들의 역사를 이렇게 기념했다. 복수를 넘어 화해로. 비참한 사람들의 희생 위에 지금 우리가 누리는 자유가 섰다. 예술은 그렇게 그들의 희생을 기념한다. 우리는 예술을 통해 그 기념 의식에 참여하는 것이다.

신화의 해석, 혁명의 서막

오르페우스와 프로메테우스

아내 에우리디체를 잃은 오르페우스의 이야기는 초기 오페라 역사에서 가장 즐겨 쓰던 소재였다. 오페라 장르의 효시로 알려진 작품은 클라우디오 몬테베르디의 〈오르페오(1607)〉다. 지금도 여전히 혁신적인 작품으로 연주되며, 루이지 로시의 〈오르페오(1647)〉와 안토니오 사르토리오의 〈오르페오(1672)〉 같은 작품들이 연이어 나왔다. 여기서 끝이 아니다. 독일의 하인리히 쉬츠 역시 동명의 오페라를 남겼다. 하지만 음악은 분실되었고, 바로크시대의 아돌프 하세는 2인 독창자에 의한 칸타타 형식으로 〈오르페오와 에우리디체(1736)〉를 남겼다. 전설적인 카스트라토 카를로 브로스키의 일대기를 다룬 영화 〈파리넬리〉에서 그의 형 리카르도가 쓰고 있었던 오페라 역시 〈오르페오〉다.

오르페우스,
솔직하고 순수한 인간의 전형

　　　　　　　　왜 당시 작곡가들은 그토록 오르페우스에 꽂힌 걸까? 오르페우스가 오페라의 핵심을 말해주는 인물이기 때문이다. 그의 어머니는 서사시의 뮤즈인 칼리오페였다. 그는 어머니로부터 시와 노래를, 음악과 의술의 신이자 태양신인 아폴론으로부터 악기 연주를 배웠다. 음악의 명수가 된 오르페우스는 맹수나 용, 바다의 폭풍마저도 잠잠하게 만들었다. 이는 곧 사나운 것을 온화하게 만드는 예술의 서정적 힘을 상징적으로 나타낸 것이다.

　그러던 어느 날 그에게 비극이 닥쳐온다. 아내 에우리디체가 산책을 나갔다가 숲에서 독사에 물려 죽고 만 것이다. 그는 슬픔에 빠져 노래한다. 죽은 아내를 되돌려달라는 탄원도, 무정한 명부의 왕에 대한 살기 어린 원망도 아니었다. 그저 제 마음의 슬픔과 돌아올 수 없는 사랑에 대한 완전하고도 깊은 몰입 그 자체였다. 거기에는 타인을 움직이려는 어떤 의도도 들어 있지 않았다. 솔직하고도 순수한 인간의 마음이었다.

　그런데 어떤 일이 벌어졌던가. 오르페우스의 노래를 듣고 숲속의 짐승들이 함께 울었다. 사람들도 덩달아 울었다. 올림포스의 열두 신마저 울었다. 하데스 또한 레테의 강물로도 씻기지 않을 눈물을 흘리며 저승 문을 열어주었다. 이것이 곧 인간의 순수한 감정이 보여준 힘이다. 그리고 시의 힘, 진정성으로 자신과 타인의 마음을 공명하게 하는 힘이다.

　오르페우스가 제 심장 가장 가까이에 품었던 수금을 그리스 사람들은 '리

오르페우스와 에우리디체

라 lyre'라고 불렀다. 오늘날 영어에서는 서정시를 '리릭 lyric'이라 부르고, 독일 어로는 가곡을 '리트 lied'라고 한다. 둘 다 가슴에서 가장 가까운 악기인 리라를 어원으로 한다. 그래서 서정시나 노래는 가슴에서 멀지 않은 진짜 감정, 진짜 마음을 부르는 말이다. 읊조리든 가락에 얹어 부르든 감정은 인간을 촉촉하게 한다.

인간의 어원은 습기다. 인간이 다시 촉촉한 감성을 되찾는다는 것은 곧 그 가 다시 인간다워진다는 뜻이다. 이것이 르네상스와 바로크의 음악가들이 오 르페우스를 중요하게 여긴 이유다. 그들은 더 이상 신에게 예배한다는 명목으로 인간의 진정성 있는 감정을 억누르지 않기로 했다.

오르페우스는 오페라가 탄생한 지 150여 년이 흘러 작곡가들이 첫 마음을 잃어버렸을 때 다시 등장했다. 오페라 극장은 도떼기시장이었다. 관객들은 음식을 먹으며 잡담을 했고, 로얄석의 지체 높은 이들은 사업과 로비에 바빴다. 집중하지 않는 관객들을 사로잡을 만한 재주가 필요했던 탓에 오페라가 내용과 유리된 채 오직 기교만을 앞세우는 일종의 경연장으로 전락하고 말았다.

그러나 본질인 진정성을 기교가 압도하는 것은 주객전도다. 새 시대의 음악은 더 이상 들어도 좋고 안 들어도 그만인 하인 악사의 여흥이 아니었다. 자의식과 정신성을 갖춘 예술가가 사회에 던지는 메시지였다. 아름다움은 합리적 이성에서 나온다는 시대정신이 들어 있었다.

위대한 오페라 개혁자 글룩은 〈오르페우스와 에우리디체(1762)〉에서 드라마의 개연성에 따라 음악을 조직해 하나의 총체적인 작품을 만들어냈다. 음악과 메시지의 일치에 진정성이 들어 있다고 본 것이다. 글룩의 개혁은 음악이 지녀야 할 처음의 마음, 곧 진정성 있는 감정으로 돌아가겠다는 기념비적 선언이었다. 이 오페라에서 가장 아름다운 대목은 오르페우스가 아내를 잃고 부르는 다음의 노래다.

에우리디체 없이 할 수 있는 게 무어야.
내 좋은 배필 없이 내가 갈 곳이 어디 있어.
에우리디체. 오, 신이여, 대답해다오.
나는 오로지 그대에게만 신실한 영혼인데!

프로메테우스,
저항하는 자유 영혼

오르페우스가 보여주는 진정성은 새 시대의 정신인 계몽적 합리성과 만나 새로운 의미를 획득했다. 인간은 합리적 존재이므로 자유로운 감정이 자의적으로 억압되어서는 안 된다는 것이다. 만일 누군가가 감정을 억누른다면 그것은 곧 인간성을 억누르는 것과 같다. 이 같은 인식은 곧 또 다른 신화적 인물의 의미를 새롭게 부각시켰다. 반항하는 인간의 상징, 프로메테우스다.

신화에서 프로메테우스는 두 가지 이야기로 등장한다. 하나는 신에게서 불을 도둑질해 인간에게 가져다주었다는 에피소드다. 그 죄로 프로메테우스는 독수리에게 영원히 간을 쪼아 먹히는 벌을 받는다. 다른 하나는 그가 흙과 물로 인간을 빚어 만들었다는 에피소드다. 하지만 괴테는 성경에 등장하는 인물의 이미지를 신화에 덧입혀 새로운 프로메테우스의 상을 만들어낸다.

시에서 프로메테우스는 머리끝까지 화가 나 제우스에게 소리를 지르며 반항한다. 무엇 때문에 그렇게 화가 났을까. 억눌린 자와 내몰린 자를 돌아보지 않는 무심함, 사람의 희로애락에 공감할 줄 모르는 권위에 대해 화를 내고 있다. 제우스에게 화를 내는 것으로 설정되어 있지만, 괴테는 프로메테우스의 입을 빌려 모든 비인간적인 제도와 규범과 사람의 감정을 메마르게 하는 풍조에 대해 분노를 터뜨린다. 맞서는 태도가 얼마나 비장하고 단호한지 제우스가 던지는 천둥과 번개도 그의 저항을 덮지 못한다.

널 존경해? 뭣 때문에?

네가 억눌린 누군가의

고통을 덜어준 적 있던가?

네가 불안에 떠는 누군가의

눈물을 닦아준 적 있던가?

진정한 감정을 억누르는 것은 때로 종교적 엄숙함이자 정치적 권위며, 때로는 사회적 관습이다. 종교, 정치, 사회적 관념이 인간성 자체를 위협할 때 사람들은 저항하게 된다. 괴테는 그러한 인간성을 프로메테우스에서 포착해낸 것이다.

에드워드 뮐러의 〈결박된 프로메테우스〉

프로메테우스가 재현한 인간은 감정이 펄펄 살아 있는 존재다. '고통스러워하고, 울고, 즐거워하고, 기뻐하고' 그를 닮아 잘못된 권위를 상관하지 않는 존재다. 괴테는 프로메테우스와 어울릴 수 있도록 여러 율격을 오가는 자유율격으로 시를 집필했으며, 가곡의 왕 슈베르트는 이를 다시 장대한 가곡으로 탄생시켰다.

슬픔에 빠진 오르페우스나 저항자 프로메테우스는 자연스러운 인간 감정의 가치를 옹호한다는 점에서 공통점을 보인다. 르네상스로 열린 근대 사회의 계몽사상은 인간의 이성을 해방시켰고, 예술은 감정의 해방을 가져왔다. 그 둘은 이후에 열릴 혁명의 서막과도 같았다.

감정의 해방이란 얼마나 중요한 주제인가. 바쁜 일상을 살아가는 현대인은 알게 모르게 속마음과 다른 모습으로, 다른 감정으로 살아갈 때가 많다. 진정성 있는 감정을 느끼지 못한 채 관계없는 숱한 감정 노동, 무표정한 응대가 삶의 일부가 되어버린 건 아닐까. 비본질이 본질을 압도할 때 오르페우스를 기억하자. 프로메테우스를 기억하자. 아무리 바빠도 하루 5분의 시간을 내어 시를 읽고 음악을 듣자. 정서가 메말랐을 때를 대비해 마음의 우물 하나쯤은 파 두어야 하지 않겠는가.

함께 들으면 좋은 음악

| 〈오르페우스와 에우리디케〉 중 "에우리디케 없이 뭘 해야 하나?" | 글룩 |
메조 소프라노 : 안네 소피 폰 오터 | 지휘 : 트레버 피노크 | 연주 : 잉글리쉬 콘서트

| 〈프로메테우스〉 D.674 | 슈베르트 |
바리톤 : 디트리히 피셔 디스카우 | 피아노 : 벤자민 브리튼

바이블 인 뮤직

루터와 바흐의 수난곡

1440년경 독일 마인츠에서 대사건이 터진다. 모든 문화 지형을 바꾸어 놓을 만한 대혁신, 요하네스 구텐베르크가 활자인쇄술을 발명한 것이다. 필사본으로 전해지던 값비싼 문화 콘텐츠가 경제적으로 광범위하게 확산되었다. 물론 민중이 글말을 깨우치고 독서의 대중화가 자리 잡기까지 수세기의 시간이 더 필요했으나 이 혁신은 앞으로 문화가 나아갈 방향을 분명히 보여주고 있었다. 소수의 문화 엘리트들이 독점하던 콘텐츠를 많은 사람들이 공유하고, 이로써 더 많은 사람들이 문화 생산과 발전에 기여하리라는 기대를 갖게 했다.

하드웨어의 혁신이었던 금속활자는 짝을 이룰 소프트웨어의 혁신, 즉 마음의 혁신을 기다리고 있었다. 활자인쇄술이 발명된 지 100년이 지나지 않아 독일에 새로운 불꽃이 떨어졌다. 1517년 비텐베르크의 한 수도사가 교회 정문에 써 붙인 대자보가 시작이었다.

교황의 허영심을 채우기 위해 바티칸에서 한창 교회 건축에 열을 올릴 때, 척박한 독일 땅에는 건축 헌금을 추렴하려는 면죄부 사기꾼들이 돌아다니고 있었다. 돈으로 은혜와 구원을 사야 한다는 말에 분개해 반박할 거리를 아흔다섯 가지나 찾아낸 수도사의 이름은 마르틴 루터였다. 구텐베르크 활자는 이 뜨거운 소식을 신속히 전 독일로 퍼뜨렸다. 도처에서 루터의 지지자들이 일어났다. 종교개혁의 불길은 그렇게 타오르기 시작했다.

쉬운 성경으로 전한 복음, 찬송가가 되다

루터가 보기에 이런 어처구니없는 일이 일어난 까닭은 성경이 어려운 라틴어로 되어 있어 사람들이 직접 읽을 수 없었기 때문이다. 그런데 라틴어를 아는 성직자가 작심하고 까막눈 백성을 기만한다면? 백성은 속수무책 당할 수밖에 없다. 면죄부 판매는 그런 기만 가운데서도 가장 파렴치한 짓이었다. 루터는 소수 종교 엘리트들이 독점하고 악용한 복음을 민중에게 돌려주어야 함을 깨달았다.

루터는 실제로 사용하는 쉬운 말을 성경 번역의 원칙으로 삼았다. 그는 어머니와 골목길

마르틴 루터

의 아이들, 시장 속 미천한 사람의 입 모양을 보고 번역했다. 궁정이나 성 안에서 쓰는 말 대신 쉽고 단순한 말을 사용했다. 새로운 성경이 쉬운 말로 번역되어야 하는 이유는 예수 그리스도 자신도 보통 사람의 말로 설교했기 때문이었다.

예수의 설교에는 현학적인 수사 대신 목수나 어부도 금방 알아들을 수 있는 생활 속 예시와 비유가 가득했다. '오직 말씀'을 외쳤던 루터는 예수의 모본을 그대로 따르고자 했다. 결국 1534년 완역된 루터 성경은 성직자에게 의존하던 대다수 백성을 무지와 오해에서 해방시켰다. 널리 알려져 있지만 어렴풋했던 많은 것들이 더 명료하게 전달됐다. 민중은 시원함을 느꼈다.

신심 어린 순종으로도 다 걷어낼 수 없던 미신은 이성의 빛이 비치자 주춤주춤 물러나기 시작했다. 글을 배운 사람이라면 누구나 스스로 읽고 스스로 판단할 수 있었다. 이로써 한 사람의 신앙고백은 집단이나 전통에 종속된 것이 아닌, 개인적이고 독립적인 것이 되었다. 성경을 읽기 위해 글을 배운 민중은 이제 지식을 향해 서서히, 그러나 적극적으로 나아가기 시작했다. 이것이 루터가 몰고 온 마음의 혁신이었다.

하지만 루터가 지향한 마음의 혁신은 신앙과 지식의 차원에 머물지 않았다. 문화에 대한 갈망까지 불러일으켰다. 루터의 독일어 성경은 쉽고 명확할 뿐 아니라 아름답기까지 했다. 독일인은 루터가 엄격한 학자를 넘어 뛰어난 시인이요, 감수성이 풍부한 음악가였다는 사실에 감사해야 한다. 루터의 성경과 성시들은 곧 일반 사람들을 위한 찬송가가 되었다. 이 또한 엄청난 혁신이었다.

이전 시대의 교회음악인 그레고리안 성가를 생각해보라. 오래된 선법으로 쓰인 격조 높은 노래가 알아듣기 어려운 라틴어로 울려 퍼진다. 경건과 엄숙

함이 자신의 무식을 더 선명히 드러
낸다. 이런 자리에서 인간의 감정은
설 자리를 잃고 위축된다. 당연히
찬송은 성직자들의 것이었고, 일반
회중은 함께 노래하지 못한 채 그저
음향만 들을 뿐이었다.

마르틴 루터의 찬송가 초기 판본

　내 말이 아닌 노래에 진정을 담
는 건 어려운 일이었으므로 새로운
찬송가의 가사와 멜로디, 몸짓은 순수한 모국어의 목소리에서 나와야 했다.
때문에 루터는 찬송가의 편찬 과정에서 성과 속을 구분하지 않고 당시 인기
있던 민요 가락을 활용했다. 그리고 여기에 화성을 쌓아 올려 장엄한 회중의
합창, 즉 '코랄'이 될 수 있도록 했다. 여기에는 내 말로 내가 고백하는 신앙에
대한 열렬한 감정적 반응이 동반됐다. 성경 번역 때 채택했던 똑같은 원칙, 보
통 사람들의 쉬운 노래를 찬송가에도 일관되게 적용한 것이다.

　독일 노래 역사에서 루터의 찬송가는 민중의 노래에 문화적인 정당성을 부
여한 최초의 시도였다. 무지몽매한 무리의 거친 노래쯤으로 폄하되던 민요는
이제 누구나 쉽게 부를 수 있는 '곡조 있는 기도'로 격상했다.

쉬운 성경으로
가난한 자, 약한 자를 향하다

　　　　　　　　　150여 년 뒤에 태어난 바흐는 루터의 정신을

종교음악에 계승했다. 당시 보통 사람들은 대부분 까막눈이었다. 예배를 할 때는 글을 아는 이가 대표로 낭독하고, 교회에 모인 회중은 낭독을 들었다. 그러한 '들음listening'에서 감정적 반응과 묵상이 이어졌다. 이런 과정을 예술 작품의 형태로 재현한 것이 바흐의 〈교회 칸타타〉나 〈수난곡〉이다. 여기서 특이한 점은 수난곡이 복음서의 내용을 거의 그대로 음악화했다는 것이다.

수난곡에는 '복음사가'라는 독특한 배역이 있다. 주로 테너가 맡는 이 역할은 성경 속 서술자에 해당된다. 말하자면 "예수께서 대답하여 가라사대 ~하시니라, ~하였더라" 등 3인칭으로 된 말만 전달하는 것이다. 그래서 그가 보여주어야 하는 미덕은 하나님의 말씀을 정확하게 전달하는 명료한 발성이다.

하지만 복음서에는 서술 부분 외에도 등장인물이 직접 대사를 하는 장면이 있다. 예수, 베드로, 헤롯 등의 인물이 나오면 순간적으로 연극이 펼쳐진다. 그래서 복음사가 부분이 낭독(소설)이라면, 대사 부분은 연극(희곡)이 된다. 이 부분은 역동적이고 극적이다. 복음사가의 낭독과 등장인물들의 연극은 성경의 본문을 듣는 이에게 전달하는 대목이다.

그 다음에는 주로 독창자가 부르는 아리아나 합창대가 부르는 코랄이 이어진다. 그런데 이 내용은 성경의 본문이 아니다. 성경 말씀을 읽은 후의 묵상에 해당한다. 앞서 언급한대로 대부분의 회중이 문맹이기 때문에 성경 본문의 내용을 잘 듣고 그에 대한 묵상을 재현해주는 과정이다. 음악적으로 가장 아름답고 몰입하기 좋은 대목이 바로 이 부분이다.

정리하자면, 수난곡은 크게 복음사가의 낭독 부분과 연극 부분, 그리고 성경 본문에 대한 반응 및 묵상을 전하는 아리아/코랄 부분으로 구성되어 있다. 각 부분은 성경 말씀의 낭독 및 성극 재연, 그리고 그에 대한 묵상이라는 구조

바흐 〈마태 수난곡〉의 공연 장면

다. 즉 말씀 중심의 예배를 재현하고 있다. 이러한 음악 예배 속에는 글을 모르는 이들도 말씀 공동체 안으로 들이겠다는 루터의 정신이 들어 있다.

성경이 어떤 책인가. 가장 가난한 자, 가장 약한 자를 위해 하나님이 인간의 몸을 입고 오셨다는 복음의 책 아닌가. 갈릴리의 이름 없는 목수의 아들이 병든 자를 고치고 약한 자를 일으키고 인류 모든 이의 죄를 사하기 위해 십자가에 달려 죽은 뒤 부활했다는 희망의 메시지 아닌가. 그러므로 이 책의 진리는 문자깨나 배운 사람들의 현학적 문자로는 전달될 수 없다. 끝없이 낮은 자를 위해 나아가려는 정신이 필요했던 것이다. 독일 음악사에 면면히 흐르는 '민요풍의 노래' 전통은 루터에게서 그 기원을 찾을 수 있다. 민중에게 말과 노래를 돌려주어야 한다는 정신이 독일의 오페라와 예술가곡을 꽃피운 것이다.

예술은 아름다워야 한다. 아름다움을 잃지 않으면서도 많은 사람들에게 쉽게 전달되어야 한다. 현대 예술의 소통불가능성이 시작된 지점은 어디인가. 새로운 표현양식을 찾아내려는 예술가의 노력이 점점 엘리트주의로 변하면서 민중을 소외시켰기 때문이다. 동시에 민중이 예술 대신 좀 더 손쉬운 문화상품을 선택하면서 예술가를 소외시켰기 때문이다. 쌍방의 소외를 극복하기 위해 우리는 예수와 루터의 정신을 다시 떠올려야 한다.

| 요한 수난곡 BWV 245 중 제1곡~7곡 | 바흐 |
테너 : 쿠르트 에크빌루츠 | 베이스 : 로버트 홀 | 지휘 : 니콜라우스 아르농 쿠르무

정리

- 괴테의 〈파우스트〉는 구노와 슈베르트 등 많은 음악가의 상상력에 불을 지폈다.
- 〈한여름 밤의 꿈〉은 셰익스피어의 현실감각과 통찰력을 보여주는 걸작 희극이다.
- 베르디의 〈리골레토〉는 빅토르 위고의 정치극 〈왕은 즐긴다〉를 대중오페라로 변화시켰다는 평을 받는다.
- '음악의 명수' 오르페우스와 '저항의 상징' 프로메테우스는 진실한 인간성을 드러내는 캐릭터로 많은 오페라에 등장한다.
- 마틴 루터는 특정 계층을 위했던 찬송을 민중에게 돌려주기 위해 찬송가를 지었고, 이 정신은 독일 오페라와 예술가곡으로 이어졌다.

문장의 재발견

· 김 나 정 ·

· 키워드 ·

작가와 작품   문학론   프란츠 카프카   변신

나쓰메 소세키   마음   박완서   나목   발자크

고리오 영감   헤르만 헤세   데미안

나는 지금 슬프다. 이 슬픔을 어떻게 글로 표현하면 좋을까? "슬프다, 슬프다, 슬프다, 슬프다, 슬프다"라고 무작정 많이 쓰면 슬픔이 절절해질까? "개슬프다, 완전 슬프다, 초슬프다, 열나 슬프다"라고 쓰면 내 슬픔이 진짜 슬퍼질까?

내 감정이나 생각을 글로 잘 표현하고 싶다. 어떻게 쓰면 될까? 낱말이 모여 문장이 되고, 문장이 묶여 문단이 되고, 문단이 쌓여 글이 된다. 이 중 감정이나 느낌을 완결된 형태로 제시하는 문장文章은 글쓰기의 최소 단위이다. 글이 집이라면 문장은 벽돌과 같다. 좋은 문장은 아름답고 탄탄한 글을 짓는 바탕이 된다.

이 강의 안에는 고전 속 유명한 문장들이 여럿 채집되어 있다. 좋은 문장은 작가의 깊은 생각에서 태어난다. 문장 속에는 세상이나 사람에 대한 작가의 생각과 감정이 깃들어 있다. 작품의 알곡을 담은 문장은 고전에 다가가는 징검돌이 된다. 아직 접해보지 못한 작품과의 첫 만남을 주선한다.

카프카의 작품 《변신》에는 벌레가 되고 자신이 어떤 존재였는지 깨달은 남자가 등장한다. 나쓰메 소세키의 《마음》은 마음을 해부하는 소설의 힘을 일깨워준다. 박완서의 《나목》은 삶의 희망이라는 작가의 주제의식을 오롯이 담아냈다. 발자크의 《고리오 영감》은 글을 쓴다는 것이 세상의 어떤 진실을 드러내는지, 헤르만 헤세의 《데미안》은 사람이 일생토록 사춘기를 겪으며 자신을 찾는다는 진실을 말해준다. 이 글에 나온 '문장'들은 여러분의 문장을 만드는 씨앗이다. 씨앗을 품고 꽃을 피우기 바란다.

소개되는 문장들을 작가들이 보낸 메시지라고 생각해보자. 《고리오 영감》에 나오는 문장 "이제부터 파리^{Paris}와 나의 대결이야!"를 내 방식으로 패러디하면 어떨까? 《데미안》에 나오는 문장은 어떤가? "새는 알에서 나오려고 투쟁한다. 알은 세계다. 태어나려는 자는 하나의 세계를 깨뜨려야 한다." 어떤 존재가 새롭게 태어나는 걸 나는 무엇에 빗대볼 수 있을까?

작가의 문장을 내 언어로 번역해보는 훈련도 필요하다. "어느 날 아침, (   )가 불안한 꿈에서 깨어났을 때 그는 자신이 침대 속에서 한 마리 커다란 (   )으로 변해 있는 것을 발견했다." 카프카의 언어 대신 나는 괄호에 어떤 언어를 넣어볼 수 있을까? "거짓 없이 써서 남기는 내 노력은 인간을 아는 데 있어 당신한테도 다른 사람한테도 헛수고는 아닐 거라고 생각한다." 나쓰메 소세키의 말처럼 거짓 없이 자신의 마음을 드러내는 게 정말 인간을 아는 데 도움이 될까?

인문학을 포함한 세상만사에서 글쓰기는 중요하다. 느낌이나 생각은 '문장'이 될 때 타인에게 전달된다. 좋은 문장은 나를 드러내고 남을 움직인다. 좋은 문장은 우리를 일깨우고, 마음에 새길 뜻을 주고, 우리를 변화시킨다. 작가들은 좋은 문장을 접하고 자기 생각을 길러내 글을 쓴다. 글쓰기는 문장이 문장을 낳는 이어달리기다. 여기 나온 문장들을 바통으로 이어받아 여러분의 문장이 백지에서 뜀박질하길 바란다.

벌레가 되고서야 벌레였음을 알다

프란츠 카프카 《변신》

"어느 날 아침, 그레고르 잠자가 불안한 꿈에서 깨어났을 때, 그는 자신이
침대 속에 한 마리의 커다란 해충으로 변해 있는 것을 발견했다."

아침마다 우리는 전투를 치른다. 자명종이 울린다. 일어나야 한다. 5분만,
아니 3분만. 새벽 5시에 출발하는 기차에 타야만 하는데⋯⋯. 몸은 꼼짝 않고
마음은 구시렁댄다. '아아! 이렇게도 힘든 직업을 택하다니. 매일같이 여행이
다. 이 일은 회사에서 하는 실질적인 일보다 훨씬 더 신경을 자극한다. 그 밖
에 여행하는 고역이 있고, 기차 연결(기차를 시간 맞춰 갈아타는 번거로움)에 대해
늘 걱정해야 하며, 식사는 불규칙적이면서 나쁘고, 대하는 사람들은 항상 바

꾸고 따라서 그들과 인간관계는 절대로 지속적일 수 없으며 또한 진실한 것일
수도 없다. 이 모든 걸 악마가 가져갔으면!'

도통 내키지 않지만 부모가 사장에게 진 빚을 갚아야 하고 생활비도 벌어
야만 한다. 달아날 길이 없다. 옆구리가 욱신거린다. 그럴싸한 핑계거리가 떠
오른다. '몸이 아파서 결근한다면 어떨까? 그렇지만 그것은 너무나 괴로운 일
이며 너무나 의심받기 쉬운 일이다.' 회사엔 씨알도 안 먹힐 변명이다. 가장으
로서 인간된 도리를 다하려면 일어나야 한다. 일어나려고 버둥대다가 나둥그
러진 모양새는 벌레와 닮았다. 벌레….

변신이 그를
자유롭게 하리니

그래, 내가 벌레가 된다면 회사에 가지 않
도 되지 않을까? 출근하는 벌레는 없으니까. 출퇴근 카드를 찍는 말똥구리는
없다. 야근하는 잠자리도 없다.

그렇다. 해야 하지만 하기 싫은 일에서 달아날 방법은 바로 '변신'이다! 변
장이야 금세 덜미 잡힌다. 아예 인간 아닌 것으로 둔갑해버리는 것이다. 카프
카 소설에는 이런 변신 모티프가 종종 등장한다. 프랑스 철학자 들뢰즈와 가
타리는 카프카의 단편에서 주로 드러나는 '동물 – 되기'를 절대적인 탈영토화
의 가능성으로 읽어낸다. 인간의 영토를 벗어나 출구를 내주는 둔갑 파워.

그리고 카프카 소설에 자주 출몰하는 미로도 도주의 필살기라 할 수 있다.
미로는 추적자를 따돌리기에 안성맞춤이다. 《심판》의 어지러운 복도, 갈 도리

없는 《성》도 미로다. 에움길은 시간을 지연시킨다. 최대한 뭉그적댈 시간을 확보하는 것이다. 다짜고짜 해충이 되었다는 소설의 첫 문장은 황당하지만, 결근의 알리바이라니 따져보면 해봄직한 상상이다.

자, 그레고르의 공상은 다음 단계로 나아간다. 정말로 벌레가 된다면 어떤 일들이 벌어질까? 《변신》의 주요 내용은 한 남자가 벌레가 되면 생김직한 일들로 채워진다. 출근을 재촉하러 지배인이 나타나겠지. 긴 변명을 늘어놓지만, 지배인은 못 알아듣는다. 벌레의 말이니까. (사람일 때도 그의 말은 먹히지 않았더랬다.) 지배인은 혼비백산해 달아난다. 회사와는 영영 작별이다. 가족은 경악하겠지. 어머니는 울부짖고, 아버지는 지팡이를 휘둘러 방에서 쫓아낸다. 옆구리에 상처가 났지만 괜찮다. 출근을 하지 않아도 된다. 한숨 자자.

곤히 자고 일어나니 저녁이다. 식탁에 둘러앉은 가족을 훔쳐본다. 언제나 바빠서 집과 가족을 둘러볼 짬이 없었다. 자신의 노동으로 가족에게 제공한 좋은 집과 생활이 눈에 들어온다. 뿌듯해하다가 불안해진다. "그런데 혹시 이 편안과 윤택한 생활과 만족스러움이 끔찍스럽게 끝장나면 어떡하지?"

이 집에서 돈을 버는 사람은 그레고르뿐이다. 아버지가 사업에 실패한 뒤 그레고르는 외무사원이 되어 돈을 벌었다. "식구들은 고맙게 돈을 받고 그는 기꺼이 돈을 대주었지만 거기에 특별한 온정 같은 건 두 번 다시 없었다." 일벌레로 꾸역꾸역 집안을 벌어 먹였다. 하지만 진짜 벌레는 돈을 벌지 못한다. 따지고 보면 그토록 싫은 일을 했던 것도 먹고살기 위해서였다.

하지만 벌레가 되니 입맛이 변한다. 음식물 쓰레기나 부스러기로도 족하다. 벌레는 조금 먹으니 식비도 줄어든다. 벌레가 된 그레고르를 보고 하녀가 달아났으니 어머니와 여동생이 집안일을 도와야 한다. 인건비가 줄어든다. 게

다가 아버지가 약간의 재산을 꿍쳐놓았고 거기에 이자가 붙었다고 털어놓는다. 한결 안심이 된다. 하지만 비상금에 불과하니 가족은 일자리를 찾아야 한다. 나이든 아버지, 천식에 걸린 어머니, 열일곱 누이동생. 심란해진다.

하지만 방으로 돌아오면 자유롭다. 다들 벌레가 된 그레고르를 피하니 방은 아늑한 은신처가 된다. 코끼리나 기린으로 변한 것이 아니다. 벌레는 아주 작은 먹을 것(어떤 벌레는 이슬이 주식이다)과 작은 공간만 확보해주면 살 수 있다. 의무에서 놓인 그레고르는 벽과 천장을 누비고 다닌다. 시간과 공간을 누린다.

허나 상황이 좋게 돌아가는 것만은 아니다. 여동생은 오지랖을 떨며 그레고르의 방에 놓인 것들을 치워버린다. 그가 좋아하는 것을 모두 빼앗아간다. 아무도 벌레의 의견은 묻지 않는다. 아버지가 던진 사과는 그레고르의 등에 꽂힌다. 일자리를 구한 가족은 과로에 시달리고 살림은 점차 줄어든다. 그레고르는 가족의 일원에서 밀려나 푸대접을 받는다.

방은 오물로 덮이고 식사는 보잘것없어진다. 정말로 벌레 취급을 당하는 것이다. 급기야 늙은 파출부는 "이리 와봐, 말뚱벌레야"라며 그레고르를 애완동물 취급한다. 하숙인들이 들어오자 온갖 잡동사니가 그레고르의 방에 모여든다. 가족의 마음에서 밀려나고, 그의 공간도 점점 줄어든다.

벌레처럼 살다
벌레로 죽다

끝이 머지않았다. 그레고르는 여동생의 바이

올린 연주에 이끌려 방 밖으로 나갔다가 하숙인들에게 발각된다. 그들이 그레고르의 존재를 빌미로 하숙비를 깎으려 하자, 여동생은 분노한다. "저것이 오빠라는 생각은 집어치우세요. 우리가 너무 오래 그렇게 생각해온 것이 우리의 불행이에요." 몹시 아꼈던 여동생이 그레고르를 '괴물'이라고 한다. 아버지가 던진 사과는 몸에, 가장 아꼈던 여동생의 말은 마음에 돌이킬 수 없는 상처를 낸다.

"그는 가만히 서서 주위를 살폈다. 그의 선량한 의도가 알려진 듯이 보였다. 잠시 놀란 것뿐이었다. 이제 모두가 말없이, 그리고 슬프게 그를 바라보고 있었다." 아무도 그를 재촉하지 않았다. 모든 것이 자신에게 맡겨졌다. 방에 갇힌 그레고르는 자문한다. "이젠 어떻게 한다지?" "밥벌이를 하지 못하는 밥벌레는 해충일 따름이다." 그는 자신이 없어져야 한다고 결론 내린다. 결국 그는 스스로를 박멸한다.

파출부는 죽은 해충을 빗자루로 쓸어내고 가족은 결근계를 내고 소풍을 간다. 벌레가 사라졌다. 가족은 미래를 설계한다. 그레고르의 죽음 뒤에 이어진 희망은 잔혹하게 느껴질 수도 있다. 하지만 '홀가분'하기도 하다. 내가 밥벌이를 하지 못하면 가족은 굶어죽을 줄 알았다. 하지만 아니다. 각자 살길을 찾는다. 내가 죽으면 가족은 애통해만 할 것이다. 아니다, 그들에겐 또 다른 미래가 있다. 그가 하기 싫은 일을 꾸역꾸역 하게 만든 '의무감'에서 놓게 한 것은 아닐까. 벌레가 되어보는 상상력으로 어깨에 짊어진 짐의 무게를 가볍게 해본다. 가족은 그가 없어도 먹고살 수 있었다.

무엇보다 그레고르는 벌레가 되어서야 자신이 '벌레'였음을 알게 된다. 죽음 직전, 그레고르는 전혀 움직일 수 없게 된다. 하지만 "그는 그것이 전혀 이상하지 않았다. 차라리 자기가 지금껏 그렇게 약한 다리로 돌아다닐 수 있었다는 것이 이상하게 여겨졌다." 벌레가 되고서야 이미 벌레처럼 살았다는 것을 깨달은 셈이다.

독일의 철학자 아도르노는 인간소외를 즐겨 다루는 카프카의 작품에 '사실성'과 '신빙성'이 담겨 있다며, 실존주의가 두려움을 자극하며 탈주가 불가능한 (그의) 작품은 결국 삶에 대한 태도를 바꾸게 한다고 했다.

가족을 위해 일벌레가 되었던 그레고르는 밥벌레로 전락하고 해충 취급을 당해 결국 박멸되었다. 쓸모없는 인간은 벌레 취급을 당한다. 그런 상태로 전락할지도 모른다는 불안과 공포가 이 소설에 담겨 있다. 남의 얘기 같지 않다.

어느 날 밤, 그레고르는 자신이 한 마리의 커다란 벌레가 된 꿈을 꾸었다. 악몽에서 깨어나 사람으로 돌아왔다. 하지만 벌레처럼 살아야 하는 현실은 그대로다. 벌레가 된 남자는 우리에게 묻는다. 어떻게 해야 사람으로 '변신'할 수 있는지를.

함께 읽으면 좋은 책

카프카의 소설은 기괴하고 혼란스러운 꿈을 닮았다. 성에 고용된 측량사 K가 정작 성에는 가지 못하고 마을을 헤매 다니는 《성》, "누군가 요제프 K를 무고했음에 틀림없다. 그는 아무런 나쁜 짓도 하지 않았는데도 어느 날 아침 체포되었기 때문이다"로 시작되는 《심판》은 소송을 저항하는 K의 모든 시도가 실패하는 이야기다. 부조리로 가득한 세계는 악몽이며 미로다. 주인공의 상황은 현대인의 마음 밑바닥에 놓인 불안과 공포를 반영한다. 대낮에 눈 뜨고 악몽을 맛보며 미로를 헤매게 한다. 길을 잃은 사람은 길을 찾기 마련이다. 악몽을 꾸는 사람은 깨고 싶어 한다. 카프카의 소설은 우리에게 눈뜸과 출구에 대한 갈망을 불러온다.

2교시

마음도 해부가 되나요?

나쓰메 소세키《마음》

"나는 미래에 모욕당하지 않기 위해 현재의 존경을 물리치고 싶은 겁니다. 나는 지금보다 더 외로울 미래의 나를 견디기보다 외로운 현재의 나를 견뎌내고 싶은 겁니다. 자유와 자립과 자아로 가득한 현대인은 모두 그 대가로서 고독을 맛보지 않으면 안 될 겁니다."

옛사람들은 마음이 심장에 있다고 여겼다. 하여 한자 '심心'은 심장의 모양을 본떠 만들어졌다. 하지만 알다시피, 마음이란 정해진 형태가 없다. 이랬나 싶으면 저건가 싶고, 잡았다 싶으면 손가락 사이로 빠져나간다. 마음만큼 모를 것이 없으며, 마음만큼 알고 싶은 게 없다. 남의 마음이든 내 마음이든.

미스터리한
선생님의 마음

　　　　　　　　　　　　　'일본의 셰익스피어'라고 불리는 나쓰메 소세키夏目漱石의 《마음》은 이 정체 모를 마음속을 들여본다. 대학에 갓 입학한 '나'와 '선생님'의 이야기가 중심이 된다. '나'는 해수욕장에서 우연히 만난 선생님에게 끌려 그의 곁을 맴돈다. 선생님은 자신에게 가까이 다가오려는 사람에게 자신은 가까이할 만큼의 가치가 없으니 그러지 말라고 경고한다. 왜 이런 말을 하는지 알 수 없다. 그렇다고 '나'를 적극적으로 밀어내지도 않는다. 알면 알수록 선생님은 이상한 사람이다. 자기 부부에겐 시간이 지나도 아이는 생길 리 없다고 단언한다. '천벌'이란다. 자신은 아내가 생각하는 그런 사람이 아니라 고통스럽다고도 한다.

　　선생님은 분명 어떤 이유로 괴로워하고 있다. 왜 그런지는 털어놓지 않는다. 그렇다고 입을 다물지도 않는다. 감질나게 슬쩍 언급만 할 뿐이다. 뭔지 몰라도 선생님에겐 '말하고 싶은 비밀'이 있다. 비밀은 그것을 간직한 인물을 신비스럽게 만든다. '나'가 선생님의 곁을 맴도는 것은 그 신비로움에 이끌리기 때문이다. 선생님이란 인물은 이 소설을 미스터리 장르로 바꿔놓는다. 하지만 여타 미스터리 장르와 달리 탐정인 내가 밝혀내야 할 건 범인이 아니라 선생의 속마음이다.

　　소설이 전개되면서 조금씩 힌트가 나온다. 중요한 증인으로 사모님이 등장하는데, 선생님의 속내를 모르긴 매한가지다. 잉꼬부부로 지내지만 뭔가로 끙끙 앓는 남편이 마음에 걸려 왜 그러냐고 물으면 "말할 건 아무 것도 없다. 아무 것도 걱정할 필요가 없다. 나는 이런 성격이 되어버렸으니까" 하고선 사모님을 상대해주지도 않았다는 것이다.

선생님이 정기적으로 방문하는 친구의 무덤에 뭔가 비밀이 숨겨져 있을 것 같다. 사모님은 그 친구가 자살했다고 일러준다. 하지만 그 얘기만 듣고서는 자초지종을 알 수가 없다. "도무지 사건의 중심 부분이 파악되지 않았다. 사모님의 불안도 사실은 그 중심을 둘러싼 어렴풋한 구름과도 같은 의혹에서 비롯된 것이다."

도대체 무슨 생각을 하는지 알 수 없는 사람은 주위를 불안하게 만든다. 따지고 보면, 사람과 사람 사이에는 늘 '불안'이 전제된다. 상대의 마음을 정확히 알 수가 없다. 지금 무슨 생각을 하는지 겉만 봐서는 모르겠다. "평소에는 다 좋은 사람이지요. 적어도 모두 보통 사람입니다. 그러다가 여차하면 갑자기 악인으로 바뀌니 무서운 일입니다. 그러니까 마음을 놓을 수 없습니다." 누구도 믿을 수가 없다. 그 마음을 알지 못하기에. 인간이란 존재의 불안은 여기서 출발하는지도 모른다.

선생님은 굳게 믿었던 친척에게 속았다고 이야기한다. 돈 때문에 자신을 배신한 친척들 때문에 그들이 대표하는 인간이라는 존재를 모두 증오하게 되었다는 것이다. 하지만 여기서 수수께끼의 풀이는 끝나지 않는다. 선생님은 언젠가 '나'에게 자신의 과거를 남김없이 털어놓고 싶다고 말한다. 죽기 전에 단 한 사람이라도 좋으니까 사람을 믿어보고 죽고 싶다고, 당신이 그 단 한 사람이 되어줄 수 있느냐고 묻는다. 아무도 믿을 수 없는 사람은 고독하다. 흉금을 털어놓을 누구도 없는 사람은 고독하다. '나'가 자신도 진지하다고 말하자 선생님은 언젠가 적당한 시기가 오면 이야기해주겠다며 고백을 뒤로 미룬다.

'나'는 고향으로 내려간다.

마음 속 어둠과
마주한다는 것

　　　　　　　　　　　　이 작품은 총 3부로 구성된다. 1부가 〈선생님
과 나〉의 교류를 중심으로 전개된다면 2부인 〈양친과 나〉는 '나'가 중심인 이
야기다. 이 부분을 읽으면 선생님이 왜 '나'를 각별하게 대했는지를 알 수 있다.
(선생님이 부인이 아닌 '나'를 비밀을 털어놓는 대상으로 삼는다는 점에서 이 소설을 유사
BL Boys Love물로 읽는 의견마저 있다.)

　고향으로 돌아온 나는 겉돌기만 한다. 부모 세대로 상징되는 구세대와 접점
을 찾을 수 없다. 셈속만 따지는 형과도 통하는 데가 없다. 형은 선생님을 빈둥
빈둥 놀기만 하는 대수로울 것 없는 사람으로 치부한다. "에고이스트는 좋지
않다. 아무 일도 하지 않고 살아가자는 생각은 뻔뻔한 생각에서 나오는 거니
까." 나는 형이 에고이스트란 말의 의미를 제대로 알고는 있는지 궁금하다.

　도시물을 먹은 지 얼마 되지는 않았지만, 한때는 정답던 시골 마을의 모든
게 지루하고 어색하다. 어디에도 녹아들 구석이 없다. 익숙했던 세계가 이제
는 낯설다. 아무도 내 기분을 알아주지 못한다. 고독하다. 나와 선생님은 이
지점에서 겹쳐진다. 일전에 선생님은 말했더랬다. "나는 외로운 사람이지만,
어쩌면 당신도 외로운 사람인 건 아닙니까? 나는 외로워도 나이를 먹었기 때
문에 가만히 있을 수 있지만, 당신은 젊으니까 그러고 있을 수 없는 거겠지요.
움직일 수 있을 만큼은 움직이고 싶은 거겠지요. 움직여서 무언가에 부딪쳐보

고 싶은 거겠지요." 선생님과 나는 닮은꼴이었다. 거울을 향해서는 어떤 말이든 할 수 있다. 선생님은 적당한 때가 되면 '나'에게만은 비밀을 알려주겠노라고 했다.

이 소설의 맨 마지막 장인 〈선생님의 유서〉에는 비밀이 송두리째 드러난다. 추리소설로 치면 범인이 폭로되는 순간이다. 선생님은 자신이 모순투성이의 인간임을 고백하고 어쩌다 이런 인간이 되었는지를 들려준다.

학생이었을 때 선생님은 친구 K와 둘이서 하숙집 딸(지금의 사모님)을 좋아했는데 친구를 속이고 그녀를 가로챘다. 이를 알게 된 K는 스스로 목숨을 끊어버렸고, 그 뒤로 선생님은 절망에서 헤어나오지 못하게 되었다. 자신이 친구를 속인 몹쓸 놈이라는 죄책감 때문만은 아니었다. "마음이 변화되는 과정에는 바닷물의 간만과 마찬가지로 여러 가지 크고 작은 일들이 있었습니다."

선생님은 친구를 죽음으로 몰고 간 자신의 내면을 까발린다. 곤궁한 처지의 K를 구하겠다며 곁에 둔 건 이기심의 발로였을지도 모른다. "정신적인 향상심이 없는 사람은 바보"라며 자신을 경박한 사람으로 몰아붙인 K에게 앙심을 품었는지도 모른다. 아가씨가 K와 가까워지는 걸 질투했는지도 모른다. 자신보다 뛰어났던 K의 몰락을 내심 바랐는지도 모른다. 게다가 친구의 시신을 발견하고도 '남의 눈'부터 의식했다.

자신의 마음을 해부해 낱낱이 살펴본 선생님은 절망할 수밖에 없다. "자신도 작은아버지와 똑같은 인간이라고 의식했을 때, 나는 갑자기 아찔해지는 느낌이었다. 남을 신뢰할 수 없게 된 나는 자신도 신뢰할 수 없었다"는 것이다. 타인의 마음은 알 수 없다. 이제는 자신의 마음조차 신뢰할 수 없다. 유서에서 선생님은 모든 걸 고백한다. 그렇다면 이 고백은 어떤 의미가 있을까? 선생님은 죽었지만 그가 남긴 마음의 해부학은 인간의 마음에 내재한 어둠과 그 작동원리를 낱낱이 밝힌다.

문학평론가 고모리 요이치小森 陽一는 "소세키의 인물들에게서 기존의 모든 사람(타자)의 사고방식을 끝까지 회의하고 철저하게 그 시비를 밝힌 다음, 스스로 주장하는 것이 있다면 비록 외톨이가 될 지라도 감히 실천한다는 단독성의 각오를 읽어냈다"고 했다. 선생님은 타인뿐만 아니라 자기 마음까지도 송두리째 밝혀내고자 한다. 한 인간이 자기 마음속 어둠과 마주하는 것은 각오 없이는 불가능한 일이다. 선생님은 가식 없이, 가감 없이 자기 마음을 바닥까지 드러낸다. 이 해부의 기록은 우리에게 어떤 의미가 있을까? "거짓 없이 써서 남기는 내 노력은 인간을 아는 데 있어 당신한테도 다른 사람한테도 헛수고는 아닐 거라고 생각합니다." 나쓰메 소세키의 《마음》은 우리의 마음을 해부하는 메스가 되어준다. 그도 우리도 모두 비루하고 애틋한 인간이기에.

함께 읽으면 좋은 책

고양이가 보기엔 인간만큼 기묘한 동물이 없는 법. 영국 유학에서 돌아와 신경쇠약에 시달리던 나쓰메 소세키가 심심풀이 삼아 쓴 《나는 고양이로소이다》는 전지적 고양이 시점으로 인간 세상을 풍자한 작품이다.

"부모에게서 물려받은 앞뒤 가리지 않는 성격 때문에 어렸을 때부터 나는 손해만 봐왔다"는 구절로 시작되는 《도련님》은 고집쟁이에 할 말 다하는 도련님을 통해 근대의 명암을 다룬 작품으로 나쓰메 소세키의 세계로 들어가는 출발점으로 유용하다.

연애를 통해, '인간으로 제대로 살아간다는 건 뭘까?'를 다룬 《그 후》나, 《마음》과 연결되어 친구를 배신한 남자의 어두운 내면을 그린 《문》은 나쓰메 소세키를 깊이 이해하는 데 보탬이 된다. 더불어 한 화가의 방황을 다룬 《풀베개》와 강연록 《나의 개인주의》는 예술가 나쓰메 소세키의 초상을 그려낸다.

겨울 나무에서 봄 나무로

박완서《나목》

"봄에의 믿음. 나무를 저리도 의연하게 함이 바로 봄에의 믿음이리라."

《나목》은 박완서 작가가 마흔에 쓴 데뷔작이다. 배경은 한국전쟁 직후의 서울. 대학을 중퇴하고 어머니와 사는 이십대 처녀가 주인공이다. '나'는 PX 아래층의 초상화부에서 미군을 상대로 호객행위를 하며 먹고 산다. 미군을 상대로 "초상화를 그리라"며 짧은 영어로 아양을 떠는 생활이 마음에 들지 않는다. 집에 돌아가면 삶을 버린 듯한 어머니를 마주 봐야 한다. 마음을 붙일 데가 없는 '나'는 소설의 초반부에서 심술궂고 성마른 모습을 보인다. 주위 사람들을 낮잡아 보고 환쟁이들을 닦달하고 의치를 빼놓고 밥을 먹는 어머니를 혐오스럽게 바라본다.

벌거벗고 메마른 나무, 책의 제목인 '나목裸木'은 주인공의 이런 처지와 마음 상태를 이른다. 하지만 겨울 나무는 죽은 것처럼 보여도 그 안에 생명의 기운을 간직하고 있다. 젊은 주인공은 전쟁 이후의 세상에 염증을 느끼지만 동시에 사랑하고 사랑받고 싶은 마음을 간직하고 있다. 하지만 그 일은 녹록치 않다. "그 속에서 사랑하고픈 마음이 얼마나 세차게 꿈틀대고 있는지를, 그러나 도대체 누구를 덩달아, 누구를, 무엇을, 좋아할 수 있을까?" 봄의 기운은 멀리 있고, 산다는 것은 춥고 무섭기만 하다.

그런 겨울 나무 앞에 화가 옥희도가 등장한다. 그는 돈벌이에만 급급한 다른 환쟁이들과 달리 의연하다. "이런대로 무사히 올 겨울을 넘기고 싶군"이라는 그의 말은 꼭 내 마음 같다. "그의 피곤과 상심은 남의 어설픈 헤아림이나 보살핌이 들어설 여지가 없는 어쩔 수 없는, 그만의 것 – 체취" 같이 여겨진다. 마음에서 뭔가 움트기 시작한다. 때맞춰 '나'에게 호감을 표하는 전공電工 황태수도 등장한다. 사랑의 기운이 만개한다. 삼각관계가 시작된다. 마음의 저울질 과정은 언제나 흥미진진하다. 도대체 그녀는 누굴 택할까. 선택이 끝날 때까지 독자는 서사를 뒤쫓게 된다.

나무와 나무 사이의 간격

박완서 작가는 천부적인 이야기꾼이다. 소설이 재미와 의미를 모두 거머쥐긴 어려운 노릇이다. 하지만 박완서는 독자의 흥미를 놓치지 않으면서 그 속에 작가의 진지한 생각을 녹여내는 능력이 탁월하다.

《나목》은 이십대 처녀의 사랑을 다룬 연애소설로 읽힌다.《나목》에 등장하는 '사랑'은 살고 싶다는 욕망을 의미한다. 전쟁 통에 자신의 잘못으로 오빠들이 죽게 되었다는 죄책감에 시달리는 '나'는 자신이 사랑 같은 인간적인 감정을 누릴 자격이 없다고 여긴다. 어머니는 딸에게 "네가 대신 죽었으면 좋았을 텐데"라고 말한다. 사는 게 참혹하다. 세상은 온통 매섭고 무서운 겨울이다. 그러나 사랑으로 '나'는 조금씩 삶의 기운을 되찾기 시작한다. 누군가에게 이끌리는 자연스러운 감정은 생명의 힘을 불러온다. 겨울 나무 속으로 피가 돌기 시작한다.

"그는 딴 사람과 다르다. 그는 딴 사람과 다르다." '나'가 옥희도에게 끌리는 건 자신과 닮아서다. 자신을 남다르다고 생각하는 '나'는 옥희도의 예술가적 면모가 마음에 든다. 옥희도를 사랑하는 것은 자기애와 유사하다. '나'는 점점 옥희도에게 엎질러진다. 어느 날은 함께 저녁을 먹고 그의 품에 안겨 "난 정말 흐느꼈다. 그가 더욱더욱 나를 측은해하길 원했다"라고 읊조린다. 눈물은 막혀버린 수관에 물기를 돌게 한다. 하지만 '나'는 사랑의 물결에 자신을 내맡기지 않는다. 대신 "오열하는 쾌감에 흠뻑 젖었다"고 스스로 냉소한다. 나는 사랑에 '빠지지' 않는다. 대신 거리를 두고 사랑에 흔들리는 자신을 지켜본다.

태수와도 좀처럼 가까워지지 않는다. 그는 나를 '시궁창 속에서 피어난 장미'처럼 대하지만, 나는 태수가 자신의 진면목을 모른다고 생각한다. 오빠를 죽게 만들고 엄마에게는 미움받고 세상 모두를 냉소하는 자신을 그저 곱게만 보는 태수가 미웁스럽기만 하다. 이 남자는 내가 어떤 여자인지 모른다. 하지만 자신을 상처라곤 없는 장미처럼 봐주는 남자를 밀쳐낼 수도 없다.

소설 속에서 주인공 경아의 마음은 녹고 얼어붙기를 반복한다. 살고 싶다와 죽고 싶다가 갈마드는 마음처럼. 아이가 다섯인 옥희도 씨와의 사랑이 쉬울 리 없다. 그의 아내를 미워하려고 애쓰지만 그녀는 좋은 사람이다. 생활의 무게에 짓눌려 예술가로 살지 못한다는 그의 고뇌는 이해되지만 '살아간다'는 것의 고귀함을 가벼이 여기는 게 마뜩찮다. 태수의 가족과도 만나지만 결혼할 결심은 서지 않는다. 태수는 그저 애인이었으면 싶다. 사랑은 계속 뒷걸음질 친다.

이 젊은 처자가 사랑을 선뜻 받아들이기 힘든 까닭은 무얼까? '나'는 모든 걸 송두리째 앗아가는 전쟁을 겪었다. 그토록 생을 만끽했던 오빠들은 온데간데없이 사라졌다. 어머니는 아들들이 사라진 세상에서 시체처럼 살고 있다. 이로 인해 생긴 '나'의 냉소와 환멸은 쉽게 녹아내리지 않는다. 태엽을 돌리면 위스키를 마시는 침팬지 인형을 보며 '나'는 생각한다. "침팬지와 옥희도와 나……, 각각 제 나름의 차원이 다른 고독을 서로 나눌 수도 없고 도울 수도 없는 자기만의 고독을 앓고 있음을 나는 뼈저리게 느낀다."

나무와 나무 사이에는 간격이 있다. 사람들은 모두 홀로 선 나무며 각자 외롭다. 서로 자신들의 겨울을 견디고 있을 뿐이다.

봄이 있기에
나무는 그 모든 고통을 견뎌낸다

겨울 나무가 마른 껍질을 뚫고 싹을 틔우려면 결정적인 계기가 필요하다. 나무는 제 몸에 상처를 내야만, 살갗을 터뜨려 싹을 내야만 봄 나무가 될 수 있다. 방황하던 '나'는 자포자기의 심정으로 미군 병사와 호텔에 간다. 붉은 불빛이 비치는 침대를 본 순간, 그동안 억눌렀던 기억이 송두리째 밀려든다.

소설의 14장은 돌연 과거로 돌아간다. 전쟁으로 가족에게 어떤 일이 벌어졌는지를 아프게 서술한다. 전쟁을 피해 집에 숨어든 오빠들. 나는 오빠들에게 방을 옮기라 했고, 그 방에 포탄이 떨어졌다. "검붉게 물든 시트, 군데군데 고여 있는 검붉은 선혈, 여기저기 흩어진 고깃덩이들, 어떤 부분은 아직도 삶에 집착하는지 꿈틀꿈틀 단말마의 경련을 일으키고 있었다." 그 선홍색의 기억은 나의 세상을 잿빛으로 만들어버렸다. 하지만 그 기억의 끝에는 노란빛을 뿜는 은행나무도 서 있다. 무채색의 겨울 풍경 속으로 노란빛이 어린다. 죽은 나무의 몸통 속으로 피가 흘러내린다. 그리고 죽은 것처럼 살던 어머니가 돌아가셨다. 옥희도의 부인과 태수의 형수는 내 곁을 지켜준다. 절망의 끝자락에서 손을 내밀어주는 자매들이 있다. 이제 소설은 결말부에 이른다.

"경아는 나를 사랑한 게 아냐. 나를 통해 아버지와 오빠를 환상하고 있었던 것뿐이야. (…) 용감한 고아가 돼 봐. 자기가 혼자라는 사실을 두려움 없이 받아들여. 떳떳하고 용감한 고아로서 모든 것을 다시 시작해 봐. 사랑도 꿈도 다시 시작해 봐." 옥희도는 나에게 간곡하게 말한다. 태수는 나를 달랜다. "광년

※※이란 듣기에는 시간의 단위 같지만 실은 거리의 단위거든. 빛은 1초에 지구를 일곱 바퀴 반이나 도는데 그 빛이 하루 이틀도 아니고 자그마치 1년이나 가는 엄청난 거리. 알겠어?" 비록 오랜 시간이 걸리더라도 '거리'는 언젠가 좁혀질 수 있다. 사랑은 거리를 좁히고 사람들을 포갠다. 나는 당장은 냉소하지만, 태수가 그런 사랑을 믿고 있다는 걸 안다. 소설의 말미에서 '나'는 태수의 사랑을 받아들인다. 나무와 나무의 간격은 줄어들지 않는다. 하지만 곁에 서 있는 나무는 위로가 되어준다.

원래 이 소설은 박수근 화백을 다룬 논픽션으로 기획되었으나 쓰다 보니 소설이 되었다고 한다. 박완서는 소설 속 경아처럼 전쟁으로 오빠들을 잃었다. 그 참담함이 비명으로 터져 나와 소설을 이끌어낸 것이다. 작가는 자신의 고통과 대면하고자 했다. 겨울 나무가 봄 나무로 가는 길은 아프다. 《나목》은 자신을 터트려서 피를 흘려 잎을 틔우고 꽃을 피우는 겨울 나무의 이야기다. 봄이 있기에, 나무는 그 모든 고통을 견뎌낸다. 혹독한 겨울은 의미 없지 않다. 전쟁이 얼마나 무참한 일을 저질렀는지를 잊어주지 않는 것, 봄 나무에는 피와 눈물의 기억이 새겨져 있다.

함께 읽으면 좋은 책

박완서 작가의 작품들은 다채롭다. 여성의 삶을 딸과 엄마의 관계로 풀어낸 《엄마의 말뚝》 시리즈는 뭉클하다. 어린 시절의 추억을 생생하게 담아낸 《그 많던 싱아는 누가 다 먹었을까》《그 산은 어디에 있을까》를 읽으면 독자도 자신이 스쳐 보낸 시간에서 반짝거리는 것들을 발견하게 된다. 나이가 들어도 쓰는 일을 멈추지 않는 작가를 둔 독자는 행운이다. 그 행운에 동참하고 싶다면 《친절한 복희씨》《너무 쓸쓸한 당신》도 함께 읽기를 권한다.

사진사의 실수, 떠버리의 누설

발자크《고리오 영감》

"이제부터 파리^{Paris}와 나와의 대결이야!"

발자크만큼 야심찬 작가는 없었다. 19세기 사실주의 소설의 대가로 불린 그는 2천여 명이 등장하는 90여 편의 소설로 구성된 〈인간 희극^{La Comédie Humaine}〉으로 19세기 프랑스를 송두리째 그려내고자 했다. 계획도 탄탄했다. 그는 〈인간 희극〉을 풍속 연구, 철학 연구, 분석 연구로 분류했다. 풍속 연구에서 사회상을 모으고, 철학 연구에서 사회 이면에 숨은 동력과 원인을 밝히며, 분석 연구에서 이를 아우르는 원리를 다루고자 했다. 실로 어마어마한 계획이었다.

1834년작 《고리오 영감 Le Père Goriot》은 〈인간 희극〉의 알짜를 맛보게 해준다. 〈인간 희극〉의 주요 테마인 사랑·살인·돈·위선·성장 등이 망라되며, 발자크가 사용한 전형적 인물·재등장 등의 기법도 맛볼 수 있다.

미리 경고해둘 것이 하나 있다. 소설의 도입부가 호락호락하지 않다는 점이다. 좀처럼 본론으로 진입하지 않는다. 작가는 이러쿵저러쿵 장광설을 늘어놓고 소설의 배경에 대해 시시콜콜 묘사한다. 실컷 떠들고 나서 "상세한 묘사가 필요하다. 그러자면 이야기 줄거리가 너무 늦게 나타나서 성질 급한 독자들은 작자를 용서하지 않을 터이다"라고 엄장까지 지른다.

사실, 19세기 사실주의 소설에서 배경묘사는 중요한 몫을 차지한다. 사실주의에서 예술은 사회현실을 비추는 거울로 여겨졌다. 거울은 걸러냄 없이 구석구석 받아 써낸다. 이야기가 벌어지는 환경은 중요하다. 또한 연극이 왕성했던 시기라 '무대 지문'으로부터 시작되는 희곡의 구성방식에 영향을 받은 탓도 있다.

그래도 이 소설은 뜸을 너무 오래 들인다. 몇 장을 넘겨도 배경만 묘사될 뿐 이야기가 시작될 기미가 보이지 않는다. 낯선 지명과 사물이 등장하는 19세기 파리의 풍경은 좀처럼 그려지지 않는다. 일단 앞부분은 건너뛰고 하숙집의 아침식사 장면부터 읽기를 권한다. (처음 부분을 마지막으로 읽으면 된다. 보케르 하숙집과 그 집이 위치한 거리는 파리라는 대양의 축도 구실을 한다.)

현실과 욕망의 간극에 선 인간군상

작품의 주요 무대인 하숙집엔 각양각색의 인물이 머문다. 부자 아버지에게 버림받은 착한 처녀, 허영심 가득한 중년부인, 사회에 반항하는 범죄자, 퇴락한 공무원 등은 19세기 프랑스의 인간 군상을 다양하게 보여준다. 각각은 다양한 사회계층, 인간의 특성을 집약하여 보여주는 전형이 된다.

이 소설을 이끌어나가는 화자는 라스티냐크. 똑똑하고 잘생긴 시골 청년이다(발자크 자신의 소망이 투영된 인물인 듯하다). 대학에 진학했지만 공부는 등지고 출세를 꿈꾸며 사교계를 들락거린다. 빈털터리 젊은이가 판돈으로 내걸 건 미모와 젊음, 눈치코치밖에 없다. 그는 신분이 높은 여자를 낚아 처지를 개선해보고자 한다. 먼 친척인 귀족부인의 배경에 기대기도 한다. 그는 이런저런 도움과 행운으로 성공의 길로 나아간다.

라스티냐크를 따라가면 이 소설은 19세기 프랑스의 '남자 신데렐라' 이야기라 할 수 있다. 그러나 또 다른 주요 인물인 고리오 영감을 주목하면 이 작품은 비극이다. 혁명으로 떼돈을 번 제면업자인 그는 두 딸의 뒷바라지로 탈탈 털리고 알거지가 된다. 곡진한 부정을 보답받지 못한 딸 바보 노인. 고리오 영감은 인간관계의 영양가를 따지고 돈으로 마음을 사들이는 사회에 유린당하다 비참한 최후를 맞는다. 처참하다. 이야기를 이끌어가는 화자가 청년 라스티냐크인데 소설의 제목이 《고리오 영감》인 이유를 발자크는 그의 작품 메모에 남겼다.

"착한 사내(부르주아 하숙에 600프랑의 은급을 받는)가 5만 프랑의 은급을 받는 딸들을 위하여 가진 것 모두를 털리고 개처럼 죽는다."

"너무나도 엄청난 것이어서 모욕을 당해도, 상처를 입어도, 부당한 대접을 받아도 다하지 않는 어떤 감정"

"기독교도로 말하면 성인이나 순교자에 맞먹을 만큼 아버지 노릇을 하는 한 사내"

이런 의도에 따라 작가는 고리오 영감을 통해 애정이 돈으로 거래되는 사회의 비극을 그려낸다. 화려한 겉모습에 휘둘려 잃는 것이 무엇인지 아느냐고 묻고 싶었는지도 모른다. 작가 자신이 반영된 인물인 라스티냐크는 고리오 영감을 애틋하게 바라보고 최후까지 함께한다. 고리오 영감의 죽음을 묘사한 대목에선 눈물이 묻어난다.

소설은 페르라셰즈 묘지에서 끝난다. 고리오 영감을 묻고 난 후 라스티냐크는 청춘 시절에 흘려야 할 마지막 눈물을 흘린다. "이제부터 파리와 나의 대결이야!" 파리에 대한 선전포고에 이어진 "사회에 도전하려는 첫 행동으로, 라스티냐크는 뉘싱겐 부인 집으로 저녁식사를 하러 갔다"가 소설의 마지막 문장이다.

라스티냐크의 눈물은 금세 말라버렸다. 고리오 영감을 매장하며 셈속 없는 애정과 넘치는 감정도 함께 묻어버린 후 라스티냐크는 본격적으로 욕망과 돈의 복마전에 뛰어든다. 냉혹한 출세지향자로 거듭난 셈이다. 〈인간 희극〉의 다른 작품에서 라스티냐크는 출세를 거듭한다. 그는 고리오 영감의 둘째 딸과 사귀고 그녀의 남편인 은행가의 일을 봐준다. 그러다가 커미션으로 받은 주식을 밑천삼아 부자가 되어 정계에 진출해 장관이 되고 상원의원에 오른다. 이런 자수성가 스토리는 어쩐지 낯익다.

어쨌든 보잘것없던 젊은이의 출세기는 흥미진진하다. 라스티냐크는 시련과 시험을 거쳐 절제와 지혜를 배워가며 바람직한 세계관과 도덕적인 가치를 습득해 모범적인 인간으로서의 자기완성에 다다르지 않는다. 어찌 보면 이 소설은 여자를 후리고 상류사회에 진출하기 위한 처세술 교본에 가깝다. 이 작품 안에는 화려한 사교계의 부패상을 비판하면서도 동경하는 시선이 공존한다. 실로 모순적이다.

사실과 진실 사이의 리얼리즘

말이 많아지면 진심을 누설하게 된다. 사교계와 이성 관계에서 성공을 거두려면 진심과 감정을 숨기라는 조언과 상반되게도 《고리오 영감》은 '감정'으로 넘쳐난다. 장광설의 독백이 수시로 출몰하며 고리오 영감의 죽음을 그린 대목은 부담스러울 정도로 장황하다. 수식어는 현란하며 감정은 노골적으로 드러난다. 사교계와 도박에서 손을 떼고 착하게 살겠다고 다짐했던 라스티냐크는 새로 배달된 옷에 마음을 뺏겨 결심 따윈 금세 잊는다. 모순되지만 그게 사람의 민낯이다. 모조리 늘어놓고, 낱낱이 까발리며 솔직히 말하다 보면 진실도 덩달아 딸려 나오기 마련일까. 제가 질색하던 덫에 걸려드는 라스티냐크처럼, 혹은 이름에 '드'까지 붙여가며 상류사회 진출을 열망하던 발자크가 귀족사회의 모순을 폭로하게 되듯 말이다.

"그도 모르는 사이에, 그가 원하든 원치 않았든, 그가 동의하든 동의하지 않았든 이 방대하고 진기한 작품의 저자는 혁명적 작가의 대열에 합류했다."

빅토르 위고는 탁월한 리얼리스트 발자크에게 이런 조사弔詞를 바쳤다. 발자크는 정통보수주의자를 자처했건만, 그의 소설은 귀족들이나 신흥 부르주아의 치부를 까발린다. 무도회장과 그 화장실까지 몽땅 보여주는 셈이다. 엥겔스는 발자크의 작품을 두고 '리얼리즘의 승리'를 논했다. 작가의 의도야 어떻든 당대의 모습을 꼼꼼히 그리면 그 사회의 모순이 드러날 수밖에 없다는 것이다.

하루에 깃털 펜을 여덟 자루씩 닳게 하고 커피를 사발로 마시며 그는 자신이 보고 느낀 모든 것을 써댔다. 19세기 프랑스의 모든 것을 그려내겠다는 야심으로 그저 질주했다. 계산도 퇴고도 없었다. 모순과 못남, 비극과 비겁한 성공도 쓸어 담았다. 샅샅이 드러내는 사진사, 모든 걸 낱낱이 떠벌리는 소설가의 펜 끝에서 인간과 세상의 민낯이 드러난다. 리얼리즘의 힘은 거기에서 비롯된다. 진실은 사실 속에서 움트는 법이니.

함께 읽으면 좋은 책

다이 시지에의 《발자크와 바느질하는 중국 소녀》는 문화혁명 시기에 벽촌으로 떠밀려간 젊은이들과 그들이 몰래 숨겨간 발자크의 소설에 빠져드는 시골 소녀의 이야기다. 발자크를 향한 열혈 독자의 동경과 찬사가 마오쩌둥의 문화대혁명 시대를 배경으로 흥미진진하게 펼쳐진다. 발자크와 더불어 19세기 리얼리즘 소설을 이끈 스탕달의 《적과 흑》도 한 젊은이의 야심과 몰락, 파리의 격동적인 변화상을 엿보는 데 유용하다.

일생토록 사춘기

헤르만 헤세 《데미안》

"새는 알에서 나오려고 투쟁한다.

알은 세계다.

태어나려는 자는 하나의 세계를 깨뜨려야 한다."

알쏭달쏭했지만 멋졌다. 중학교 시절 일기장에 적어두고 설렜더랬다. 마음에 새기고 곱씹으니 머리가 지끈거렸다. 알을 깨라는데, 도대체 '어떤' 알을 깨란 걸까? 알이 세계라면 '어떻게' 부수라는 걸까? 중학생에게는 난이도 높은 암호문이자 풀리지 않는 수수께끼였다.

살다가 문득문득 떠올랐다. 지하철 건너편 창에 얼비친 제 얼굴이 낯설 때,

자신이 한심해 패주고 싶을 때, '왜 이렇게 살지?'라고 묻고 '그러게?'라고 답할 때, 이젠 늦었구나 싶은 모든 순간에 새의 부리가 두개골 안쪽을 두드린다.

태어나려는 자가
하나의 세계를 깨뜨리기 위한
성장통

　　　　　　　헤르만 헤세의 《데미안》은 청소년 권장도서로 손꼽힌다. 에밀 싱클레어라는 소년이 이런저런 일을 겪으며 깨달음을 얻는 전형적인 성장소설로 여드름쟁이의 읽을거리로 치부된다. 하지만 실제로 읽어보면 이 책은 소설의 탈을 뒤집어쓴 철학서나 경전에 가깝다.

　《데미안》은 구름의 사원으로 들어가는 입장권이다. 일상을 떠나 삶의 의미를 묻는 공간에 들어서며, 근원으로 거슬러 올라가는 시간이 시작된다. 카페나 소파, 어디서 읽든 주변에 결계가 처진다. 소음과 사소한 걱정과 잡동사니 정보가 차단된다. 어느새 당신은 '나'를 찾아 나선 한 소년의 동반자가 되어 순례길을 나서게 된다. 물론 그 길은 탄탄대로가 아니라 험난하다. 직선으로 발전하는 것이 아니라 두 발 나아갔다 물러서고 한 발 나아가는 나선형 궤도를 그린다.

　소설의 출발점엔 '악'이 놓여 있다. 가족이 머무는 집의 '밝은 세계'에서만 지내던 열 살배기 싱클레어는 '어두운 세계'와 접한다. 성장을 다룬 단편소설은 '악의 눈뜸'에서 끝나는 경우도 많다. 마냥 착하고 순진했던 세계의 이면을 엿봄으로써 성숙이 시작되기 때문이다. 밝은 세계와 어두운 세계는 낮과 밤처럼 붙어 세상 전체를 이룬다.

다음으로 주인공에게 시련을 선사하는 악당이 등장한다. 동네에서 악명 높은 크로머는 과수원에서 도둑질을 했다는 싱클레어의 거짓말을 꼬투리 삼아 괴롭히고 협박한다. 싱클레어는 밝은 세계에서 점점 멀어지는 걸 괴로워한다. 반면에 아직도 자신이 순진할 거라 믿는 아버지를 얕잡아 보는 자신에게 놀란다. 자기 안에 숨은 '악의 씨앗'을 발견한 셈이다.

이제 조력자이자 길잡이가 등장할 차례다. 싱클레어 앞에 신비스러운 소년 '데미안'이 나타난다. 그는 '카인의 표시'에 대한 이야기로 새로운 생각의 물꼬를 터준다. 세상이 정해준 선과 악의 구분에서 벗어나 자기 생각을 가지라고. 하지만 싱클레어는 데미안이 크로머를 물리쳐주자 부모가 속한 세계로 돌아간다.

사춘기를 맞은 싱클레어는 성욕과 이상 사이에서 갈팡질팡한다. 열망을 품었으나 이룰 길은 없고, 이상은 뜨겁지만 어찌해야 할 바를 모르겠다. 혼란은 반항으로, 반항은 방탕으로 이어진다. 냉소와 환멸을 낳고 될 대로 되란 식의 방탕으로 이어진다. 싱클레어는 진흙탕 속에서 뒹굴고 그런 자신을 자조한다. 급기야 '나 같은 사람에게 줄 좀 더 나은 자리, 좀 더 높은 과제를 갖고 있지 않다면, 이제 나 같은 사람은 이렇게 망가지는 거라고. 세상이 손해를 보겠지'라는 심각한 중2병 증상까지 보인다.

방황에는 끝이 있는 법. 싱클레어는 공원에서 스쳐간 소녀에게 끌린다. 사과 씨앗처럼 품은 이상이 진흙투성이 싱클레어의 마음을 움직인다. 여느 청년이라면 말이라도 걸겠지만 싱클레어는 소녀에게 베아트리체란 이름을 붙이고 그녀의 얼굴을 그린다. '부서진 삶의 한 시기의 폐허들로부터 자신을 위하여 환한 세계 하나를 지으려'는 갈구에서 창조는 시작된다. 싱클레어는 데미안에게 초상화를 보낸다. 그에 대한 데미안의 답장이 바로 이 글의 첫머리에 나온 암호문이다.

베아트리체에 이어 또 다른 인물이 싱클레어의 삶을 이끈다. 대학생 싱클레어는 오르간 연주자인 신부와 교류하며 신성神性과 접한다. 둘은 신의 존재와 우주에 대한 형이상학적인 이야기를 나눈다. 또한 그는 싱클레어에게 용기를 주고 스스로에 대한 존경을 간직하는 법을 알려준다. 하지만 오르간 연주자의 말과 사고에서 싱클레어는 지적 유희와 현학적 취향을 감지한다. "그건 참 빌어먹을 골동품 냄새가 나네요"라는 모진 말실수를 끝으로 신부와 헤어지고 다시 혼자 길을 나선다.

데미안과 재회한 싱클레어는 그의 어머니 에바에게서 자신의 꿈을 어지럽히던 여인의 실체와 대면한다. 이 만남은 싱클레어에게 안정감과 사랑의 기쁨을 안긴다. 그녀의 집에 드나들며 만난 사람들과 싱클레어는 '신생新生과 현재의 붕괴'라는 예감을 공유한다. 전쟁의 기운이 몰려든다. 전쟁터에서 싱클레어는 중상을 입은 데미안과 마지막으로 만난다.

왜 그것이
그토록 어려웠을까?

이 작품은 개인의 성장과 더불어 시대에 대한 고뇌를 담고 있다. 《데미안》은 제1차 세계대전이 끝난 1919년에 출간되었다. 《데미안》은 참호에서 죽어간 청년들의 배낭에 가장 많이 들어 있던 소설이라고 한다. 또한 살아남았지만 상처받은 영혼을 추스르려는 전후 젊은이들에게 큰 울림을 주었다. 전쟁의 참화를 겪은 사람은 어떻게 살아야 하나, 삶은 과연 가치가 있는가를 묻게 된다.

"현실적으로 살아있는 인간이란 무엇인지, 지금은 그 어느 때보다 더 혼미해져버렸다. 그 하나하나가 자연의 소중한 시도인 사람을 무더기로 쏘아죽이기도 한다."

《데미안》에는 헤르만 헤세의 절실한 질문이 담겨 있다. 만약 태어나려는 새가 알을 깨고 나온 순간 총에 맞아 날갯짓 한 번 못 하고 죽어버린다면. 이 투쟁과 몸부림이 모두 무無로 사라진다면. 소설은 나답게 살아가는 것의 힘겨움을 보여준다. 그런 피 흘림과 몸부림을 거친 사람 하나하나를 결코 소홀히 해서는 안 된다는 메시지가 담겨 있다.

소설을 처음 읽었을 때 주인공은 싱클레어인데 왜 《데미안》이란 제목을 붙였는지 의문스러웠다. 마지막 문장이 힌트다. "검은 거울 위로 몸을 숙이기만 하면 되었다. 그러면 나 자신의 모습이 보였다. 이제 그와 완전히 닮아 있었다. 그와, 내 친구이자 나의 인도자인 그와." 이제 싱클레어는 또 다른 데미안이 된다.

병아리가 알에서 깨어나려면 새끼와 어미닭이 안팎에서 서로를 쪼아대야 한다. 줄탁동기啐啄同機. 깨어난 병아리는 닭이 되어 태어나려는 자의 천장을 쪼아준다. 이 책이 바로 당신의 머리를 쪼아대는 동기가 되어줄 것이다.

《데미안》의 첫 장에는 이런 제사가 붙어 있다. "내 속에서 솟아 나오려는 것, 바로 그것을 나는 살아보려 했다. 왜 그것이 그토록 어려웠을까?" 이 소설이 던지는 질문은 난이도가 매우 높아 풀이에 일생이 소요되기도 한다. 어떻게 나다운 내가 될 수 있을까? 인생의 1교시부터 8교시까지 사무친 질문이다. 아무리 나이가 들어도 품고 가야 할 근원적인 질문이다. 묻고 찾아다니는 사람은 일생토록 사춘기를 치른다.

함께 읽으면 좋은 책

헤르만 헤세의 작품은 구도求道소설로 읽힌다. 신학교를 뛰쳐나와 시계공장 견습직원으로 지내다 시인으로 살겠다는 결심으로 펜을 잡았다. 그는 방황과 구도의 과정을 글로 담아냈다. 사춘기의 방황을 담은 《수레바퀴 밑에서》, 문명비판서로도 읽히는 《황야의 이리》, 부처의 삶을 다룬 《싯타르타》, 노벨문학상을 안겨준 《유리알 유희》는 상반되는 성향을 가진 두 인물의 구도 과정을 그린 작품이다. '나'와 '길'을 찾고자 하는 사람에게 길잡이가 되어줄 작품들이다.

천 년을 내다보는 혜안

· 민 혜 련 ·

· 연관 교과목 ·

중등교과	고등교과
사회과/역사	사회/세계사

· 키워드 ·

중세　세계관　르네상스　로마　헬레니즘　십자군

프랑스　프랑스대혁명　과학혁명　산업혁명　계몽사상

우리가 지금 누리고 있는 이 풍요로움은 모두 어디서 온 것일까? 고층 건물, 풍족한 일상, 민주주의와 개인주의 등 눈에 보이는 것부터 보이지 않는 것까지 모든 일상이 공기처럼 자연스럽다. 하지만 코로나19 사태로 우리는 깨달았다. 그동안 큰 의문을 갖지 않고 누려왔던 문명이 실은 우리 생각만큼 굳건하지 않다는 사실을 말이다. 동서를 잇던 거대 로마제국이나 이슬람제국이 모두 역사의 뒤안길로 사라졌음을 떠올려보라. 세상에 영원한 것은 없다는 사실을 다시 한 번 깨닫게 된다.

시간과 공간 안에 존재하는 인간은 미래를 알 수 없으므로 과거를 통해 예측할 수밖에 없다. 현시대의 정치, 경제, 사회, 예술 등 인간 전반의 삶을 이해하기 위해서는 역사를 돌아보고 그 안에서 답을 찾아야 한다. 특히 현대사회의 기본 패러다임을 만든 서양 근대사는 현대인에게 중요한 부분이다. 자본주의와 민주주의라는 체계가 시작된 지점이기 때문이다. 서구의 흐름을 일으킨 동력이 무엇이었는지, 이후 인류의 삶과 정신이 어떻게 변했는지를 돌이켜보면 현재 우리 자신에 대한 이해도가 더 깊어질 수 있다.

미국과 유럽은 이탈리아에서 시작해 14세기부터 16세기까지 이어진 '르네상스Renaissance'라는 변혁을 통해 세계 패권을 쥘 수 있었다. 이탈리아반도의 작은 해변에서 일어난 나비의 날갯짓은 허리케인이 되어 서유럽을 뒤덮었다. 그리고 대서양을 건너 아메리카를 정복하며 세계의 패러다임을 바꿨다.

어느 하나의 힘 때문에 큰 흐름이 바뀌는 경우는 많지 않다. 여러 요인이 톱니바퀴처럼 맞물려 상호작용을 거쳐야 흐름에 영향을 준다. 그런데 톱니바퀴 전체 힘의 균형이 완벽히 맞아떨어져 나비 날갯짓 정도의 최소 동력만으로도 도미노 현상이 일어나는 순간이 있다. 이 최소 동력이 이탈리아의 르네상스였다.

코페르니쿠스와 갈릴레오는 지구가 돌고 있다는 새로운 의견을 제시했고, 콜럼버스는 신대륙을 발견했으며, 구텐베르크는 활자를 발명하고, 루터는 종교개혁을 일으켰다. 이때 시작된 문명의 흐름이 과학혁명과 미국의 독립, 프랑스 대혁명을 거쳐 민주주의와 자본주의를 이끌어냈다. 지금의 우리가 일상처럼 누리는 세계를 만든 것이다.

수학과 물리학의 발달로 인간은 우리가 우주의 모든 비밀을 풀 수 있다는 오만에 사로잡혔다. 하지만 실제 인간은 우주와 미생물의 1퍼센트도 제대로 알지 못한다. 나머지 영역은 아직도 '신비'라는 이름으로 남아 있다. 이 영역은 철학이나 종교, 문학 등 인문학으로 다뤄진다. 따라서 인문학을 등한시한다는 건 우리가 사는 세상의 99퍼센트를 무시하는 것과 같다. 마찬가지로 과학을 멀리 하면 우리가 직접 보고 느끼는 1퍼센트의 세계, 즉 손에 잡히는 현실세계를 온전히 이해하기 힘들다.

다양한 경험이 접목되고 사이버 플랫폼을 넘나드는 21세기에는 전지적 시점에서 세계를 이해야 할 필요가 있다. 한곳만 깊이 파면 물은 많이 얻을 수 있지만, 결국 하늘이 동전만 하게 보이는 우물 속에 갇히는 꼴이 된다. 스스로에게 갇혀 시야가 좁아진다는 말이다.

지금은 덩굴식물 같은 인간형이 필요하다. 뿌리는 전문지식을 파 내려가되 옆으로 덩굴을 넓혀 가야 하늘도 넓게 보면서 물도 얻을 수 있다. 다양한 학문을 수평적으로 연결해 융합하는 능력을 키우는 것이다. 과학과 기술, 정치, 경제 등의 학문을 수평으로 연결시키는 역할을 하는 것이 역사나 철학 같은 인문학이다. 융합의 균형이자 중용中庸에 해당하는 '전지적 시점'은 비로소 인문학으로 완성될 수 있다.

암흑의 시대를 뚫고 피어난 르네상스의 빛

476년, 게르만족의 대이동으로 서로마가 멸망하고 난 후 로마제국은 급속 도로 쇠퇴하기 시작했다. 식민지 도시는 폐허가 되고 제국의 운영체계가 무너 지면서 한순간 혼란이 찾아왔다. 불행 중 다행이라면 로마제국 말기에 기독교 가 국교로 공인되면서 서유럽의 게르만족도 광범위하게 개종했기 때문에 교 회 행정망은 숨을 쉬고 있다는 정도였다. 서유럽은 광대한 숲으로 뒤덮인 내 륙 지방이 됐으며, 화폐제도와 식민도시는 사라지고 행정은 부족국가 정도로 후퇴했다. 상업이 줄어들고 농경사회가 되면서 '토지'가 가장 중요한 생산기 반이 된 것이다.

숲이나 황무지를 두고 멀리 떨어진 각 촌락은 독립된 자급자족의 경제체제가 되어 소유하는 토지의 넓이로 사회적 신분이 결정됐다. 각각의 촌락은 관습적으로 세습되며 영주가 다스리는 장원莊園이 됐다. 장원 안에서의 생활은 교회를 중심으로 이루어졌고, 주민 생활을 통제하는 틀이 됐다.

위태롭게 쌓아 올린 힘의 사다리

이런 상황에서 북해의 강인한 바이킹족과 헝가리의 마자르족이 배 혹은 말을 타고 바다와 숲을 가로질러 약탈을 일삼았다. 결국 자신을 지킬 힘이 없는 농민들은 군사를 모을 힘이 있는 사람, 즉 기사 밑으로 들어가 보호를 요청하고, 기사는 더 힘이 센 영주를 주군으로 모시며 보호를 받아야 했다. 이렇게 힘의 사다리를 올라 영주 위에는 대영주 그리고 제일 꼭대기에는 국왕이 자리하는 일종의 계약체계인 봉건제도가 완성됐다.

하지만 국왕은 여러 대영주의 대표일 뿐 국토 전체를 통제할 힘은 없었다. 즉, 봉건제도는 일종의 느슨한 연방제였다. 국가라는 틀을 유지하기 위해서는 지방마다 사유지를 다스리는 대영주의 군사력에 절대적으로 의지해야만 했다. 이 제도는 충성과 보호라는 주종관계지만 쌍방에 대해 의무를 갖는 갑과 을의 계약이었고, 이 계약은 언제나 깨질 수 있다는 취약점이 있었다. 상속이나 결혼으로 영지가 다른 나라의 소유가 되는 일도 허다했다.

또한 큰 나라를 운영해본 경험이 없는 게르만족이 지배하는 땅에 국가를 세우려면 교회 행정망에 절대적으로 의지할 수밖에 없었다. 당연히 로마 교황

교황의 사면을 기다리는 하인리히 4세의 모습을 그린 그림

의 권위가 강력해지면서 서유럽 모든 나라에서는 교황이 대관식을 거행했다. 그러니 행정의 틀을 이루는 주교구마다 성직자를 임명하는 서임권 때문에 벌어지는 권력 투쟁은 불가피했다. 중세 후기 유럽 각 지역이 국가의 틀을 잡아가자 세속 왕들은 교황의 권위에 반기를 들기 시작한다. 신성로마제국의 하인리히 4세가 교황 그레고리우스 7세와 벌인 '카노사의 굴욕'*이 대표적인 예다.

교회의 힘이 막강했으므로 중세 내내 어둡고 무거운 기독교 교리가 강요됐

---

* 1077년 1월 28일 신성로마제국 하인리히 4세가 자신을 파문한 교황 그레고리우스를 만나기 위해 이탈리아 북부 카노사성으로 찾아가 관용을 베풀어 달라고 요청하며 무릎 꿇은 사건이다. 성직자의 임명권인 서임권을 둘러싸고 분쟁하던 신성로마제국 황제와 교황의 대립이 정점에 이르렀던 시기에 벌어진 사건으로 세속의 권력이 기독교에 굴복한 대표적인 사건으로 남았다. 이날은 하인리히 4세가 무릎을 끓었으나 이는 싸움의 시작일 뿐이었다.

다. 인간의 자유의지를 중시하던 고대 헬레니즘시대의 찬란했던 문화예술은 모두 잊혀졌고, 성경의 내용에서 조금이라도 벗어나는 고전은 금서가 됐다. 인간은 오직 사후세계인 천국을 위해 현세의 삶에서는 금욕과 청빈으로 인내해야 했다. 농촌에서의 생활은 무겁고도 답답했을 것이다. 그래서 흔히 중세를 '암흑시대'라고 한다.

이슬람의 부상, 십자군전쟁의 시작

한편 7세기 중엽 마호메트의 후계자들은 소아시아에서부터 유럽, 북아프리카에 걸쳐 거대한 사라센 대제국을 건설한다. 사막의 모래바람 속에 말을 타고 달리던 이 호전적인 부족은 마호메트의 교리대로 한 손에는 코란, 다른 한 손에는 칼을 들고 이교도들을 정복해 나갔다. 서로마 이후에도 비잔틴제국으로 로마의 명맥을 이어가던 동로마는 이미 수세에 몰려 아나톨리아반도 끝 콘스탄티노플 부근과 발칸반도 쪽으로 밀려났고, 기독교의 세력권 아래에 있던 이집트, 북아프리카, 스페인도 이슬람의 점령지가 돼버렸다. 그 옛날 헬레니즘 문화로 번성했던 지역들이 이슬람의 수중에 떨어진 것이다.

이는 또한 유럽이 장악했던 지중해의 해상권에 위협이 가해짐을 의미했다. 이탈리아를 거쳐 들어오던 중국과 동방의 교역품도 아랍인들이 장악했다. 기독교인들이 사후에 천국으로 가기 위해 필수적으로 거쳐야 하는 성지순례길이 막혀버린 것은 더 큰 문제였다. 순례의 목적지인 예루살렘이 이들의 영역

셀주크 왕조의 진격을 묘사한 그림

안에 있었기 때문이다.

10세기경이 되자 호전적인 튀르크의 셀주크 왕조*가 이슬람의 주 세력으로 떠올랐다. 강성인 셀주크 왕조는 동유럽의 비잔틴제국을 본격적으로 압박하기 시작했다. 이에 다급해진 동로마 황제 알렉시오스 1세는 당시의 교황이던 우르바누스 2세에게 서신을 보내 서유럽 세계에 참전을 촉구했다. 이교도인 이슬람을 몰아내고 성지 예루살렘을 탈환하자는 것이었다. 이는 곧 온 유럽인들의 열렬한 신앙심을 자극했고, 각 나라의 국왕들은 참전을 결행했다. 그리하여 시작된 십자군전쟁은 아랍 세계와 서유럽 사이에 씻을 수 없는 깊은 골을 남기게 된다. 11~14세기까지 여덟 차례에 걸쳐 벌인 이 지루한 전쟁은 서유럽에는 성전聖戰이었지만 이슬람에는 엄연한 침략 전쟁이었기 때문이다. 게

---

* 11세기 중반부터 12세기 중반까지 중앙아시아와 중동 일대를 다스린 수니파 무슬림 왕조를 말한다. 셀주크 제국이라고도 한다. 중앙아시아에서 부족연합체로 생겨난 튀르크 세력의 시조로 제1차 십자군의 공격 대상이기도 했다.

다가 시간이 지나자 신앙에서 시작한 순수한 열정과는 달리 교황은 교황대로, 참전한 영주들은 영주들대로 정치적·경제적 이권을 노골적으로 추구하기 시작했고, 전쟁은 무자비한 침략과 약탈로 변질되고 말았다.

인간이 세계의 중심이 되다

기독교의 광기 같던 십자군전쟁은 많은 상처를 남겼지만 서유럽에 예기치 않은 선물도 주었다. 전쟁이 일어나는 곳은 비참했지만, 아이러니하게도 그 주변에서는 경제적 이득을 보았기 때문이다. 일찍이 동로마와 교류하며 에게해와 지중해의 해상무역을 통해 상업이 발달한 이탈리아의 항구도시들이 다시 활기를 띠기 시작했고, 부를 축적한 상공업자들이 의식을 가진 시민계급으로 성장한 것이다.

이슬람의 땅에 도착한 십자군은 그 옛날 그리스와 로마가 건설했던 고대 헬레니즘의 찬란한 빛을 재발견하게 된다. 기독교 사상에 반대되는 모든 사고를 죄악시한 서유럽과 달리 이슬람의 술탄들은 고대 사상을 잘 보존하고 이를 더욱 발전시키고 있었다. 자신들의 뿌리를 발견한 서유럽은 놀라움에 매료됐고, 수백 년간 금지됐던 고대의 서적들이 서유럽으로 유입되기 시작했다. 이는 틀에 박힌 기독교적인 세계관과는 너무도 달랐다. '인간은 만물의 척도'라 생각하는 그리스의 인본주의 세계관이었다.

유럽으로 스며들어온 서적에는 물질세계와 인간의 이성을 중시한 아리스토텔레스나 지동설을 주장한 아리스타코스 등 기독교 교리와 반대되는 사상서도 대거 섞여 있었다. 숫자와 0의 개념, 10진법 등은 수학·천문학 등의 실용과학이 발달했던 아라비아와 인도로부터, 화약과 종이, 나침반 등은 중국으로부터 전해졌다. 이 모든 것이 서로 시너지 효과를 일으켜 서유럽의 사회·경제·문화의 패러다임을 급격히 변화시켰고 유럽을 중심으로 세계 질서가 재편되는 계기가 되었다.

구텐베르크가 인쇄술을 발명했을 때 중국에서 종이가 전해지지 않았다면 인쇄술이 그토록 발전할 수 있었을까? 종이에 인쇄된 수많은 서적과 팸플릿이 없었다면 여론을 모아 종교개혁이 이루어질 수 있었을까? 콜럼버스가 신대륙을 향해 갈 때 중국에서 나침반이 전해지지 않았다면 장거리 항해에 성공할 수 있었을까? 중국에서 화약이 전해지지 않았다면 근대 유럽의 무기가 그토록 발달할 수 있었을까? 아라비아 숫자와 0의 개념이 전해지지 않았다면 금융자본주의와 컴퓨터로 이루어진 현대 문명이 발달할 수 있었을까?

기독교의 신 중심적 세계관에 억눌려 있던 인간이 이성을 깨우치면서 자아를 성찰했다. 이러한 자아성찰이 사상으로 발전하면서 '인간이 우주의 중심'이라는 휴머니즘이 시작됐다. 이렇게 시작된 르네상스는 인문학과 예술을 찬란하게 꽃피웠고, 결국 부패한 교회에 반해 다시 성경과 신앙 자체로 돌아가자는 종교개혁을 탄생시킨 원동력이 됐다.

이성을 깨우친 인간 ⟶ 휴머니즘 ⟶ 르네상스 ⟶ 종교개혁

또한 도시국가에서 경험한 상업경제는 이후 신대륙과 함께 대규모 자본이

유럽으로 유입되며 교육받은 부르주아 계층이 사회의 중심이 되는 세상의 원동력이 됐다. 깨어난 이성은 자연 안에 붙박이처럼 고정된 수동적인 삶에서 벗어나 적극적으로 자연을 연구하고 개척하는 서양의 도전 정신을 일깨웠다. 일련의 모든 변화는 수세기가 지나며 과학혁명과 계몽주의로 귀결돼 프랑스 대혁명을 통한 근대민주주의와 산업혁명을 예고했다.

프랑스, 르네상스의 열매를 따다

17세기를 지나 20세기 초까지의 '예술' 하면 파리가 떠오르지만, 르네상스를 거론할 때면 파리는 한참 뒤로 밀려난다. 당연하다. 15세기까지 프랑스는 봉건주의의 심연에 잠겨 있었기 때문이다.

16세기 프랑스 르네상스의 아버지라 불리는 프랑수아 1세는 "짐 이전의 파리는 모든 것이 거칠고 촌스럽고 무식했도다"라며 당시를 표현했다. 명목상 왕조 가문에서 선출된 프랑스 국왕이 존재했고 나라의 국경선도 있었지만, 각지방은 행정·사법적으로 공작이나 백작이 독립적으로 다스리는 영지였다. 국왕도 자신의 영지에서만 힘을 쓰는 봉건영주에 불과했을 뿐이다. 국왕은 영주들에게 충성서약을 받아 프랑스를 대표하면서 유사시를 위해 나라의 형태

프랑수아 1세의 초상화

를 유지하는 역할만 하고 있었다. 일종의 연방제였다. 조국이나 민족이라는 공통적인 공감대는 아직 존재하지도 않았던 시대였다.

14세기와 15세기에 이탈리아에서 르네상스가 화려한 꽃을 피우는 동안 프랑스는 아직도 중세의 때를 벗지 못하고 있었다. 선대의 정략결혼으로 영국에 넘어간 보르도를 되찾기 위해 백년전쟁을 치르고 난 후에는 이탈리아 북부를 침략하는 한편 지방 영주들을 중앙정부에 편입하기 위한 내전에 여념이 없었다. 문화적인 면에는 눈 돌릴 여유가 없었다.

중앙정부로 간신히 끌어들인 지역들조차 왕의 행정에 고분고분할 리 없었다. 이들은 여전히 왕권을 위협하고 각자 프랑스 지배를 꿈꾸었다. 돈을 주고 용병을 사서 싸우는 이탈리아의 우아한 군주나 귀족들과는 그 성격이 다른, 뼛속까지 전투로 물든 기사들이었다. 1483년 왕위에 오른 샤를 8세를 필두로 프랑스의 왕들은 16세기 중반까지 내내 이탈리아 원정을 업으로 삼았다. 이탈리아는 문화 수준은 높지만 중앙정부가 존재하지 않는 도시국가들이라는 취약점이 있었던 것이다. 이는 르네상스시대를 정점으로 16세기부터 유럽의 중심이 지중해에서 대서양으로 바뀌면서 이탈리아가 침체되는 이유가 됐다.

국가, 국민,
영토의 발견

　　　　　　　　　16세기경 유럽의 판도는 서서히 바뀌기 시작한다. 이탈리아나 독일은 도시의 자치권 때문에 오히려 중앙집권적 왕정국가로 나아가지 못했지만, 프랑스나 영국은 국왕이 봉건귀족들의 세력을 견제하고 중앙정부의 지배권을 효율적으로 장악하게 됐다.

　장원의 농노가 영주에게 내는 세금 외의 모든 세금을 중앙정부가 거둬들이고, 성직자의 기부를 부추겨 교회의 권력까지 제어했다. 국왕이 경제권을 쥐자 서서히 '국가'라는 개념이 생활의 기본 틀을 이루었다. 물론 근대국가의 기틀을 다지려면 아직 몇 세기를 더 기다려야 했지만, 분열된 권력이 강력한 절대군주에게 집중되며 국가와 국민이라는 의식이 싹트기 시작했다는 데 의미가 있다.

　중세시대에는 상하 군신의 관계를 맺었지만 결속력이 단단하지 못했다. 국민, 국가, 영토에 대한 개념 자체가 없다 보니 계약은 언제나 깨질 수 있었고, 영토도 유동적이었다. 게다가 한 지역의 영주가 죽기라도 하면 땅은 곧 상속 문제로 발전해 그곳은 전쟁터가 되어버려 국토의 개념을 정립하기 어려웠다. 그러나 상공업이 발달하면서 시장을 확보하고 단일한 법체계와 화폐가 필요했기 때문에 이를 집행하려면 법과 화폐가 통용되는 국경선과 민족의식, 강력한 중앙집권적 관료제도가 필수였다.

　16세기 후반 프랑스의 법학자이자 사상가였던 보댕^{Jean Bodin}은 최초로 이러한 시대적 요구를 '주권이론^{idea of sovereignty}'으로 전개하기에 이른다. 프랑스는 전쟁 중이었지만 오랫동안 이탈리아와 접촉하며 이탈리아의 새로운 문화와 사상에 조금씩 눈을 떴다. 절대왕정의 틀이 서서히 잡히자 이탈리아의 학자들과 예술가들을 초대해 문화예술을 발전시키려 노력했다. 그중 가장 뛰어난 업적을 이룬 국왕은 프랑수아 1세였다.

1515년 9월 프랑스의 새 국왕이 된 그도 선왕들의 열망이던 이탈리아 원정에 불타올랐다. 하지만 그는 뛰어난 감각의 소유자였다. 아마 교육이 한몫했을 것이다. 이탈리아에서 초빙해온 스승들에게서 어릴 때부터 철학과 라틴어를 배우며 인본주의적 사고를 키운 그는 국가가 강대해지려면 문화가 근본이 돼야 한다는 사실을 깨달았다.

왕권을 잡은 이듬해인 1516년 밀라노를 정복한 그는 평생 존경하며 모실 스승을 한눈에 알아본다. 바로 레오나르도 다 빈치였다. 이렇게 시작된 인연으로 훗날 다 빈치가 노후에 의탁할 곳이 없자 프랑스로 모셔와 자신이 어린 시절을 보낸 작은 성, 클로 뤼세^{Clos Lucé}를 내준다. 문화 후진국이던 프랑스에 최초로 예술가를 후원하는 파트롱^{patron}이 탄생한 것이다. 아낌없이 후원하며 극진히 대접한 덕분에 〈모나리자〉〈세례자 요한〉〈성 안나와 성 모자〉 등 다 빈치의 걸작 세 작품을 루브르 박물관에 걸 수 있었다.

프랑스어를 공용어로 선택한 것은 그의 중요한 문화 업적 중 하나다. 이는 다른 유럽 권력층이 라틴어를 쓰던 시대에 자국어의 위상을 드높인 계기가 됐다. 이후 현재 프랑스학술원인 '콜레주 드 프랑스'의 전신인 왕립학술원을 설립해 국어를 연마하는 데 전념했다.

그는 당시 신성로마제국의 황제로 전 유럽을 지배하던 카를 5세나 영국의 헨리 8세와 겨룰 정도로 정치력을 키웠다. 정치적인 앙숙이었지만 이들을 공

프랑수아 1세가 다 빈치에게 내준 '클로 뤼세'

식적으로 초대해 퐁텐블로성에 수집한 르네상스시대 작가들의 작품을 보여주
곤 했다. 라파엘로의 태피스트리, 미켈란젤로의 조각, 티치아노의 회화, 피오
렌티노 로소가 장식한 갤러리, 벤베누토 첼리니의 금은 세공품 등이 거기 있
었다.

백년전쟁으로 파리가 황폐해지자 그는 루브르 궁전을 웅장한 성으로 개조
하기 시작했다. 중세의 어둠침침한 요새 형태로 지어져 주거하기에 적합하지
않았기 때문이다. 이렇게 시작된 루브르는 이후 몇 대를 거치며 증축되어 프
랑스 왕가의 상징으로 변모한다.

이탈리아 며느리들의
프랑스 계몽기

　　　　　　　프랑수아 1세는 훗날 그의 뒤를 이을 앙리 2세를 문화선진국 피렌체의 메디치가와 혼인시켜 프랑스 문화의 초석을 놓았다. 이탈리아 며느리 카테리나 데 메디치^{Caterina de' Medici}가 가지고 올 지참금에 선진 이탈리아의 문화가 포함돼 있으리라는 것을 알았기 때문이다. 위대한 로렌초 데 메디치가 증조할아버지이며 교황 레오 10세를 작은할아버지로 둔 카테리나 아니던가. 기대를 저버리지 않은 카테리나는 중세의 틀을 벗지 못하던 프랑스 궁정에 이탈리아의 찬란한 르네상스 문화를 들여왔고, 오늘날 프랑스 요리와 예술의 산파 역할을 했다.

　또한 튀일리궁^{Palais des Tuileries}을 신축하고, 야만스러운 중세의 궁정에 예법을 도입했으며, 포크와 나이프를 사용하도록 했다(그때까지 프랑스인은 손으로 음식을 먹었다). 속옷이란 존재를 모르던 프랑스 여인들에게 속옷을 입히고, 뛰어난 승마술로 갈채를 받았다. 불꽃축제와 무도곡, 궁정연회 등도 모두 그녀가 세련된 피렌체의 문화를 도입한 것이었다. 뒤이어 앙리 4세도 메디치가의 마리아 데 메디치를 왕비로 맞이하면서 프랑스는 피렌체의 선진문화를 뿌리째 프랑스 왕가로 이식했다.

세련되게 포장된
인간의 욕망

이후 프랑스는 전쟁에 휘말리고 정치적으로 문제가 있었지만, 내부는 탄탄대로를 달린다. 우선 지정학적으로 유럽에서 가장 좋은 땅을 차지했고, 온화한 기후에 너른 평야와 산, 강, 바다, 호수 등 자연 조건을 골고루 갖췄다. 19세기 말까지 도시국가로 분열된 이탈리아나 독일보다 일찍 중앙집권체제를 확립했다.

17세기가 되면서 프랑스는 내부적으로 도약을 앞둔 단계에 이른다. "하늘 아래 왕 이상은 없다"는 왕권신수설이 교황의 권력을 앞지르자 아무도 왕의 권위에 의문을 제기하지 못했다. 교황을 이긴 프랑스 왕은 인간의 욕망을 세련되게 드러내며 찬란한 궁중 문화를 꽃피우게 된다. 그 절정의 중심에는 태양왕 루이 14세가 있었다.

5세에 왕위에 즉위해 성년이 될 때까지 어머니의 오랜 섭정을 견뎌야 했던 루이 14세는 왕권을 쥐자마자 철권을 휘둘렀다. 그는 파리를 끔찍이도 싫어했다. 어린 시절 귀족들의 반란을 겪은 기억(프롱드의 난) 탓에 루브르궁에는 어둡고도 음울한 기억만이 감돌았다. 당시의 파리는 우리가 알고 있는 파리와 전혀 달랐다. 좁은 길 양쪽으로 집이 다닥다닥 붙어 햇볕도 잘 안 들고 거리에는 오물이 넘쳐나던 지저분한 도시였다.

루이 14세는 파리에서 30킬로미터쯤 떨어진 베르사유에 지상 최고로 화려한 궁전을 짓기로 한다. 이곳은 원래 조부인 루이 13세의 사냥터가 있던 광활한 숲이었다. 이곳의 숲을 개간하고, 센강에서 물을 끌어들여 호수를 만들고,

루이 14세의 초상

꿈의 왕궁을 지었다. 밤마다 화려한 불꽃놀이와 무도회, 연극, 오페라, 발레 등 갖가지 문화행사가 벌어졌다. 향락적인 삶은 곧 전 유럽에 소문이 났다. 세상의 미인과 풍운아들이 모두 모여든 베르사유는 곧 유행의 메카가 됐고, 이곳의 패션과 헤어스타일은 곧 유럽 전 왕실에 퍼졌다. 지방 귀족도 왕을 알현하고자 베르사유에 왔다가는 눌러 앉았다. 이는 중앙집권체제와 관료제도의 안정을 가져왔다. 베르사유의 화려한 삶에 빠진 귀족들이 시골 영지를 매물로 내놓으면 국가가 사들였고, 귀족들에게는 녹을 주어 관료로 흡수한 것이다.

전국의 귀족들과 엘리트, 귀부인들이 모여들어 하루하루가 축제 같던 베르사유는 그야말로 프랑스 궁중문화의 꽃이었다. 특히 귀부인들이 자신의 집에서 운영하던 사교 모임인 살롱salon은 고도의 지식과 문화를 교류하며 우아한 몸가짐과 예절을 중시하던 장소였다. 프랑스의 고급스럽고 풍성한 문화는 모두 이 시대의 사치 속에서 태어났다 해도 과언이 아니다. 날고 긴다는 인간 군상들이 모여 갖가지 계략을 꾸미고 짓밟고 올라서던 좁은 사회 속에서 고도의 화술과 인간 심리에 대한 깊은 탐구심을 발전시켜 프랑스 문학과 사상의 기반을 이루었다.

계몽주의와 프랑스대혁명

프랑스인들이 '구체제Ancien Regime'라 부르는 17~18세기의 절대왕정은 프랑스를 유럽 최고의 강대국으로 만들고 화려한 문화를 탄생시켰지만 극소수 계층의 전유물에 불과했다. 국왕 밑의 제1신분인 성직자, 제2신분인 귀족을 다 합쳐도 프랑스 전체 인구의 2퍼센트 정도였다. 이들은 프랑스 국토의 대부분을 무상으로 소유했지만, 세금도 내지 않고 부와 권세를 누리며 밤낮으로 사치와 향락에 빠져 살았다. 나머지 98퍼센트의 민중을 제3신분이라 했는데, 이들에겐 참정권은 없고 노동과 납세의 의무만 있었다.

르네상스를 거치며
견고하게 완성된
정신적 유산

　　　　　　　　　　얼핏 보면 봉건제도의 사회구조였던 중세도
귀족과 성직자가 전 국토를 차지하고, 나머지 95퍼센트의 민중은 소작농으로
납세의 의무만 있던 시스템과 비슷해 보인다. 하지만 문제는 세상이 변했다
는 것이다. 중세의 민중은 문맹의 농노들이었고, 기독교라는 강력한 종교공동
체에 소속됐지만 18세기의 사회구조는 완전히 달랐다. 정치적 발언권은 없는
데 죽도록 일해서 세금만 내는 제3신분 안에는 법률가나 대상인, 지식인층이
두터웠다. 이 엘리트 지식인층에서 '계몽사상'이라는 근대적인 혁명의 불씨가
타오르고 있었다.

　계몽사상은 어떤 한 사람의 철학이라기보다 르네상스시대부터 시작돼
16~17세기를 거치며 수많은 정신적 유산이 쌓여 단단해진 인본주의라 볼 수
있다. 그중 세 사람이 가장 큰 영향을 끼쳤다.

　먼저 프랑스 철학자이자 수학자인 데카르트는 "나는 생각한다. 고로 존재
한다"라는 유명한 명제를 남겼다. 이는 생각하는 주체로서 내가 이 세계와 운
명의 주인이며, 개조하고 개척한다는 근대사상의 정수를 담고 있었다.

　이어서 영국의 존 로크는 전제주의에 반대했다. 그는 자신의 저서인 《시민
정부론》에서 "국가는 개인의 생명·재산·자유를 보호해야 한다"는 자유주의
를 주장했다. 이는 입법권과 집행권의 이권분립에 기초해 국민과 권력이 계약
하는 근대국가를 의미한다. 또한 미국 독립의 기초가 됐으며 프랑스대혁명에
지대한 영향을 주었다.

이 시대는 아이작 뉴턴의 시대이기도 했다. 뉴턴이 완성한 고전역학*은 코페르니쿠스에서 시작해 케플러와 갈릴레이를 거치며 기독교적인 세계관을 허물고 현대과학의 초석을 다졌다. 뉴턴의 사고체계는 대단히 정교해서 지구를 포함한 전 우주를 그의 공식으로 규명할 수 있을 것만 같은 믿음을 주었다. 마치 그가 주장하는 기계론적인 운동법칙에 전 우주가 지배받고 있는 듯이 보였다.

이 같은 과학체계와 논리가 혁명을 의미하는 것은 아니었다. 하지만 인간이 이성과 과학의 힘으로 우주를 이해하고 사회를 개선할 수 있다는 믿음을 주었고, 시대적인 부조리에 대한 비판의식이 싹트는 계기가 됐다.

계몽사상이 전파되면서 무지에서 깨어나기 시작한 시민들이 늘어나자 중간 계층이 두터워졌다. 교육받은 엘리트 계층은 문인, 자유기고가, 저널리스트로 활동하고, 젊은 귀족 청년 중에 새로운 사상을 받아들이는 사람들도 생겼다. 여기에 이들을 따르는 노동자들이 생기며 그들이 직면한 문제에 관심을 두기 시작했다. 이로써 민주주의의 최초 밑그림이 그려진 것이다.

이들은 참정권을 외쳤고, 법 앞에 만인이 평등하다는 사실과 고문이나 종교재판을 금지하는 일련의 의식을 바탕으로 '인간의 권리(인권)'를 부르짖었다. 여기에 노예를 수출하고 부를 착취하는 식민지로만 여기던 미국이 독립을 선언하자 유럽의 제3신분은 충격을 받았다. 이는 프랑스대혁명에 결정적인 영향을 끼쳤다.

---

* 물질로 이뤄진 하나의 사물에 작용하는 힘과 운동 관계를 설명하는 물리학. 운동법칙을 만든 뉴턴의 이름을 따 '뉴턴역학'이라고도 한다.

이 시기에는 전 시대의 위대한 정신을 이어받은 사상가들이 동시대의 민중에게 큰 영향을 주기 시작한다. 몽테스키외는 파리 고등법원장을 지낸 귀족 출신이지만 인간의 존엄성에 관해 이야기하고 전제 왕정을 비판하는 《법의 정신》을 쓰기도 했다. 그는 책에서 존 로크의 이권분립에 행정을 더한 삼권분립을 주장해 근대 민주주의의 초석을 마련했다.

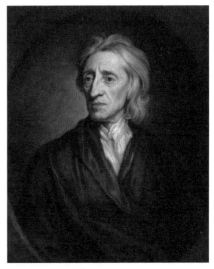

자유주의를 주장한 존 로크

볼테르도 뉴턴과 존 로크의 영향을 많이 받았는데, 군주론 옹호자였음에도 불구하고 비판과 풍자로 당대 사람들에게 큰 영향을 주었다. 당시 벌어진 칼라스 사건**을 계기로 볼테르는 사재를 털어 종교적으로 핍박받는 사람들을 변호하고 도왔다.

볼테르의 초상

** 1761년 한 개신교 청년이 자살한 후 가톨릭교도들의 모함으로 가족이 시련을 겪은 사건. 당시 볼테르가 적극적으로 변호하면서 사건이 세상에 알려졌다. 볼테르가 칼라스 가족을 변호하고 종교적 불관용을 철학적으로 고찰해 《관용론》을 쓰는 계기가 됐다.

"나는 당신의 말에 동의하지 않는다. 하지만 당신이 그런 말을 할 권리를 위해 목숨 걸고 싸우겠다"*는 말을 남긴 볼테르는 관용의 상징적인 인물로 평가받고 있다. 관용은 '나와 타인과의 차이를 인정하고 존중한다'는 프랑스 정신을 상징한다.

이어서 루소는 노동자계급 출신으로 직접 구체제와 사회 모순을 신랄하게 비판하고 아래로부터의 완전한 사회 변혁, 즉 사회주의적 혁명을 촉구했다. 그는 없는 자들과 고통받는 자들의 입장에서 새로운 사회를 염원하며 인간의 존엄에 관한 문제를 다루었다. "모든 인간은 평등하며, 인간의 존엄성을 훼손하는 사회체제에 저항해야 한다"는 그의 주장은 민중에게 계층 간 불평등을 극복하고 사회를 변화시킬 수 있다는 각성과 희망을 주어 프랑스대혁명에 직접적인 영향을 주었다.

운명의 날은 예고됐다

깨어나기 시작한 민중이 대혁명이라는 큰 불길로 일어나는 데는 몇 가지 도화선이 있었다. 때마침 일어난 미국독립전쟁에 프랑스가 참전하면서 사치로 파산 직전이던 프랑스 왕실의 국고는 바닥을 보이기 시작했다. 국민이 짊어져야 하는 세금은 점점 늘어갔다.

---

* 1770년 2월 6일, 볼테르가 극우파였던 르리슈le Riche 주교에게 "주교님, 저는 당신이 쓴 글을 혐오합니다. 하지만 저는 당신이 계속 글을 쓸 수 있도록 하는 데에 제 인생을 걸겠습니다"라고 쓴 편지를 계기로 관용의 상징적 인물로 평가받고 있다.

1776년 미국이 독립을 선언하자 이는 프랑스 민중에게 큰 영향을 주었다. "모든 인간은 평등하며, 인간의 존엄성을 훼손하는 사회체제에 저항해야 한다"는 루소의 가르침이 뼛속 깊이 파고든 것이다.

이미 제3신분은 정부가 상상할 수 없을 정도로 의식이 깨어 있었다. 여기에 개혁적인 젊은 귀족들이 합세해 국민의회를 결성하고 제1신분, 제2신분, 제3신분이 모두 모인 삼부회의를 소집했다. 이때부터 제3신분인 국민의회는 '좌파', 귀족과 성직자로 이루어진 제1신분, 제2신분의 왕당파는 '우파'라는 이름으로 불렸다. 여기에서 진보는 좌파, 보수는 우파라는 등식이 생긴 것이다. 그러나 온 국민이 염원하는 사회개혁 의지에도 불구하고 루이 16세의 왕실은 안일했다.

1789년 7일 14일, 파리 민중은 자유, 평등, 박애를 상징하는 3색 깃발을 들었고 무기 탈취를 위해 바스티유 감옥을 공격했다. 왕정에 반대한 수많은 정치범이 바스티유 감옥에 갇혀 있었기 때문이다. 공격에 성공한 이후 혁명은 일사천리로 진행됐다. 프랑스가 대혁명 기념일을 7월 14일로 정한 이유다. 곧이어 프랑스 국민의회는 귀족과 성직자의 특권이 폐지됐음을 선언하고, 8월 26일에 프랑스 인권선언을 채택했다. 왕과 왕비, 귀족은 모두 처형되거나 망명길에 올랐다. 이 혁명으로 프랑스는 근대국가로의 첫발을 내디뎠다.

프랑스대혁명은 전 세계 민주주의의 발전에 하나의 변곡점이 됐다. 중세 말 이후, 느리지만 조금씩 안착해온 영국의 의회민주주의와 달리 왕정의 불합리에 대한 혐오가 계몽사상과 융합해 민중이 자발적으로 사회개혁 의지를 표명했기 때문이다. 어떤 조직이 조종하거나 계획한 것이 아니다. 민중이 직접 자신들을 통치하던 왕과 왕비를 처형하며 혁명을 이룬 것이다. 이로써 정치적

바스티유 감옥 습격을 묘사한 그림

인 힘이 소수 귀족에서 시민으로 옮겨지는 범지구적 역사 과정의 전환점을 맞
이했다.

신은 떠났다.
과학혁명의 도달점, 산업혁명

    과학기술의 혁신은 르네상스를 거치면서 혁명에 이르렀다. 이 과학혁명기로 인간은 로마시대 말부터 지켜왔던 세계관과 완전히 결별하게 된다. 전지전능한 하느님이 우주를 창조했다고 믿으며 '왜 사는가?'라는 질문만 해오던 인간이 이제 신을 배제한 자연과 마주하게 된 것이다.

    뉴턴이나 데카르트는 관찰과 실험을 통해 자연을 지배하는 원리를 수학 공식으로 정리하기에 이르렀다. 이를 '기계론적인 우주관'이라 한다. 즉 우주는 커다란 기계와 같아서 이미 존재하는 법칙으로 동작 원리를 찾을 수 있다고 생각했다.

    그들은 생물이나 인간도 자연의 일부이므로 예외가 될 수 없다고 보았다.

이제 과학은 그리스시대 철학자들이 형이상학적으로 그 이유^{why}만을 캐묻던 과학철학에서 벗어나 관찰과 실험을 통해 '어떻게^{how}'라는 공식을 연구하는 현대과학의 길로 들어서게 됐다.

이 시대의 돌발적인 사고는 동시대 지성인을 광신도로 바꿔놓았으며, 과학은 물론 정치·경제·사회 등 전 분야가 기계론적 세계관으로 편입됐다. 이로 인해 인간은 과학과 기술로 자연을 정복하고 발전시킬 수 있다고 믿었다. 현재까지 서구 중심의 과학문명이 자연과의 합일보다는 대립에 서 있는 것과 일맥상통한다고 볼 수 있다.

하지만 기계론적 우주관에는 큰 오류가 있었다. 데카르트와 뉴턴은 이 세상이 절대적인 시공간 안에 위치해 법칙에 따라 결정되기 때문에 미래도 예측할 수 있다고 보았다. 즉 고정된 공간 안에서 시간은 과거에서부터 현재를 지나 미래를 향해 무한히 흐르고 있다고 생각했다. 따라서 역사는 발전하며 미래는 물리적 제약 없이 무한히 뻗어간다고 믿었다.

그들은 과학의 힘을 적용할수록 세상이 혼란에서 질서로 진보한다고 보았으며, 같은 척도를 무생물과 천체뿐만 아니라 동식물과 인간에게까지 적용했다. 그러나 뉴턴의 고전역학과 기계론적 우주관은 수 세기도 지나기 전에 도전에 직면했다.

철을 지배하는 자, 하늘을 찌르다

17세기 과학혁명 시대를 지나 인간은 획기적

으로 철을 제련하게 됐다. 이는 인류가 진정한 철기시대로 진입한다는 것을 의미했다. 고대 철기시대에는 청동보다 조금 강한 무쇠로 무기를 만드는 정도의 기술이 있었을 뿐이며, 당시 철은 귀금속만큼이나 귀한 금속이었다. 인류가 녹이 슬지 않는 스테인리스를 발명하고, 도시를 건설할 정도로 대량의 철을 마음대로 사용하기까지는 수천 년을 더 기다려야 했다. 19세기에 인간에게 철이 없었다면 산업혁명이 일어날 수 있었을까? 수많은 고층건물과 자동차, 기계를 대체할 물질이 있었을까?

자연 상태에 돌로 존재하는 철광석에 열을 가해 금속 상태의 철을 뽑아내는 공정을 제철이라 한다. 이때 처음 만들어진 철은 선철^{pig iron}, 즉 무쇠라 한다. 고대 히타이트인은 대장간에서 이 선철을 얻어 무기나 간단한 농기구를 만들었을 것이다. 하지만 불완전 연소된 4퍼센트의 탄소 때문에 당시의 선철은 생각보다 단단하지 않았다. 물론 청동보다는 월등했으니 역사에 철기시대라고 기록했을 것이다. 그런데 과학혁명의 시대를 지나며 인간은 신석기시대 이후 겪어본 적이 없는 도약을 하게 된다.

영국의 발명가 헨리 베서머^{Henry Bessemer}는 1850년경 용광로 바닥에 산소를 불어 넣어 선철에 함유된 탄소를 완전히 연소하는 방법을 개발했다. 이로써 인간은 철에 함유된 탄소를 대부분 제거해 단단한 강철을 만들 수 있게 됐다.

인간이 철을 지배하자 기계부터 무기, 건축에 이르기까지 일대 혁명이 일어났다. 프랑스는 1889년 파리에 만국박람회를 유치했는데, 때마침 프랑스 대혁명 100주년을 맞아 기념탑을 건설하기로 했다. 기념탑 제작의 적임자를 찾기 위해 공개 경연을 개최했고, 최종적으로 귀스타브 에펠이 시공하게 됐다. 7천300톤의 철로만 탑을 시공한다는 에펠의 계획은 당시 사람들로서는

헨리 베서머의 철강 공정을 그린 그림

상상할 수 없는 혁신이었다. 당시만 해도 탑이나 건물을 지을 때 대부분 돌이나 나무를 사용했기 때문에 철을 사용한다는 발상이 생소하고 불안했던 것이다. 어쨌든 그의 혁신적인 디자인은 실현됐다. 하지만 불안했던 일부 시민은 에펠탑이 물질을 상징하는 산업혁명의 부산물이라며 혐오감을 숨기지 않았다. 오늘날 파리의 상징이 된 에펠탑은 제철기술의 혁신 없이는 탄생할 수 없었다.

이후 인간은 하늘을 향해 더 높이 바벨탑을 쌓는 데 열광했다. 내연기관이 발달하고 유리를 다루는 기술이 합세한 결과였다. 유리를 가공해서 유리섬유와 강화플라스틱을 만들게 되면서 더 가볍고 단단한 자동차와 비행기를 만들 수 있게 된 것이다. 레오나르도 다 빈치가 하늘을 날기 위해 그토록 연구하고 실험했던 노력이 비로소 현실이 되었다.

이로써 인간이 신석기시대의 정착 생활로 일대 변화를 경험한 이후 거의 1

만 년간 지속해 온 문명사에 상상할 수 없는 변화가 일어났다. 농경 사회와는 완전한 결별을 선언하고 도시가 인간 삶의 주요 터전으로 떠올랐다. 산업혁명의 파고를 겪으며 부르주아 계층은 상류 지주계급과 함께 자본가계급이 되어 권력을 쥐었고, 수공업자나 농부들은 공장에서 일하는 노동자가 됐다. 자본가에게 자신의 시간을 판 대가로 급여를 받는 노동의 상품화시대가 된 것이다. 자본가들은 정해진 시간에 더 많은 이윤을 내기 위해 노동력을 착취했고, 노동자들은 자신의 권익을 보호하기 위해 노동조합을 결성했다.

신은 죽고
인간은 남았다

현대는 정치적 이데올로기의 시대가 됐다. 약소국의 노동력을 착취하는 자본제국주의의 불합리성이 민족주의와 맞물리면서 마르크스는 그 대안으로 사회주의 경제체제를 제시하며 세상을 소용돌이 속으로 끌어들였다. 마르크스의 대안이라는 것도 따지고 보면 자본주의와 마찬가지로 어떤 국가체제와 합쳐지느냐에 따라 코에 걸면 코걸이 귀에 걸면 귀걸이였다.

이런 소용돌이에 기름을 부은 사람은 찰스 다윈이다. 그는 진화론을 주장하며 인간이 하나님으로부터 부여받은 특별한 영적 지위를 박탈해 버렸다. 기독교 세계관에서 인간은 하나님이 당신의 모습을 본떠 흙으로 빚은 '아담'이라는 완전체이므로 우주의 주인이었다. 하지만 다윈의 진화론은 이를 조롱하는 듯했다.

찰스 다윈의 진화론은 사회정치적으로 큰 영향을 끼쳤다.

진화론은 종種의 다양한 개체 중 환경에 적응하려고 노력하는 생물체가 생존할 기회가 높다는 '적자생존'과 특수한 환경 아래에서 생존에 적합한 형질을 지닌 종이 격리된 환경에 적응하면서 변이가 생긴다는 '자연선택론'으로 요약된다. 이 세상의 다양한 생물은 천지창조와 동시에 하루아침에 창조된 것이 아니라 수억만 년 동안 적자생존과 자연선택을 통해 진화해온 결과이며 진화는 계속된다고 본 것이다. 인간도 태초에는 원숭이와 같은 종족이었는데 우수한 유전자가 선택돼 진화한 결과 현세의 인류가 됐다는 것이다.

다윈의 진화론과 함께 동물계로 내려온 인간은 이제 광활한 자연과 마주서게 되었다. 이후 인간의 정신 작용이 단지 두뇌의 전기적 화학적 작용뿐이라는 주장이 더해져, 우주에 영혼 같은 것은 없고 물질만이 존재한다는 과학적 무신론과 유물론에 이르게 되었다. 이는 격동의 시대에 생물학적 영역을 넘어 사회적으로 널리 통용됐다.

다윈의 진화론은 사회 전반에 퍼지면서 왜곡되기도 했다. 진화론은 적자생존의 법칙이 인간 사회도 지배한다는 '사회적 다위니즘Social Darwinism'으로 발전했고, 히틀러는 나치와 같이 우수한 자가 열등한 자를 정복한다는 주장을 펼치며 맹목적 광신으로 변질시켰다.

또 진화론은 '부를 획득한 자가 살아남는다'는 자본주의사회의 불평등과 식민지 정복을 합리화하는 이론을 뒷받침하기도 했다. 그러나 이는 진화론을 왜곡한 자기도취에 지나지 않았다. 부를 획득한 자가 반드시 유전적으로 우성이라는 보장은 없을뿐더러 하나의 민족에 우열이 있을 수 없기 때문이다.

과학혁명에서부터 산업혁명에 이르기까지 현대문명은 숨 가쁘게 변해 왔다. 이 과정에서 교회는 남았지만 천지창조의 세계관으로 서구문명을 떠받치던 신은 떠나버렸다. 오만함으로 바벨탑을 쌓아 올리며 현대문명을 건설한 인간은 철과 돌, 유리로 만들어진 삭막한 세계 속에서 자신의 본모습과 가식 없이 마주해야 했다. 그러면서 인간은 자신들이 무슨 짓을 저질렀는지를 알아차렸다. 신이 보여주던 세계를 부수고 마주한 현실은 '자유'라기보다 '존재의 두려움'이었던 것이다.

19세기 말 인간은 '세기말 병le mal du siècle'이라는 권태와 종교적 박탈감, 우울에 빠졌다. 신이 떠나버린 빈자리를 채울 길이 없자 불안이 엄습했다. 삶과 자유에 대한 사유를 개인이 스스로 짊어져야만 했던 것이다. 이 시대에 철학자 니체는 "신은 죽었다"라고 외쳤다. 지난 세기까지 신은 인간이 만들어낸 최고의 가치였고, 신의 죽음은 신앙의 종말과 최고 가치의 상실을 의미했다. 인간은 깊은 허무주의에 빠졌고 "삶의 최고 가치가 상실된 상태에서 개인은 어떻게 살아야 할 것인가?"라는 화두를 붙들게 됐다. 이는 실존주의의 탄생을 알리는 계기가 됐다

문화의 카오스,
아무도 답을 주지 않는다

과학혁명과 산업혁명의 소용돌이를 거쳐 20세기에 도달한 인간은 물질만이 존재하는 세계에 내동댕이쳐졌다. 구체제인 왕정이 무너지면 모두가 잘사는 평등한 시대가 오리라던 믿음은 무너지고 또 다른 불평등이 시작됐다. 계급은 교묘히 존재했고, 특권층은 성직자와 귀족 대신 대자본가들로 대체됐다. 마르크스는 자본주의의 대안으로 사회주의를 제시하며 이데올로기의 시대를 열었다.

인간 내면,
무의식으로의 무한 탐구

신의 부재와 이데올로기적 갈등 속에 세기말적인 병을 앓던 인간을 더욱 심란하게 만든 사람은 지그문트 프로이트였다. 과학은 산업과 기계를 떠나 인간의 심리라는 영역을 파헤치기 시작했다.

프로이트는 인간이 의식하는 '자아^{ego}'는 빙산의 일각에 지나지 않으며 나머지는 '초자아^{super ego}'라는 사회적 가면 아래 눌려 있다고 보았다. 이 깊은 곳의 무의식은 억압된 본능으로 '이드^{id}'라 했다. 이드 안에는 영혼 같은 고귀함 따위가 존재하지 않는다. 오직 어린 시절의 상처와 트라우마, 억압된 욕망만이 꿈틀대며 눌려 있을 뿐이다. 프로이트는 인간의 정신 영역을 성적 콤플렉스 덩어리로 만들어버렸다. 기독교적 시각에서 보면 인간의 무의식 속에 꿈틀대는 것은 선이 아니라 악에 가깝다. 이로써 선악과를 따먹은 아담은 자신의 행위에 대한 원죄에서 벗어나 정당성을 주장하게 됐다.

이어서 구스타프 융은 본능에 지나치게 치중한 프로이트적인 인간의 무의식을 좀 더 섬세하게 분석해 현대심리학의 기초를 다졌다. 융은 의식 위에 떠올라 있는 자아와 잠재의식 사이에 페르소나^{persona}라는 '또 하나의 나'를 제시했다. 페르소나는 그리스시대의 연극에서 쓰던 가면을 의미하는데, 의식하고 있는 자아와 달리 사회적 요구로 만든 가면을 쓴 자신 정도로 이해하면 된다.

흔히 인간은 에고와 페르소나를 혼동하기도 하지만, 페르소나 아래에는 잠재의식적인 과거의 다양한 기억들이 묻혀 있고, 그 밑에는 자아와 페르소나 잠재의식의 억압으로 만들어진 그림자가 있다고 보았다. 이 그림자 안에는 선

아랫줄 맨 왼쪽이 프로이트, 맨 오른쪽이 융이다.

악을 넘어 인간의 양면성인 남성적 아니무스^{animus}와 여성적 아니마^{anima}가 공존한다. 즉 무의식의 뿌리는 남녀 양성이라는 것이다.

생물학적인 성은 생각보다 단순해서 XX(여성)나 XY(남성)는 내면의 양성 중 하나의 성이 51퍼센트가 되면 그 성으로 표출된다. 자신 속에 여성성이 51퍼센트이고 남성성이 49퍼센트인 경우에도 정체성은 여성이다. 전통적 시각에서 보면 너무도 감성적이어서 공주님 같은 여성도 있고, 기계를 좋아하거나 과학적 두뇌를 지닌 여성도 있다. 온몸이 근육인 터미네이터 같은 남성도 있고, 긴 머리칼을 휘날리는 테리우스 같은 남성도 있다. 하지만 불행하게도 내면의 아니무스와 아니마가 뒤바뀌면 정체성이 아주 모호해진다. 터미네이터가 드레스를 입고 하이힐을 신고 싶을 수도 있으니 말이다.

융은 이 시대에 벌써 젠더^{gender}(사회적으로 정의된 성정체성) 문제를 고민했던 것 같다. 그는 이런 여성성과 남성성의 뿌리 밑에 집단무의식이라는 원형이 존재한다고 보았다. 민족과 문화권에서 더 나아가 하나의 종이 지닌, 어디에서 왔는지 모를 무의식 말이다. 어찌 보면 융은 프로이트의 체계보다 훨씬 더 깊은 무無의 영역까지 인간의 의식을 열어놓았다고 볼 수 있다.

상대성 이론으로도 넘지 못한 미시의 세계

이런 혼란의 20세기에 한술 더 떠서 아인슈타인은 우리가 존재한다고 '믿는' 현실 자체를 낯설게 만들었다.

뉴턴의 고전역학^{Classic mechanics}은 인간의 의식과 상관없이 텅 빈 시공간이 절대적으로 존재하며, 시간의 흐름이나 물체의 길이 등은 누구에게나 절대적으로 같다고 보았다. 그리고 중력, 관성, 가속도 등의 운동법칙을 통해 모든 운동을 수학적으로 정확히 예측할 수 있다는 절대적인 믿음으로 천체와 지상의 운동법칙을 합쳤다. 하지만 아인슈타인은 공간이 고정된 것이 아니요, 시간도 흐르는 것이 아니라 어떤 좌표에 있느냐에 따라 모든 것이 상대적이라는 이론으로 뉴턴의 체계를 완전히 뒤집어놓았다.

사실 아인슈타인 이전에 이런 생각을 한 사람이 있었다. 17세기 독일 철학자이자 수학자인 라이프니츠는 자연에 지각의 기준이 되는 절대적인 것은 없다고 했다. 모든 것은 물체 사이의 상대적인 순서나 관계 그 자체이며 공간을 차지하는 것이 없다면 시간과 공간도 없다는 것이다. 우주여행을 시도하기도 전, 점성술로 하늘의 별을 헤아리던 시대에 어떻게 이런 엄청난 생각을 했을까 놀라울 따름이다.

이어서 초음속비행기의 속도를 나타내는 단위의 어원이 된 에른스트 마하 Ernst Mach가 "시공간이란 물체가 변하는 것을 보고 인간이 생각해낸 추상적인 개념이며 절대적 시공간은 형이상학적인 개념에 불과하다"고 주장했다. 아무 것도 없는 우주 공간에 인간이 홀로 떠 있다면 자신의 움직임도 시간도 알 수 없다는 말이다. 인간은 주변의 사물로 좌표가 정해져 있기 때문에 시공간에서만 의미가 있다는 말이다.

이 모든 이론을 'E =MC²'이라는 간결하고 아름다운 공식으로 요약한 사람이 바로 아인슈타인이다. 그는 1905년 특수상대성이론을 통해 라이프니츠와 마하의 상대적 시공간을 수학적으로 밝혀냈고, 인간이 기계론적 세계관을 통해 모두 알게 됐다고 생각하던 우주관을 다시 뒤집었다. 그는 고정된 공간에 시간이 흐르는 것이 아니라, 시간과 공간을 구별하지 않는 시공간이라는 일체로 보았다. 그 공간 안에 있는 물체의 속도에 따라 흐르는 시간이 변하고 중력에 의해 공간이 휜다는 상대적 시공간을 증명했다.

우주관을 바꾼 아인슈타인

그런데 상대성이론은 거

시적 세계인 우주와는 잘 들어맞는데, 미시적인 분자의 세계에서는 모순이 있었다. 이 세계의 물질이 눈에 보이지 않는 원자의 집합체로 이루어졌다는 생각은 그리스 철학자들도 했다. 하지만 현대문명은 눈에 보이지 않는 초미시 세계를 증명하고 제어하면서 산업에 적용하기 시작했다. 가장 흔한 예가 첨단무기 산업이었다.

20세기에 발달한 양자역학Quantum mechanics은 아인슈타인의 상대성이론과 마주쳤다. 원자 내부에 존재하는 더 작은 단위의 입자 세계인 빛이나 전자는 고정된 운동이라기보다 파동성과 입자성을 동시에 지니고 있어 어디로 튈지 모르는 '확률'만이 존재한다. 아귀가 잘 들어맞지 않는 미시와 거시 세계라는 숙제를 현대과학에 남긴 것이다. 우주의 불확실성에 내던져진 인간은 문명이 얼마나 덧없으며 얼마나 미약한가에 관해 사유할 수밖에 없었으리라.

우주는 생각만큼 정교하지도 정연하지도 않다

산업혁명의 소용돌이 후 유럽은 제1차 세계대전까지 안정과 평화를 이루며 세기말적인 퇴폐가 이데올로기와 뒤섞인 묘한 자유를 누리게 된다. 다소 관념적이던 19세기와 달리 20세기에 마주한 실존의 허탈함이 여기에 더해졌다. 그중에서도 파리는 그야말로 인간 정신의 모든 것이 모여 들끓는 용광로 같았다. 농업 기반이 탄탄하다 보니 영국이나 독일 등에 비해 산업혁명의 충격이 덜했고, 왕정을 무너뜨린 대혁명과 나폴레옹, 대통령제까지 모두 겪고 난 후라 안정적으로 번영했기 때문이다. 이탈리아나 독일이 19세기에 정치·경제적으로 엄청난 변화를 겪은 것과는 대조적이다. 게다가 대혁명 이후 귀족들이 이룬 찬란한 문화가 대중에게 퍼져 도시 전체에 스며들었다.

중세 이탈리아는 법학이나 의학이 발달했다. 반면 스콜라철학의 중심지였던 파리는 신학과 인문학이 발달했다. 관념철학이 발달해온 독일과 달리 프랑스는 17세기부터 실용철학과 문학이 발달했다. 여기에 자유와 평등 그리고 관용을 외치던 대혁명의 정신은 프랑스를 '예술과 사상의 보호구역'으로 만들었다. 마르크스와 엥겔스, 레닌 등도 파리에서 혁명을 논했음은 말할 것도 없다.

이런 역사적인 배경을 바탕으로 20세기가 되자 출판이나 전시에 제약을 받던 전 세계 문학가들과 예술가들이 표현의 자유를 찾아 파리로 모여들었다.

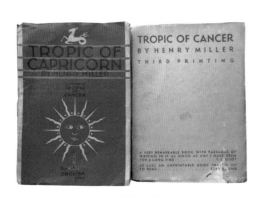

《북회귀선》의 초판본

헨리 밀러의 《북회귀선》, D. H. 로렌스의 《채털리 부인의 사랑》, 블라디미르 나보코프의 《롤리타》 등 본국에서 외설적이라는 이유로 출판이 거부됐던 작품들이 파리에서 출간됐다. 19세기 고전적인 화단에 반기를 들고 새로운 화풍을 개척한 인상파를 필두로 입체파, 실존주의, 다다이즘, 초현실주의 등 다양한 실험적 화풍이 파리를 중심으로 화려한 창조의 세계를 펼친다.

세상은 고대의 인간들이 추구하던 완벽한 수학적 아름다움이나 중용과는 완전히 멀어졌다. 이제 인류의 문명은 메소포타미아, 이집트, 인더스, 황하를 중심으로 지속된 지난 문명과는 별개로 진화 중이다. 우리가 생각했던 대로 우주가 정교하고 질서 정연하지만은 않다는 사실을 깨달았기 때문이다. 다윈과 마르크스, 프로이트, 아인슈타인이 제시한 세계관은 인류가 이룬 찬란한 고대 문명에 마침표를 찍었다. 자의식이 강해진 인간은 존재와 죽음 사이에 신이라는 장막을 거두었지만, 자유와 함께 책임이라는 커다란 짐을 스스로 짊어져야 함을 깨달았다. 질서 저편에는 진리가 무엇인지 모를 카오스가 있고, 그 앞에서 자신의 실존에 관해 아무도 답해주지 않는 '개인'으로 살아가야만 하는 것이다.

정리

- 긴 십자군전쟁을 거친 서유럽은 자신들과 다른 사상과 문화를 받아들임으로써 사회·경제·문화 전반의 패러다임을 바꿨고, 이는 휴머니즘과 르네상스, 종교개혁으로 이어졌다.

- 프랑수아 1세는 이탈리아의 문화를 앞장서 흡수했고, 프랑스 문화의 근본을 세웠다.

- 데카르트, 존 로크, 아이작 뉴턴의 영향을 받은 계몽사상은 시민들의 무지를 일깨워 중간 계층을 늘렸다. 이는 프랑스대혁명으로 연결됐다.

- 과학혁명과 산업혁명으로 19세기 말 인간은 신을 잃고 최고 가치를 상실했다. 인간은 '개인은 어떻게 살아야 할 것인가'를 묻기 시작했다.

- 현대심리학과 상대성이론으로도 모든 것을 증명하지 못하는 인간은 생각만큼 우주가 정교하고 질서 정연하지 않다는 사실을 깨달았다. 실존에 대한 답은 개인에게 숙제로 남겨졌다.

조선의 대중문화

· 안 나 미 ·

· 연관 교과목 ·

중등교과	고등교과
사회과/역사	한국사

· 키워드 ·

조선	문화	문학	문인	문장가	이정귀

허균	유몽인	어우야담	야담	풍자	이수광

지봉유설	도문대작

조선시대라고 하면 갓 쓰고 도포 입고 공자 왈 맹자 왈을 읊으며 예의와 권위를 강조하는 선비가 떠오른다. 그래서 고리타분하다는 느낌이 먼저 들 수 있다. 그런 조선시대에 대중문화라니? 조선시대에도 대중문화라는 것이 존재했을까 의문이 든다.

'대중문화'는 말 그대로 대중들이 즐기는 문화다. 조선시대의 대중은 일반 백성, 즉 농사짓고 장사하고 기술을 가진 사람들이다. 사농공상士農工商으로 구분하면, 사士에 해당하는 양반 계층을 제외하고 나머지가 모두 대중이다. 그런데 우리가 조선시대의 문학이나 미술, 음악을 배울 때는 으레 양반들이 창작하거나 즐겼던 문화를 먼저 접하게 된다.

먹고살기 바빴던 일반 백성이 양반들의 문화를 함께 즐기기는 어려웠다. 그러나 그들 나름의 문화가 있었다. 농사지으며 부르는 노래나 시집살이의 고단함을 한탄하는 노래의 가사를 보면 당시 백성들의 문화를 짐작할 수 있다. 이렇게 문화는 상류의 것과 대중의 것으로 나뉘어 있었다.

임진왜란이 일어난 16세기 말에서 17세기 초, 우리나라 선비들 몇몇은 대중문화를 선도하기 시작했다. 유몽인은 백성 사이에 떠도는 이야기를 모아 야담집 《어우야담》을 지었고, 이수광은 생활의 여러 정보를 모아 백과사전 《지봉유설》을 지었다. 전쟁이 시작되자 갑자기 양반들에 의해 대중문화가 주목을 받기 시작한 것이다. 왜 그랬을까? 임진왜란으로 인해 당시 문화선진국이던 명나라와 직접 교류가 활발해지자, 조선의 선비들이 명나라에서 유행하던 대중문화를 받아들이기 시작했다.

당시 명나라에서는 상업경제가 발달해 상인들이 큰돈을 가질 수 있었다. 그런데 상인들은 상류층의 문화를 원하지 않았다. 상인들은 축적한 자본을 바탕으로 자신들이 흔쾌히 즐길 수 있는 문화를 창조하기 원했다. 그러자 대중들이 감상할 수 있는 대중소설이 출판되고, 물류를 유통하기 위해 만들어진 도로를 이용해 여행문화가 발달하기 시작했다. 명나라에서는 유교사회에서 오랫동안 억눌려온 인간의 감정을 대중문화를 통해 발산시켜 나가기 시작했다.

명나라의 문화를 접하게 된 조선의 선비들도 이러한 대중문화에 관심을 가졌고, 명나라에서도 조선의 문학에 관심을 가지며 지금의 한류와 같은 문화 열풍이 일어나게 되었다. 동아시아 전체에 한류 열풍을 일으킨 한국의 가요와 드라마는 지금도 K-팝, K-드라마, K-푸트, K-뷰티 등 K-컬처로 대중문화에 큰 영향력을 과시하고 있다.

조선시대의 한류 열풍과 지금의 한류 열풍에는 어떤 차이가 있을까? 미국 할리우드에서는 좋은 콘텐츠를 개발하기 위해 동양의 고전에 주목하고 있다고 한다. 조선시대의 한류 열풍 원인과 전파력을 살펴본다면, 다가올 디지털 콘텐츠 시대를 예측하고 전망하는 데도 도움이 될 것이다. 뿌리 있는 한류의 이해와 함께 미래의 K-컬처를 전파할 수 있지 않을까.

유교사상이 중심이었던 조선시대에 조선의 대중문화는 정치, 사회, 경제,

문화 모든 분야에 인간 중심적이고 실용적이며 개인의 자유를 표출하는 방향으로 조금씩 스며들었다. 100년 후 조선을 새롭게 만드는 데 기여한 것처럼, 조선의 대중문화는 오늘과 내일을 더 새롭게 만드는 데도 힘이 될 수 있다.

임진왜란, 한류의 시작

해외여행에서 만난 외국인에게 한국인임을 밝히면 돌아오는 질문이 한결같다. 전쟁이 두렵지 않느냐는 것이다. 살면서 한 번도 의식해본 적 없다고 답하면 그들은 고개를 갸우뚱한다.

5천 년 역사를 되돌아보면 지정학적 위치 탓인지 크고 작은 전쟁의 상흔이 곳곳에 남아있다. 우리 역사에서 가장 큰 전쟁을 꼽으라면 단연코 임진왜란이다. 흔히 조선과 일본 간에 벌어진 전쟁으로 생각하지만, 중국까지 포함한 동아시아 삼국의 대전란이었다.

7년에 걸쳐 전쟁을 치르는 동안 조선은 명나라와 긴밀하게 협력을 해야 했기에 과거와 달리 사신들의 왕래가 빈번해졌다. 조선과 명나라 간의 외교는 유려한 문장을 자랑하는 문인들이 맡았던 터라, 외교 일선에서 전쟁 관련 협력은 물론 양국 문인들의 문화적 교류도 활발했다.

전쟁통에 피어난 문화의 꽃

조선시대 문인들은 명나라의 학풍과 문화에 관심이 깊어 명에서 출간된 새로운 서적을 대거 수입했다. 임진왜란으로 국토가 황폐해지고 백성들의 삶은 고단해졌지만 명나라의 문화를 실시간으로 받아들이며 조선의 문화가 변화를 꿈꾸기 시작했다. 그런데 뜻밖에도 명나라에서 조선 문학에 대한 관심이 높아지고 있었다.

"방금 예조 낭관 권척權僴이 와서 말하기를 '차관의 요구사항 중에 가장 긴요한 것은 우리나라의 시문이다. 그 뜻은 구탄됴坦이 교제한 남방의 문사들이 많으므로 장차 그곳에 보내려고 하기 때문에 이처럼 간절히 구하는 것이다' 하였다. 또 말하기를 '그 시문은 인본이거나 사본이거나 간에 많이 얻어 가져갔으면 한다' 하였다."

위는 《조선왕조실록》 광해군 6년(1614) 9월의 기록이다. 명나라 사신들이 가장 간절하게 요구하는 것이 바로 조선의 시문이라는 의미다. 명나라 사신이 조선 문인의 글을 요청하는 것이 그렇게 특별한 일인가 싶겠지만, 더 과거에는 은銀이나 값나가는 물건을 무리하게 요구해 사회문제가 되기도 했다. 그런데 시간이 지나 조선의 문학에 관심을 가지기 시작한 것이니 큰 변화라고 할 수 있다.

조선 문인의 글을 요구한 구탄은 명나라 공안파 문단의 핵심 멤버였다. 구탄은 자신뿐만 아니라 남쪽의 문인 친구들에게도 보여주려고 글을 요구했다. 당시 중국의 남쪽은 문화의 중심지였다. 상업이 발달한 지역으로 소비가 활발하고 출판과 문화가 번창하고 있었다.

이런 명나라의 문화가 임진왜란을 통해 조선에 수입되었고, 역으로 조선의 문화도 명나라에 수출되었다. 이때 조선 문인들을 직접 만난 명나라 사람들도 있었지만, 조선에 한 번도 와본 적 없는 사람들까지 조선 문화에 관심을 보이며 일부에서는 이미 잘 알고 있기까지 했다. 심지어 사신으로 방문한 조선 문인에게 글을 몇 편 달라고 졸라 중국에서 출판을 하기도 하고, 조선에서 나온 시집을 중국에서 다시 출판하기도 하며 조선 문화에 깊이 빠져 있었던 것이다.

조선의 인기는 요즘의 한류와 비교해도 차이가 없어 보인다. 당시 중국에서 인기 있었던 조선의 문인들은 누가 있었을까? 요즘의 K-팝 가수나 한류 배우에 버금가는 조선 문인들을 알아보자.

조선의 한류 스타, 이정귀

"일찍부터 풍문을 듣고 족하를 흠모해온 이들도 적지 않았습니다. 그래서 책상에 놓인 시편을 보여주었더니 서로 돌아가며 한번 읽어보며 아쉬운 대로 족하와의 만남을 대신할 만했습니다."

"학사 왕휘汪輝가 공의 시를 얻어 간행하였는데, 서승 섭세현葉世賢이 사명을
받들고 전남으로 갈 때에 그 판본을 가지고 '강남에 이를 널리 배포하여 향
리의 영예로 삼겠다'라고 하였다."

"공이 일찍이 양 어사의 비문을 지어준 적이 있는데, 그가 크게 기뻐하며 무
리들 속에서 과시하며 말하길 '조선의 이 상서가 지어준 글이다'라고 하였
다. 그런가 하면 공이 연경으로 갈 적에 진강의 수장 구탄이 공의 도착 소
식을 듣고는 길옆에 나와 기다리면서 채색 비단을 늘이고 장막을 설치하여
영접하기도 하였고, 또 어사 웅화는 자기 집에 공을 초청하여 연회를 베풀
면서 그지없이 공경스럽게 예우하기도 하였다."

풍문으로 흠모하며 시 한 편 받은 것을 자랑하고, 중국 문화의 중심지 강남
일대에 책을 출판해 배포하겠다고 판본을 가지고 가거나, 길에 나와 기다리며
온갖 환영 인사를 하고, 만나면 부채에 시 한 편을 받겠다며 장사진을 이루었
다. 이것은 어느 한류 스타의 중국 방문 모습이 아니다.

바로 조선 중기 4대 문장가 중 한 명인 이정귀李廷龜의 이야기다. 임진왜란
당시 외교 업무로 네 번이나 북경에 갔던 그는 문장이 뛰어나 중국에서 명성
이 자자했다. 그는 조선 문인 최초로 중국에서 문집을 출판하기도 했다.

1620년 이정귀가 네 번째로 북경에 가게 되자, 명나라 문인 왕휘가 이정귀
의 문집을 보고 싶어 했다. 조선에서는 생전에 문집을 내는 경우가 드물었기

때문에 문집이 없다고 하자, 왕휘는 아무것이라도 좋으니 글을 보고 싶다고 했다. 북경 가는 길에 지은 시 100여 편을 보여주니 왕휘는 바로 서문을 쓰고 북경에서 출판했다.

1626년에는 이정귀가 북경에 갔다가 병이 들어 귀국하지 못하고 6개월 동안 체류하게 되었는데 이 소식을 듣고 그를 만나러 먼 곳에서 숙소

한문사대가의 한 사람, 이정귀의 영정

로 찾아오기도 했다. 시를 한 편 받겠다고 며칠 동안 기다리기도 하고, 명나라 문인들이 그에게 음식을 보내주기도 했다. 시 한 편 받기 위해 줄을 서고 숙소 앞에서 기다리는 모습을 상상하면 아이돌 얼굴이라도 한번 보겠다고 먼발치에서 기다리거나 사인을 받겠다고 줄을 서서 열광하는 모습과 다를 바 없다.

이정귀는 구국의 문장가로 불렸다. 당시 노인魯認이라는 사람이 배를 타고 가다가 중국에 표류했는데, 돌아와서는 강남의 선비들이 이정귀의 글을 많이 외우고 있다고 전해주었다. 중국의 선비가 그의 글을 베껴서 간직하는가 하면 산속의 승려가 그의 시를 외우고 있을 만큼 중국에서 그의 문학적 위상은 굉장히 높았다.

안에서나 밖에서나
스타는 빛나는 법

두 번째 한류 스타는 허균許筠이다. 허균도 명나라에 세 번이나 갔을 뿐 아니라, 명나라 사람이 조선에 오면 그를 만나기 위해 찾아다니는 등 열정이 뜨거웠다. 게다가 누이 허난설헌許蘭雪軒의 시를 중국 문인들에게 소개하는 바람에 허난설헌도 중국에서 유명해졌다. 남매가 동시에 중국에서 명성을 얻게 된 경우다. 임진왜란 당시 명나라에서 파견한 장수와 군인 대부분이 중국 강남 출신으로 문학에 관심이 컸는데, 그들이 조선 문인과 접촉하면서 조선 문학을 명에 소개하는 데 중요한 역할을 했다.

특히 1597년에 조선에 파병된 명나라 오명제吳明濟는 조선의 한시를 수집해서 1599년에 《조선시선朝鮮詩選》을 출판하고 중국에 돌아가 중국인들에게 소개했다. 이 작업에 허균이 참여했다. 이로 인해서 명나라에 조선의 문학이 소개되었는데, 특히 허난설헌의 시가 문인들 사이에 널리 알려지게 되었다. 명의 문인들은 허난설헌의 시를 많이 애송했고 시집 《경번집景樊集》을 출판하기도

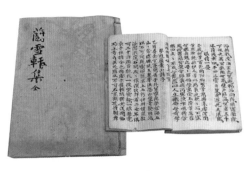

허난설헌의 《난설헌집》

했다. 당시 명에서는 여류 문인들이 왕성하게 활동하고 있었기 때문에 조선의 여류 문인에 대해서도 관심이 컸던 것이다.

조선에서 가장 유명한 명나라 문인은 주지번朱之蕃이었

다. 당시 조선에서 주지번 영접 업무를 맡은 사람이 허균이었다. 주지번이 조선에 와서 허균에게 신라 때부터 지금까지의 시 중에서 좋은 것을 뽑아달라고 요청하기도 했다. 또 조선의 시에 대한 정보와 문인들의 이력을 물으면서 조선 문단의 상황을 파악하기도 했다.

임진왜란의 병화가 휩쓸던 시기에 아이러니하게도 조선에서는 '목릉성세穆陵盛世'라고 하여 글 잘 쓰는 문인들이 대거 등장한다. 이정귀, 허균, 유몽인柳夢寅, 이수광李睟光, 신흠申欽, 이안눌李安訥, 차천로車天輅 등 일일이 열거하기 힘들 정도다. 목릉은 선조의 능호인데 선조 때 유독 문장이 크게 융성해서 생긴 말이다.

명나라의 새로운 문화가 조선에 물밀듯이 들어왔지만, 한편으로는 조선의 문학이 선진국인 명나라 문단에 바람을 일으키며 때아닌 한류 문학 열풍을 일으켰다. 조선의 문학이 중국의 문학을 추종하기만 했다면 절대 있을 수 없는 현상이었다. 당시 허균은 이런 말을 했다.

"지금 내가 시를 쓰는 목적은 이백李白과 두보杜甫가 되기 위해서가 아니라, 바로 진정한 '나'를 찾는 데 있다. 나는 내 시가 당나라 시와 비슷해지고 송나라 시와 비슷해지는 것을 염려한다. 도리어 남들이 나의 시를 '허자許子의 시'라고 말하게 하고 싶다."

조선시대 인어 이야기

유몽인의《어우야담》

몇 년 전 인기를 끌었던 드라마가 있다. 국내는 물론 해외에서도 많은 사랑을 받은 드라마〈푸른 바다의 전설〉이다. 배우 전지현이 인어를 연기했던 로맨스 판타지 드라마로, 국내 드라마에 한 번도 나온 적 없던 독특한 소재가 인기에 한몫을 더했다.

이 드라마는 조선시대에 쓰인 우리나라 최초의 야담집《어우야담於于野談》속에 나오는 인어를 모티프로 했다. 조선시대의 인어라니, 과연 어떤 모습일까?

조선의 엘리트 이야기꾼, 유몽인

김담령金聃齡이 흡곡현의 현령이 되어 해변에 있는 어부의 집에서 묵은 적이 있었다. 어부에게 무슨 고기를 잡았느냐고 물으니 다음과 같이 대답했다.

"어떤 백성이 낚시를 하다 인어 6마리를 잡았는데, 그중 둘은 창에 찔려 죽었고, 나머지 넷은 살아 있습니다."

김담령이 나가서 보니 모두 네 살짜리 아이 같았는데, 얼굴이 아름답고 고왔으며, 콧마루가 우뚝 솟아 있었고, 귓바퀴가 또렷했으며, 수염은 누렇고, 검은 머리털은 이마까지 덮었다. 흑백의 눈은 빛났고, 눈동자는 노란색이었다. 몸은 옅은 붉은색이거나 혹은 온통 흰색이기도 하였다. 등 위에 옅은 흑색 문양이 있었으며, 사람과 같이 남녀의 생식기가 달렸고, 손바닥과 발바닥의 한가운데 주름살 무늬가 있는 것, 무릎을 껴안고 앉는 것까지 모두 사람과 다름이 없었다. 사람과 마주하자 흰 눈물을 비처럼 흘렸다. 김담령이 가련하게 여겨 어부에게 놓아주자고 청하니 어부가 아까워하며 말했다.

"인어에게서 기름을 취하면 품질이 좋아 오래되어도 상하지 않습니다. 날이 갈수록 부패하여 냄새를 풍기는 고래기름과는 비교도 할 수 없지요."

김담령이 인어를 빼앗아 바다로 돌려보내니, 마치 거북이가 유영하는 것처럼 헤엄쳐갔다. 김담령이 이를 무척 기이하게 여기니, 어부가 말했다.

"큰 인어는 사람 크기만 한데, 이들은 작은 새끼일 뿐이지요."

인어의 모습을 구체적으로 표현한 것을 보니 마치 실제 인어를 만난 것 같은 느낌이 들 정도다. 이 이야기는 《어우야담》 권5의 〈물편〉에 실려 있다. 우리나라에서 인어에 대한 이야기가 이 책에 처음 나온 것처럼 느껴져 생소하지만, 《해동역사海東繹史》에도 인어 이야기가 등장하고, 바닷가 지역에 전해오는 전설에도 인어가 등장한다.

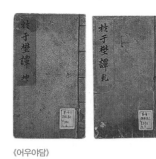
《어우야담》

《어우야담》은 유몽인(1559~1623)이 지은 야담집이다. 유몽인의 호 '어우於于'에서 이름을 땄고, 언제 지었는지는 정확하게 알 수 없다. 유몽인은 당시 민간에 떠도는 이야기를 수집하여 조선의 야담집을 만들었다. 야사부터 민간에 떠도는 이야기에 이르기까지 다양한 내용을 담고 있는데 꿈과 귀신, 성性에 관한 이야기도 다루고 있다.

조선시대 문인들의 글에는 귀신이나 신비로운 이야기가 별로 없다. 그런 허탄하고 기괴한 일은 기록하지 않는 것이 사대부 문인들의 글쓰기 전통이다. 사실이 아닌 것으로 혹세무민하는 것을 경계하기 때문이다. 그래서 한국 한문학에는 소설과 같은 서사 장르가 발달하지 않았다.

그렇다면 유몽인은 어떤 사람이기에 이런 이야기를 모아서 글을 썼을까? 유몽인은 1598년 증광문과增廣文科에 응시해 삼장三場에 모두 장원을 하였다. 노수신과 유성룡 등이 '동국 백년 다시 볼 수 없는 뛰어난 문장'이라고 극찬을 할 정도였다. 삼 장원을 했다는 것은 지금으로 치면 사법고시 · 외무고시 · 행정고시 같은 중요 국가고시를 동시에 수석으로 합격한 것과 같다. 그는 학문과 문장에 뛰어났으며 임진왜란 당시 외교 업무에서도 탁월한 실력을 보여 선조의 총애를 받았다. 명나라 황제로부터 '기기奇氣'를 가지고 있다고 인정받을 만큼 조선과 중국에서 모두 문장으로 칭송할 정도였다.

경기도 가평에 있는 유몽인의 묘

이렇게 잘나가는 유몽인이 굳이 민간의 이야기에 집중하게 된 데에는 여러 가지 이유가 있었을 것이다. 먼저 그는 나이 30대에 전란의 현장 속에서 지냈으며 조선 팔도를 두루 다니며 백성들의 실정을 파악했다. 또한 뛰어난 외교 능력으로 명나라에 세 번이나 사신으로 갔는데, 그로 인해 명의 선진 문물과 문화에 관심을 갖게 되었다. 수레나 벽돌을 조선에 들여오자는 주장을 하는가 하면, 당시 명나라의 출판 산업이 활성화되어 독서 인구가 증가해 대중 소설이 많이 출판되는 것을 보면서 대중문화에 관심을 가지기도 했다.

당시 명나라에서는 사회적 영향력이 큰 문인들이 민간에 구전되는 우스갯이야기(笑話, 소화)를 수집하여 책을 내는 것이 유행했다. 명나라의 소설은 바로 조선에서 출판되기도 했다. 명에서 들어온 소화집 《절영삼소絶纓三笑》 등을 통해 조선에서도 통속문학에 대한 관심이 일어났다. 그렇지만 소화집은 음담패설이 많고, 《금병매金瓶梅》나 《수호지水滸志》 같은 명나라 유명 소설에는 허망하고 터무니없는 말이 많아서 조선 문인들의 반응이 좋지는 않았다.

그러나 당대 최고의 문장가로 꼽히는 유몽인은 이런 것에 구애받지 않았다. 그는 전통적인 글쓰기를 거부하고 《어우야담》을 집필했다. 임진왜란이라는 대전란을 겪고 난 후 정치적 혼란과 당쟁, 그리고 백성들이 겪어야 하는 고통을 보면서 현실을 풍자하고 싶었을 것이다. 《어우야담》에 실린 이야기에는 유몽인이 살던 시대의 내용이 많이 등장한다. 전쟁과 관련된 일화나 사건이 많이 소개되고, 명나라 사신과 군인의 이야기도 적지 않다. 그중 명나라 사신의 이야기 한 편을 보자.

중국 사신이 우리나라에 오다가 평양 길가에서 키가 크고 수염이 허리까지 내려온 사내를 보았다. 말을 나누어보고 싶었으나 통하지 않았다. 그래서 손을 들어 손가락을 둥글게 만들어 보이자 사내도 손을 들어 손가락을 네모지게 만들어 보였다. 사신이 또 손가락 세 개를 구부려 보이자 사내는 손가락 다섯 개를 구부렸다. 사신이 옷을 들어 보이자 사내는 자신의 입을 가리켰다. 사신은 감탄하며 서울에 도착해 이렇게 말했다.

"내가 중국에 있을 때 귀국이 예의의 나라라고 들었는데, 참으로 빈말이 아니었소. 내가 평양에서 길가에 있는 남자를 보고 의사를 나누었소. 내가 손가락을 둥글게 만들어 하늘이 둥글다는 것을 말하니 남자는 손가락을 네모지게 만들어 땅이 네모지다고 응대했소.

또 내가 세 손가락을 구부려 삼강三綱을 뜻하니 남자는 다섯 손가락을 구부려 오상五常을 대답했소. 내가 옷을 들어 옛날에는 옷을 드리우고 있어도 천하가 잘 다스려짐을 말하니, 남자는 입을 가리키며 말세에는 구설口舌로 천하를 다스린다고 말했소. 길가의 평민조차도 이러니 학식 있는 사대부야 더 말할 게 있겠소?"

조정에서 그 남자를 서울로 올라오게 하고 재물을 후하게 내리고 물으니 남자는 이렇게 대답했다. "중국 사신이 동그란 절편을 드시고 싶다기에 저는 네모난 인절미가 먹고 싶다고 했고, 사신이 하루 세 끼를 드시겠다고 해서 저는 하루 다섯 끼를 먹고 싶다고 했지요. 사신이 옷 입는 일이 근심이라기에 저는 먹는 것이 근심이라고 했을 뿐입니다."

단순한 행동으로 심오한 사상을 표현하려 했던 중국 사신에게 떡 좋아하는 조선 남자의 단순명쾌한 대답이 뭔가 통쾌하게 느껴진다. 유몽인은 이 이야기 뒤에 중국 사신이 겉모습만 보고 실수한 것이 아니라 우리나라가 예의의 나라라는 명성에 겁을 먹은 것이라고 논평했다.

백성들의 이야기로 마음을 얻다

자신의 문장에 대단한 자부심을 가지고 있었던 유몽인은 《어우야담》을 쓰면서 민간에 떠도는 비루한 사실을 기록하고 문장이 저속하다며 당대에 비난을 받기도 했다. 하지만 그는 그런 비난을 두려워하지 않고 기존의 글쓰기 방식에서 벗어나 새로운 문학의 영역을 개척했다. 민간의 살아 숨 쉬는 이야기를 통해 힘들어하는 백성들을 위로하고 싶어 했다.

유몽인은 인조반정 때 역적으로 몰려 1623년 아들과 함께 처형당했으나 1794년 정조가 유몽인의 문장과 절개를 높이 평가해 마침내 신원(伸寃)이 되었다. 당색에 휘둘리지 않고 중립을 지켰고, 광해군 때에는 인목대비 폐비론이

일자 사직을 하고 은둔했으며 인조 정권의 러브콜도 거절했지만 죽음을 면할
수는 없었다.

조선 중기 대중문학의 물꼬를 튼 우리나라 최초의 야담집 《어우야담》. 현
실을 살아가는 사람들의 이야기가 지닌 진실성은 쉽게 퇴색하지 않는다. 상상
력 뛰어난 작가의 화려한 이야기보다 바닷가에서 삶을 일구며 살아온 사람들
이 만난 아름다운 인어 이야기가 더 마음을 울릴지도 모른다. 어쩌면 조선시
대 어부의 손에서 풀려나 바다로 떠났던 인어를 지금 다시 만나볼 수 있을지
도 모른다.

조선의 백과사전

이수광의 《지봉유설》

한문 번역을 하다 보면 해석하기 어려운 문장을 종종 만난다. 문장을 정확하게 해석하기 위해서는 당연히 사전을 찾아야 한다. 전문가들이 보는 열두 권짜리 사전에서 단어를 찾으면 그 뜻이 수십 가지로 설명되어 있고, 용례가 또 몇 페이지에 걸쳐 나온다. 그 많은 내용 중에서 내가 필요한 것을 찾아내야 한다.

만약 사전이 없다면 어떻게 해야 할까? 앞이 깜깜해질 것이다. 하지만 요즘은 사전뿐만 아니라 인터넷 세상에서 수많은 정보를 찾을 수 있다. 기본적인 정보를 다룬 종류별 사전에서부터 뉴스, 직접 체험한 사람들의 블로그, 전문 학술정보에 이르기까지 다양한 정보가 줄줄이 나온다. 수많은 정보를 차곡차

곡 모아놓고 그것을 쉽게 찾아볼 수 있도록 해주는 시스템이 없다면, 사람들은 머릿속에 방대한 정보를 모두 저장해놓아야 한다. 물론 저장한 것이 오래 유지된다고 장담할 수도 없다.

재래식 지식의 축적과 확산

조선시대에는 어떤 정보 시스템이 있었을까? 어느 날 물고기 한 마리를 얻었는데 먹을 수 있는 건지, 이름은 무엇인지 알고 싶다면 어떻게 해야 할까?

쏘가리는 지금의 금린어錦鱗魚이다. 《본초本草》에 보면, '배 속에 있는 조그만 벌레를 없애면 그 맛이 더욱 좋다'고 했다. 《양생기요養生紀要》에 말하기를, '이것은 허한 것을 돕고 위胃를 힘 있게 해준다. 등 위에는 등마루 뼈가 열두 개 있는데, 뼈에는 독이 있어 사람을 죽인다. 모름지기 이것을 모두 없애야 한다'고 했다.

세상에 전하기를, 이것은 천자가 좋아하는 것이어서 천자어天子魚라고 부르기도 한다고 했다. 상고하건대 '鱖'의 음은 '궤'이다. 세상에서 이것을 입성入聲으로 읽어 '궐'이라고 하는 것은 잘못이다.

민물에서 나는 물고기 쏘가리에 대한 설명이다. 쏘가리를 금린어, 천자어라고도 부르는 것을 알 수 있고 독을 없애고 먹는 방법, 한자 이름 읽는 법까지 설명해놓았다. 쏘가리에 대한 정보를 두루 싣고 있어 매우 유용하다. 이 글을 쓴 사람은 다방면의 전문가여야만 할 것 같다. 그렇지만 잘 살펴보면 《본초》와 《양생기요》의 정보를 인용하고, 세간에 전하는 말도 덧붙인 것이다. 사실은 정보를 수집하고 정리하는 능력이 탁월한 사람이라는 것을 알 수 있다.

이 내용은 이수광李睟光이 지은 《지봉유설芝峯類說》의 〈금충부禽蟲部〉에 나온다. 금충부는 새와 네 발 달린 짐승, 물고기와 조개, 곤충과 벌레를 다룬다. 많은 대상을 다루지는 않지만 다양한 책을 인용하여 정보를 축적해놓았다. 어떤 것은 그에 얽힌 전설 같은 것도 다루어 흥미롭다. 동물도감, 식물도감, 지리도감을 한데 묶어놓은 것 같다.

《지봉유설》은 우리나라 최초의 백과사전이다. 백과사전이라고 정확하게 이야기하기에는 조금 어긋나는 부분도 있지만, 백과사전식 서술 형태를 유지하고 있으니 초기 수준의 백과사전이라고 보면 되겠다. 《지봉유설》에서 '지봉芝峯'은 책의 저자 이수광의 호이고 '유설類說'은 종류별로 설명해놓는다는 뜻이므로 '지봉 이수광이 지은 백과사전식 책'이라고 해석할 수 있다.

이수광은 1614년에 이 책을 썼고, 그가 세상을 떠난 후에 아들 이성구李聖求와 이민구李敏求가 1634년에 책으로 출판하였다. 《지봉유설》에는 25개 부문을 전체 3,435조목으로 다루고 있다. 참고서적으로 인용한 것과 보고 들은 것

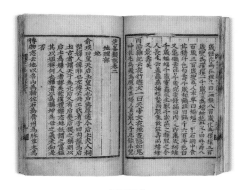

〈지봉유설〉

은 반드시 그 출처를 밝히고, 자신의 의견도 붙여놓았다.

잊히지 않게
기록하라

이 책을 지은 목적을 이수광은 "우리나라에 박한 선비가 많지만 전기傳記가 별로 없고 문헌에 찾을 만한 것이 적어 애석하고, 세상에 전하여야 할 사적事蹟들이 거의 다 사라져버려 한두 가지씩을 대강 기록하여 잊지 않도록 대비하려는 것"이라고 말했다. 대신 신비하고 괴이한 일은 일체 기록하지 않았다고 했다.

책은 왜 인류 문명 발달의 중요한 요소일까? 책은 지식의 축적을 가능케 하기 때문이다. 이수광도 중요한 지식 정보를 기록해두지 않아 시간이 흐르면 잊히는 것을 염려했다. 당시 중국은 박학과 잡학에 대한 관심이 크게 일어났고 출판도 발달했다. 다양한 지식 정보를 책으로 출판하여 지식이 축적되고 확산되는 현상이 나타났다. 이수광은 명나라 외교 전문가로 세 번이나 북경에 다녀오면서 출판문화의 확산과 지식 축적을 유심히 관찰했을 것이다.

그는 1611년에 140일 동안이나 북경에서 장기 체류하면서 서양에서 들어온 과학기술 서적 등을 보고, 북경에 와 있던 유구국의 사신과 섬라국 사신도 만나며 명나라와 외교 관계를 맺고 있는 세계 여러 나라에 대해서도 인식했다. 당시 서양에 대해 가장 많은 정보를 축적한 조선 문인이 이수광이었을 것으로 추정된다.

《지봉유설》은 당시 명나라의 서적과 조선의 다양한 자료를 참고하여 각 분야의 정보를 폭넓게 소개했다. 특히 동남아시아와 서양에 대한 정보를 빠르게 입수했다. 1603년에는 북경에 있던 서양 선교사 마테오 리치가 만든 세계지도 〈곤여만국전도^{坤輿萬國全圖}〉가 조선에 들어왔는데, 이수광은 이에 대한 정보도 다루고 있다.

이수광

이 세계지도는 세상의 중심이 중국이 아니라는 것을 알려주고, 중국 중심에서 벗어나 보다 넓은 세계를 인식할 수 있게 해주었다. 중국 중심의 세계관에서 벗어나게 되면서 조선의 주체성을 더 확고히 할 수 있었다. 세계의 중심이 중국이 아니라는 지도를 처음 본 기분은 어땠을까. 마치 우주 공간에서 바라본 지구가 창백한 푸른 점에 불과하다는 것을 깨달은 기분과 비슷하지 않을까.

이수광은 누구보다 앞서 세계를 인식하고 있었다. 명나라의 문물과 제도에 대한 관심은 조선의 경제와 군사 발전, 민생 안정으로 이어졌다. 그의 세계 인식은 《지봉유설》에서 서양의 문물과 문화를 소개하는 것으로 결실을 맺는다.

영결리국^{永結利國}은 육지에서 서쪽 끝으로 멀리 떨어진 바다에 있다. 낮이 굉장히 길어서 겨우 2경^更이 지나면 곧 날이 밝는다. 그 풍속은 오직 보릿가루를 먹으며, 가죽으로 된 갑옷을 입고, 배로 집을 삼는다. 배는 사중^{四重}으로 만들어서 쇳조각으로 안팎을 둘러쌌으며, 배 위에 수십 개의 돛대를 세우고 선미^{船尾}에 바람 내는 기계를 설치했다.

(…) 일본에서 표류하여 우리나라의 홍양^{興陽} 경계에 도착하였다. 그 배가 지극히 높고 커서 충루의 큰 집과 같았다. 우리나라 군사가 쳐서 깨뜨리지 못하고 물러가게 하였는데, 뒤에 일본 사신에게 물어서 그것이 영결리의 사람인 것을 알았다.

여기에서 나오는 영결리국은 지금의 영국이다. 책은 영국의 위치와 풍속과 특징을 설명했는데, 특히 선박의 규모와 기능을 구체적으로 기록했다. 또 이수광이 직접 본 영국의 선박과 사람에 대해서도 설명했다. 이수광은 유럽 여러 나라의 정보를 다루면서 중국 중심의 사고에서 벗어나려는 모습을 보였다. 또 조선의 학술과 문화가 중국과 견줄 만하다는 자부심을 드러내기도 했다. 명나라에서 유행하는 유서^{類書}의 영향을 받았지만 이를 비판적이고 주체적으로 받아들였다.

이수광은 빠르고 다양하게 정보를 수집하고 그것을 정확하고 신중하게 정리하는 태도를 보였다. 《지봉유설》의 소식을 듣고 달려가 본 김현성이 서문에 남긴 글은 마치 지금 스마트폰을 들고 검색하는 우리의 모습을 그린 것 같다.

"이것을 읽는 사람으로 하여금 총명을 개발하고 지혜를 더욱 진보하게 하니, 귀머거리에게 세 개의 귀가 생기고, 장님이 네 개의 눈을 얻는 것과 같아 탄복하지 않을 수 없다."

조선 최고의 식객

허균의 《도문대작》

"나의 외가는 강릉이다. 그곳에는 방풍이 많이 나는데, 2월이면 그곳 사람들이 해가 뜨기 전에 이슬을 맞으며 처음 돋아난 싹을 딴다. 곱게 찧은 쌀로 죽을 끓이는데, 반쯤 익었을 때 방풍 싹을 넣는다. 다 끓으면 차가운 사기그릇에 담아 뜨뜻할 때 먹는데 달콤한 향기가 입에 가득하여 3일 동안은 가시지 않는다. 세간에서 먹을 수 있는 상품上品의 진미이다. 나는 뒤에 요산遼山에 있을 때 시험 삼아 한번 끓여 먹어보았더니 강릉에서 먹던 맛과 비교하면 어림도 없었다."

강릉 지역에서 나는 방풍의 새싹으로 죽을 끓인 것이니 이 음식이 무엇인지 힌트가 나온 셈이다. 이 음식의 이름은 방풍죽防風粥이다. 이름조차 생소한 방풍죽은 흔히 먹는 죽은 아닌 것 같다. 죽 전문점이 많은 요즘에도 생소한 이름이다. 이 죽은 조선시대 허균이 좋아했던 음식이다. 그가 지은 우리나라 최초의 음식 품평서인《도문대작》에 나오는 첫 번째 음식이기도 하다.

푸줏간 앞에서
입맛을 다시다

《도문대작》에는 방풍죽을 시작으로 과일, 해산물, 서울에서 먹는 사시사철의 계절 음식과 밀병蜜餅에 이르기까지 다양한 음식이 실려 있다. 일반 요리서나 음식 소개서가 아니라 허균이 조선 팔도를 두루 다니며 직접 먹어보고 어느 고장의 음식이 제일 맛있는지 특산지 중심으로 소개하고 품평한 것이 특징이다. 읽다 보면 절로 군침이 돈다.

요즘이야 누구나 음식에 관심이 많으니 이런 음식 품평서가 새로울 것도 없어 보이지만, 조선시대에 음식을 품평한다는 건 흔치 않은 일이었다. 허균이 최초의 음식 품평서를 쓴 것만 보아도 알 수 있다.

그렇다면 허균은 어떤 상황에서 이 책을 썼을까? 허균은 과거 시험에서 조카사위를 부정 합격시켰다는 이유로 1611년 43세의 나이에 전라도 함열(지금의 익산)로 유배를 가게 되었다. 바로 그 낯선 바닷가에서 자신의 처지를 돌아보며《도문대작》을 썼다. 그는 유배 기간 동안 쌀겨조차 제대로 먹지 못하고 상한 생선이나 감자 같은 것을 먹었는데, 그것마저도 제때 먹지 못해 굶주린 배로 밤을 지새운 적이 많았다고 고백했다.

그러다 보니 지난날 산해진미를 질리도록, 먹기 싫을 때까지 먹던 때를 생각하며 다시 한 번 맛보고 싶은 마음이 간절하다고 기록했다. 그래서 책 이름을 '푸줏간 앞에서 입맛을 다시다'라는 의미의 '도문대작屠門大嚼'이라고 지은 것이다.

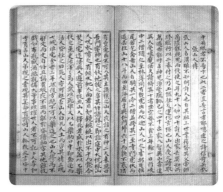

우리나라 최초의 음식 품평서 《도문대작》

먹어봤던 맛있는 음식을 머릿속으로 떠올리기만 한 것이 아니라 본격적으로 글로 쓰기 시작한 허균은 《도문대작》을 지은 이유를 세 가지로 밝힌다. 첫째, 허균의 집안은 명문가이다. 전국에서 맛있는 음식을 예물로 바치는 사람들이 많아서 어릴 때부터 온갖 진귀한 음식을 고루 먹을 수 있었다. 둘째, 잘사는 집에 장가들어서 산해진미를 다 맛볼 수 있었다. 셋째, 임진왜란 때 북쪽으로 피난 갔다가 강릉으로 돌아오면서 기이한 해산물을 골고루 맛보았고, 벼슬길에 나서면서 남북으로 다니며 전국의 별미를 모두 먹어볼 수 있었다.

권세 있는 아버지 덕분에, 부잣집 사위가 되어서, 임진왜란으로 피난을 가다가, 벼슬길로 전국을 다니다가 조선 팔도의 맛있는 음식을 다 먹어본 허균. 과연 음식 품평서를 쓰지 않을 수 없을 안목을 갖추었을 것이다. 그 대단한 정보를 혼자만 간직하는 것도 아까운 일이긴 하다.

"청어는 네 종류가 있다. 북도에서 나는 것은 크고 배가 희고, 경상도에서 잡히는 것은 등이 검고 배가 붉다. 호남에서 잡히는 것은 조금 작고, 해주에서는 2월에 잡히는데 매우 맛이 좋다. 옛날에는 매우 흔했으나 고려 말에는 쌀 한 되에 40마리밖에 주지 않았으므로, 목로(牧老, 이색李穡을 가리킴)가 시를 지어 그를 한탄하였으니 즉, 난리가 나고 나라가 황폐해져서 모든 물건이 부족하기 때문에 청어도 귀해진 것을 탄식한 것이다. 명종 이전만 해도 쌀 한 말에 50마리였는데 지금은 전혀 잡히지 않으니 괴이하다.”

허균은 조선 팔도에서 청어의 맛을 보고는 함경도, 경상도, 호남, 황해도 해주 넷으로 나누어 특징을 설명했다. 청어 설명만 보아도 북쪽부터 남쪽까지, 동에서 서에 이르기까지 두루 다니면서 먹어보았다는 것을 짐작할 수 있다. 그는 가장 맛있는 청어로 해주에서 잡히는 것을 꼽았다. 2월에 잡힌다는 해주의 청어는 어떤 맛일지 맛보고 싶은 생각이 든다. 그런데 허균이 살았던 시대에도 청어가 잘 잡히지 않았나 보다. 최근 국내 연안에서 청어가 한동안 잘 잡히지 않아 꽁치로 과메기를 만들게 되었다고 하는데, 청어의 품귀 현상은 하루 이틀 일이 아니었던 듯싶다.

조선의 맛을 알리다

《도문대작》은 다양한 종류의 산해진미를 다루고 있는데, 그중에는 중국에서 전래된 음식이나 중국 요리법, 중국인과 입맛을 비교하는 대목도 있다. 임진왜란 때 중국인들이 조선에 자주 왔고 허균이 개인적으로 그들과 깊이 사귀었기 때문에 입맛도 설명할 수 있었을 것으로 추정된다. 그중에는 임진왜란 당시 명나라 군대에서 전해진 음식에 대한 기록도 있다.

허균은 황화채黃花菜라는 나물을 소개하면서, 의주 사람이 중국인에게 배운 음식으로 매우 맛있다고 설명했다. 황화채는 원추리꽃으로 만드는 요리인데, 원추리잎만 먹을 뿐 꽃은 먹지 않던 조선에는 없는 음식이었다. 1593년 명나라 군대의 막부에서 학

원추리꽃은 '황화채'라고도 불린다.

문을 토론하기 위해 참석했던 이정귀가 명나라 문인 왕군영에게 식사 초대를 받고 처음 맛본 음식이다. 이정귀는 왕군영에게서 황화채의 요리법과 효능을 배워《임진피병록壬辰避兵錄》에 기록했는데, 이는 황화채에 대한 국내 최초의 기록이다.

당시 많은 명군이 조선에 주둔하고 있었던 터라 자연스레 그는 명나라의 유행에도 관심이 깊었다. 명나라는 상업 경제가 발전하면서 소비 풍조가 성행했다. 특히 미식에 대한 욕망을 자극해 음식 문화도 발달하고 음식 관련 서적이 대거 출판되었다.

문인들이 음식 관련 책을 쓰는 것도 유행했다. 당시 중국에 관심을 가지고 자주 접촉했던 문인들은 이런 현상을 인지하고 있었을 것이다. 허균 역시 조선에도 중국 못지않게 다양하고 맛있는 음식이 많다는 사실을 알리고 싶어 했다.

허균이《도문대작》을 쓴 이유는 자신의 미식에 대한 관심과 명나라의 음식 문화에 대한 이해를 해설하는 데만 있는 게 아니었다. 저술 의도에 '식욕과 성

욕은 인간의 본성이다'라고 분명히 전제하는 것만 봐도 알 수 있다. 성리학 사상을 바탕으로 하는 조선 사회에서 인간은 식욕과 성욕을 자제하고 예를 따라야 했다. 그래서 음식의 맛을 추구하는 것은 그릇된 행동이었다. 공자도 '단사표음簞食瓢飲', 곧 도시락밥과 표주박 한 그릇의 물이면 충분하다고 생각했고, 그런 공자님의 말씀을 따르던 때가 조선시대였다.

맛을 통해 긍정하고 탐구하다

인간의 욕망 중에 가장 큰 것이 음식에 대한 욕망 아닐까? 사회적인 분위기가 음식을 탐하지 못하게 할지라도 인간은 맛있는 음식을 순순히 포기하지 않을 것이다. 미식에 대한 관심을 드러내놓고 표현하지는 못하더라도 개인적으로는 즐겼을 것이다.

허균은 절제와 금욕을 강요하는 조선시대에 살았다. 봉건 도덕과 허위의 억압으로부터 벗어나 인간의 본성을 긍정하고 개성의 표출을 주장했던 그는 시대의 속박에서 벗어나려는 욕구를 여러 방법으로 표현했다. 그중에서도 특히 식욕의 긍정을 통해 억압과 규율에 저항하려고 했던 것은 아닐까.

1569년(선조 2년)에 태어나 임진왜란과 당파의 소용돌이 속에서 살다가 1618년(광해군 10년)에 역모로 무고를 당하고 재판도 받지 못한 채 억울한 죽임을 당한 허균. 그는《도문대작》을 통해 미식 그 자체에 탐닉하기보다 음식을 통해 인간의 본성을 긍정하고 개성을 존중하며 개인의 자유를 발현하려 했다.

2018년은 허균이 세상을 떠난 지 400년이 되는 해였다. 허균에게 맛이란 무엇이었을까? 무덤 속 허균을 깨워 물어볼 수는 없지만, 400년 전 맛에 대한 의미는 어떤 것이었을지 좋아하는 음식 한 그릇을 놓고 생각해볼 수 있지 않을까.

선비, 꽃을 즐기다

조선의 선비가 북경에 사신으로 갔다. 북경에는 이 선비와 친하게 지내는 명나라 관리 웅화熊化가 기다리고 있었다. 두 사람은 오랜 시간 국경을 넘어 우정을 쌓아온 사이였다. 웅화는 조선의 선비를 자신의 집에 초대하여 식사를 대접하고는 차를 마시면서 황제에게 받은 귀한 물건을 보여주었다.

"이것이 바로 황제께서 옆에 두고 직접 감상하시던 매화입니다. 귀한 것이니 잘 보십시오."

선비는 매화를 살펴보았다. 흰색에 붉은 기운이 비치는 보기 드문 홍매였다. 게다가 홑겹이라 매화의 기품이 더욱 고상했다.

"이렇게 기품 있는 매화는 처음 봅니다. 조선에서는 볼 수 없는 매화로군요.

이렇게 귀한 매화를 제가 조선에 가지고 가서 두고두고 보고 싶습니다."

선비의 말에 웅화는 매화의 사연에 대해 설명했다.

"이 매화는 제가 황제의 명령으로 시를 지어 바치고 상으로 하사받은 귀한 것입니다. 황제께서 옆에 두고 직접 감상하던 것이라 더욱 귀한 것이지요. 또한 홍매는 중국에서도 단엽單葉이 무척 드뭅니다."

웅화의 설명을 들은 선비는 잠시 고민하다가 다음과 같이 제안했다.

"그렇게 귀한 매화를 제가 함부로 달라고 하는 것은 도리가 아니군요. 하지만 제가 조선에 돌아가서도 이 매화를 보지 못하면 오래 그리워하다가 병이 날 것 같습니다. 지금 우리 둘이 바둑 내기를 해서 이기면 제가 매화를 가지고 가기로 하고, 지면 포기하겠습니다. 어떻습니까?" 웅화는 선비의 제안을 받아들여 바둑 내기를 했다. 결과는 선비의 승리였다. 웅화는 황제에게 하사받은 매화를 선비에게 주면서 두 사람의 우정을 영원히 기리기로 하였다.

이 이야기의 주인공은 조선의 월사月沙 이정귀와 명나라의 웅화다. 두 사람은 외교 관계로 인연을 맺은 후 오랜 기간 우정을 이어갔다. 1616년에 이정귀가 광해군의 어머니인 공빈 김씨를 왕후로 추존하는 공성왕후의 면복을 주청하러 북경에 갔다가 웅화와 만나 매화를 얻어왔다.

흰 매화는 홑겹이 흔했으나 붉은 매화는 홑겹이 매우 귀하다고 한다. 이정귀가 얻어온 홍매는 꽃잎이 붉은 색이라기보다는 흰색에 붉은 기운이 은은하게 돌아 더욱 귀한 매화였다. 이 매화는 중국에서도 귀한 품종이며 당시 중국의 신종神宗 황제가 직접 감상하던 매화라서 가치가 매우 높았다.

꽃과 함께 오다

이정귀가 매화를 조선으로 가지고 와서 심자 소문을 들은 조선의 선비들이 이 꽃을 서로 얻으려 할 정도였다. 이정귀의 호인 월사를 붙여 '월사매月沙梅'라는 이름이 붙었다. 북경 황실의 정원인 곤명원에서 자라 악록선인ᑈ錄仙人이라는 이름으로도 불렸다고 한다.

중종 때 간행된 지리서《신증동국여지승람新增東國輿地勝覽》은 다음과 같이 소개했다. "이정귀의 집은 연화방에 있다. 사당 앞에 단엽홍매單葉紅梅가 있는데, 곧 중국인이 공에게 선사한 것이다. 우리나라에서 홍매화가 단엽인 것은 이 한 그루뿐이다."

현재 월사매는 이정귀의 사당과 창덕궁 안에서 자라고 있다. 이처럼 명나라로 사신을 다녀온 조선 선비들이 꽃을 얻어오는 일이 적지 않았다.《어우야담》을 지은 유몽인도 명나라에서 난초를 선물 받았는데 먼 길을 가는 도중 분명히 죽이게 될 것이니 가져갈 수 없다며 사양했지만, 명나라 사람은 몇 번이나 가져가라고 권했다.

단엽홍매

또 1602년에 고부천高傅川이 명나라에 갔다가 희종熹宗 황제에게서 홍매화를 하사받아 키웠다는 기록이 전한다. 고부천이 들여온 매화는 현재 전남대학교 교정에서 자라고 있다. 당시 외교 업무로 명나라를 방문한 조선 선비에게 으레 꽃을 선물하는 것이 유행이었던 것으로 보인다.

　지금처럼 비행기를 타고 다니는 길도 아니고 최소 한 달 이상 걸리는 여정에 꽃을 가지고 와서 키우는 것은 쉬운 일이 아니다. 더구나 중국과 조선의 토양이 달라 중국의 꽃을 조선에서 잘 키우는 것도 힘들다. 그래서 유몽인은 난초를 극구 거절하며 가져가지 않겠다고 하지 않았을까.

때는 바야흐로 가을이 이미 저물어	是時秋已暮
서리 맞은 국화가 많이도 피었어라	霜藥紛芳華
짙은 황색에다 보드라운 백색으로	濃黃與嫩白
곱디고운 꽃잎들이 서로 기우뚱	粲粲相欹斜
우리나라에선 보지 못한 것이요	吾邦未曾見
중국에서 또한 많지 않은 품종이지	中土亦無多
그중 하나는 이름이 은작약이고	一名銀芍藥
그중 하나는 이름이 첩설라인데	一名疊雪羅
빛깔이 모두 눈보다도 더 하얗고	色皆白勝雪
환하기는 마치 흰 비단을 자른 듯	皎如剪霜紗
그중 하나는 이름이 금기린인데	一曰錦麒麟
황금빛 꽃잎이 또렷또렷 분명하고	的的黃金葩
그중 하나는 이름이 장원홍인데	一曰壯元紅
밝게 빛나 자색 안개 피어나는 듯	焯灼蒸紫霞
게다가 또 미인홍이란 게 있는데	又有美人紅
마치 술 취한 미인의 얼굴과 같지	悗若嬌顔酡

금뉴와 은대라는 품종도	金鈕與銀臺
그 자품이 모두 보통 것과 다르니	姿品皆殊科
아무리 보아도 전혀 싫증이 안 나	相看殊不厭
해가 기울 때까지 마주하고 있었네	對之至日斜

이 시는 이정귀가 1604년에 북경으로 사신을 갔다가 돌아오는 길에 사하^沙河를 지나다가 유국동^{劉國棟}이라는 중국인의 집에서 본 국화에 관한 감상을 쓴 것이다. 조선에서는 보지 못한 것이요, 중국에서도 귀한 품종이라 놀라면서 이름과 특징을 줄줄이 설명하고 있다.

이 시에서 나열하고 있는 국화의 이름은 은작약, 첩설라, 금기린, 장원홍, 미인홍, 금뉴, 은대이다. 이름이 무척 생소하다. 조선 문인들 중에서는 이 이름을 언급한 사람이 없는데, 김정희의 시 〈추일만흥^{秋日晩興}〉에서 장원홍이 한 번 등장할 뿐이다.

아는 만큼 보인다, 오래 보아야 사랑스럽다

이정귀는 어떻게 지나는 길에 본 국화의 품종을 바로 알 수 있었을까? 아마도 국화에 대한 사전 정보가 충분했기 때문에 꽃을 보면서 바로 품종을 구분하고 특징을 파악했을 것이다. 또 유몽인이 가는 길에 죽일 게 분명하니 난초를 가져갈 수 없다고 거부하는 것에 비해 이정귀는 분명히 꽃을 피울 수 있다는 자신감을 보이고 있다. 국화의 품종을 한눈에 알아보는 감식안을 갖춘 것은 물론이요, 국화의 재배 방법까지도 잘 알고 있었기 때문에 가능했을 것이다.

옥산 이우가 그린 국화도

당시 명나라에서는 꽃을 키우는 취미가 유행했고, 식물도감에 해당하는 책이 많이 출판되었다. 국화의 도감이라고 할 수 있는 《국보國譜》도 조선에 널리 소개되었다. 하지만 이 시기의 조선에서는 한중 교류의 일선에 있었던 몇몇 문인들이 관심을 가지고 있었을 뿐이다.

성리학 사상을 바탕으로 하는 조선시대 양반들에게 꽃이란 인격 수양과 덕성 함양의 수단일 뿐이었다. 그래서 선비의 정신을 상징하는 매화, 난초, 국화, 연꽃 등이 주로 사랑받았다. 꽃이 가지는 상징성에만 중점을 두고, 꽃 자체의 아름다움을 즐기지 못하게 한 것이다. 그러나 조선 후기에 들어 꽃을 키우는 것이 유행하면서 꽃 자체의 아름다움을 즐기는 문화가 생기기 시작했고 취미로 즐길 수 있는 계기가 마련되었다. 꽃을 꽃 자체로 대할 수 있는 문화가 이때 시작된 셈이다. 덕분에 우리는 꽃에 씌워진 성리학의 단단하고 무거운 껍데기를 벗고 봄·여름·가을·겨울을 보내면서 꽃마다 지닌 개성과 아름다움을 마음껏 즐길 수 있게 되었다.

- 임진왜란으로 조선과 명나라의 교류가 활발했고, 명나라는 이정귀와 허균 등의 문장가를 칭송하며 최초의 한류 문화를 만들었다.

- 조선의 뛰어난 문장가였던 유몽인은 전통적인 글쓰기 대신 《어우야담》을 집필해 살아있는 백성들의 이야기를 담고, 현실을 풍자했다.

- 이수광의 《지봉유설》은 우리나라 최초의 백과사전으로, 이수광은 서양의 문물과 문화 정보를 누구보다 많이 축적했던 문인으로 평가받는다.

- 허균은 우리나라 최초의 음식 품평서 《도문대작》을 통해 당시 억압받던 식욕을 긍정하고, 나아가 인간의 개성과 자유를 발현하려 했다.

- 성리학의 영향으로 이전까지 꽃의 상징성에만 의미를 두던 선비들이 조선 후기 들어 꽃 자체의 아름다움을 즐기기 시작했다.

스크린으로 부활한 천재들

· 최 은 ·

· 키워드 ·

영화   화가   화풍   예술

예술가의 삶   평가   관점   피카소   고흐

르누아르   클림트   까미유 끌로델   로댕

우리는 피카소에 대해 얼마나 알고 있을까? 빈센트 반 고흐는? 볼이 통통한 소녀들을 잘 그렸던 르누아르나 황금빛 '키스'의 클림트는 어떨까? 까미유 끌로델을 로댕의 연인으로만 알고 있지는 않았나?

미술 시간에 보고 들었을 이 예술가들에게 일찍이 주목했던 영화들이 있었다. 제임스 아이보리의 〈피카소〉(1996)와 빈센트 미넬리의 〈열정의 랩소디〉(1956), 질레 보르도의 〈르누아르〉(2012), 라울 루이즈의 〈클림트〉(2006), 그리고 브루노 뉘땅이 만든 〈까미유 끌로델〉(1988). 이 다섯 편의 영화는 예술가들을 어떤 모습으로 그렸을까?

천재 예술가들을 책이나 전시가 아니라 영화로, 그것도 학습용 다큐멘터리가 아니라 대중적인 극영화로 만나는 것은 특별한 경험이다. 예외적인 것들을 즐겨 다루는 영화의 속성을 따라 이런 작품들은 우리가 알고 있던 예술가들의 일상을 더 특별하고 남다른 순간과 함께 매혹적으로 소개한다. 대중이 쉽게 이해하고 공감할 수 있도록 만들기 위해 '이야기'가 기본이 된다.

우리는 영화를 보면서 예술가들이 가족과 이웃, 시대와 불화하면서까지 갈망했던 것이 무엇인지 깊이 생각해볼 수 있다. 예술의 무게에 압도되거나 거장에 대한 칭송으로 일관된 서술로 포장하지 않고, 오늘날의 젠더 감수성 또는 윤리적이고 사회적인 감수성으로 인물의 삶을 다시 조망할 수 있는 기회를 얻는 것도 이러한 영화수업의 큰 소득이 된다.

그렇게 우리는 영화를 통해 예술사의 거장이나 넘사벽 천재가 아닌, 약점 많은 인간 피카소를 만난다. 스스로 생을 포기한 무기력한 예술가 고흐가 아니라 삶에 대한 애정과 열정으로 가득한 고흐를 만난다. 참혹한 전쟁 중에도 아름다움에 집착했던 화가 오귀스트 르누아르와 영화감독이 된 아들 장 르누아르의 이야기도 있다. 클림트는 예술과 장식, 아름다움과 추함의 경계를 오가며 새로운 세기의 새로운 예술을 열었던 기인이었다. 까미유 끌로델은 로댕 못지않은 천재적인 조각가이면서 동시에 한 여성으로서 사랑받고 싶었던, 하지만 어느 것도 제대로 성취할 수 없었던 사람이었다. 시대의 한계 속에서 무너져간 여성이었다. 이 모든 사실들이 어떻게 예술가들의 작품 속에 각인처럼 새겨져 오늘까지 남아 있는 것일까?

거리에서, 팬시상품을 파는 상점에서, 온라인에서, 또 오프라인 전시회에서 오늘날 우리는 거장들의 작품을 만날 기회를 훨씬 많이 갖고 있다. 이 강의에서 소개되는 영화들을 공들여 찾아 감상하고, 이후 이들의 작품을 어디선가 마주치게 되면 이전과 다른 태도를 느낄 수 있을 것이다. "고흐가 이 해바라기 그림을 이렇게 예쁘게 그려놓고 고갱을 기다렸지." "이 그림에서는 바람이 느껴지네. 틀림없이 고흐가 야외에서 그렸겠는걸!" "아, 클림트의 아버지가 금세공업자라고 했지?" 우리는 작품 속에서 그들의 얼굴과 삶의 흔적들을 전보다 친밀하게 떠올리며 작품과 대화할 수 있을 것이다.

'작업'의 신 피카소

| **피카소 Surviving Picasso** | 1996년, 미국, 123min |
감독 : 제임스 아이보리
출연 : 안소니 홉킨스(피카소), 나타샤 맥켈혼(프랑수아즈), 줄리안 무어(도라), 다이안 베노라(재클린), 피터 에어(사바르테스)

19세기 후반에 태어나 20세기를 풍미했던 화가 파블로 루이스 피카소^{Pablo}
^{Ruiz Picasso}는 스페인 말라가 태생으로, 열 살 때부터 미술 교사인 아버지에게
데생을 배웠다. 피카소는 "나는 결코 어린아이다운 데생을 하지 않았다. 나는
열두 살에 이미 라파엘로처럼 그림을 그렸다"고 말한 바 있는데, 그가 열네 살

무렵 그린 〈첫 번째 영성체(1895)〉나 〈어머니의 초상 (1896)〉 같은 작품을 보면 과장이나 허풍이 아님을 알 수 있다. 피카소는 1900년 파리에 입성해 1904년 에 몽마르트에 정착한 이래 파리에서 주로 활동했다. 수천 점의 회화와 조각, 4천 점이 넘는 스케치와 3만 여 점의 판화 외에도 수천 개의 도자기까지 평생 4만5천 여 점의 작품을 남겼다.

피카소를 가장 유명하게 만든 것은 조르주 브라크^{Georges Braque}와 함께 창시 한 큐비즘(입체파)이었다. 여러 방향에서 바라본 대상의 단면을 평면에 재구성 한 입체적인 표현 방식은 형태를 파괴한 현대회화의 독특한 양식으로 인정받

았다. 이에 대해 피카소는 "나의 그림은 건설 적인 것이지, 해체적인 것이 아니다"라고 주 장했다. 1956년에 제작된 앙리 조르주 클루조 감독의 영화 〈피카소의 미스테리〉에는 피카소 가 직접 출연해서 자신의 예술이 왜 파괴적이 면서 동시에 건설적인지, 흥미로운 방식으로 보여준다. 한편 안소니 홉킨스가 주연한 〈피 카소(1996)〉는 여성의 눈으로 가까이서 본, 인 간 피카소에 주목한 전기 영화다.

안소니 홉킨스 주연의 영화 〈피카소〉의 포스터

공산주의자 휴머니스트, 피카소

"전후에 사람들이 유럽을 찾는 이유는 세 가지였다.

교황, 폼페이, 그리고 피카소."

영화에서 피카소의 비서 사바르테스(피터 에어)가 하는 말이다. 세상에서 가장 유명한 천재 화가의 삶을 다룬 영화 〈피카소〉는 1943년 독일의 파리 점령기에서부터 이야기를 시작한다. 1943년이면 1881년생인 피카소가 막 노년에 접어들던 때이자, 스페인 내전 당시 나치의 학살을 비판한 작품 〈게르니카(1937)〉 이후 휴머니스트이자 정치적으로 소신 있는 예술가로서 최고의 명성을 누리던 시기였다.

하지만 영화는 입체파의 대가나 사회주의자 정치 화가로서의 피카소 예찬과는 거리가 멀다. 피카소의 오랜 연인이었던 프랑수아즈 질로를 화자로 내세우면서 그 점을 분명히 한다. 영화 초반 프랑수아즈(나타샤 맥켈혼)는 피카소(안소니 홉킨스)를 가리켜 "하는 일 없이 레지스탕스 영웅이 된 인물"이라고 말한다. 정치적인 영웅도 세계적인 거장도 아니라면, 프랑수아즈에게 피카소는 무엇이었을까?

피카소의 '갑질'과 여성 혐오

"여자를 만들려면 먼저 목을 비틀어야 해."
도자기 만드는 법을 가르치면서 피카소가 했던 말이다. 만약 그가 21세기에 태어났다면 천재 화가, 큐비즘 창시자로서의 명성을 온전히 누릴 수 있었을까. 오늘날의 윤리적 잣대를 들이대면 그의 행위는 일탈과 기행의 연속이었다. 그중 압권은 여성을 대하는 방식이었다. 두 번째 부인이었던 재클린 로크에게 한 말처럼 영화 〈피카소〉에는 닭 모가지 비틀듯 여성을 제압했던 그의 가학성과 괴팍함이 드러난 에피소드가 가득하다. 그런데도 그의 곁에는 수많은 여성이 있었으며 그중 상당수가 그를 떠나지 않고 받들며 살았다는 점은 그야말로 '피카소 미스터리'다. 공식적으로 인정된 관계만 헤아려 봐도 그의 연인은 7~8명에 이른다.

"당신의 얼굴을 알아. 당신이 태어나기도 전에 당신을 그렸지. 피카소 그림을 닮았다는 말을 들어보지 않았나?" 피카소의 유명한 '작업 멘트'다. 그의 말대로 피카소의 '당신'들은 저마다 피카소의 그림들을 닮았다. 다만 전후관계가 바뀌었을 뿐이다. 피카소는 새로운 여인들을 만날 때마다 화풍을 바꾼 것으로 유명하다. 그 덕에 오늘날 우리는 우울했던 청색시대를 지나 로즈시대, 도자기에 공을 들인 그의 말년까지 피카소의 여인들을 따라가며 그의 궤적을 어렵지 않게 이해할 수 있다.

피카소의 첫사랑이었다는 페르낭드 올리비에는 그가 우울한 청색시대를 벗어나 장밋빛시대를 일구어내는 데 영감을 준 여성으로 알려져 있다. 페르낭드는 1904년 전후 몽마르트의 예술가 집단 아틀리에였던 '세탁선Bateau-Lavoir' 시절, 거의 무명이었던 피카소와 함께했다. 1912년 무렵 큐비즘 시대의 피카소 곁에는 페르낭드의 친구였던 에바 구엘이 있었다. 결핵을 앓다가 사망한 이 여인은 창백하고 아름다웠다.

피카소의 아들 파올로를 낳았던 첫 번째 '마담 피카소'는 올가 코크로바라는 러시아 귀족 태생의 발레리나였다. 이 시기 피카소는 잠시 신고전주의로 회귀하여 귀족적 품위를 지닌 초상화로 올가를 그려냈다. 올가와의 관계는 몇 년 지나지 않아 파국을 맞았으나 가톨릭 사회의 규범과 '유일한 마담 피카소'를 주장한 올가의 고집으로 올가 사후에야 완전히 끝이 났다.

피카소가 순수하게 가장 사랑했던 여인으로 알려져 있는 마리–테레즈는 피카소를 만날 당시 17세의 소녀였다. 자신이 얼마나 대단한 사람인지 증명하기 위해 피카소가 직접 마리–테레즈에게 잡지 기사를 찾아 보여준 일화로도 유명하다. 마리–테레즈를 만나던 1920년대 당시 피카소는 마티즈와 활발히 교류하면서 야수파의 색감을 작품에 도입하기도 했고, 초현실주의적인 화풍을 실험하기도 했다.

피카소가 그린 마리–테레즈의 초상(1937)

마리–테레즈와 피카소 사이에는 딸 마야가 있었으며, 마리–테레즈는 피카소에게 매일 한 통 이상의 편지를 쓰고 피카소의 머리털을 날짜별로 보관했다고 전해진다. 그녀는 피카소의 손톱과 머리카락을 손질할 수 있었던 유일한 여성이었다. 피카소는 주술을 믿었는데 자신의 신체 일부가 다른 사람 손에 들어가 저주의 도구로 사용될까 늘 두려워했기 때문이다.

촉망받는 사진작가였던 도라 마르는 1937년 무렵 피카소가 〈게르니카〉를 작업할 때 사진 기록을 남기기 위해 그의 곁에 있었다. 여러 번의 수정과 개작을 거치는 동안 피카소는 그 과정을 촬영할 수 있는 특권을 오로지 도라 마르에게만 허락했다.

　1943년부터 1953년까지 두 아이를 낳으며 화가이자 조수, 살림 담당과 정부 역할을 겸했던 프랑수아즈는 명망 있는 집안의 딸이었다. 부친은 그녀가 법률가가 되길 바랐기에 피카소와 함께 그림을 그리겠다는 딸을 내쫓아버렸다. 하지만 그림을 그리며 주체적으로 자신의 길을 찾아가는 듯했던 프랑수아즈도 결국 피카소에게 종속되어 젊은 날의 용기와 총명함을 잃어갔다. 그러다 피카소의 그림이 달라지는 것을 보고 그에게 다른 연인이 생겼다는 것을 알아차리게 된다. 당시 피카소는 도자기 공방에서 만난 재클린과 사랑에 빠졌고, 올가가 사망하자 1961년 재클린을 두 번째 아내로 삼는다.

피카소의 여성들은
모두 자신이 유일하다 믿었다

　　　　　　　　영화 〈피카소〉는 프랑수아즈가 피카소와 함께한 10여 년간을 집중적으로 다루었다. 공식적인 연인으로 프랑수아즈가 버티고 있을 때도 그의 주변에는 여전히 올가와 마리-테레즈, 도라 마르가 맴돌고 있었고 재클린이 끼어들었다. 어떻게 그런 일이 가능했을까? 피카소에게 여성들은 과연 어떤 존재였을까?

　적어도 감독이 관찰한 바에 따르면, 피카소의 여인들은 진심으로 그를 사랑하고 존경하고 아꼈다. 그들은 피카소의 여성 편력을 모르지 않았으나, 자신이 피카소에게 '유일한' 존재라고 믿는 지점들을 최소한 하나씩은 갖고 있었다. 예컨대 올가는 죽을 때까지 '마담 피카소'는 자신뿐이라는 점을 내세웠고, 재클린은 자신만이 피카소를 주인님으로 극진히 모실 수 있었다고 생각했을 것이다. 독립적인 여성 프랑수아즈가 보기엔 어처구니없었겠지만, 실제로 재클린은 피카소를 '나리'라고 불렀다. 마리 – 테레즈는 자신만이 피카소의 머리카락을 소유할 수 있는 여인이고, 아무도 자신의 자리를 빼앗을 수 없다고 믿었다. 사실 그녀의 존재는 피카소 자신에게도 가장 큰 의미였을지 모르겠다. 그에게 마리 – 테레즈는 저명하고 부유한 화가 이전의 인간 피카소를 먼저 알고 마음을 받아준 유일한 여성이자 사심 없이 다가온 소녀였을 것이다. 하지만 평생 그 많은 여성들 틈에서도 피카소는 항상 두렵고 비루하고 외로웠을 거라고, 거장의 민낯을 들춰낸 끝에 영화는 넌지시 말한다.

Surviving Picasso : 왜 프랑수아즈 질로였을까?

그렇다면 자존심 강하고 지적인 여성 프랑수아즈는 어땠을까? 자신은 피카소의 여인들과 다르다고 처음부터 당당하게 주도권을 주장하던 여성이 프랑수아즈였다. 영화는 왜 이 시기 다섯 여인 중 프랑수아즈 질로를 서술자로 삼았을까?

피카소의 여인들이 맞아야만 했던 불행한 최후에 그 힌트가 있다. 신경쇠약과 우울증에 시달리던 올가는 끝까지 이혼을 거부하다가 1961년 외롭게 사망했고, 도라 마르는 정신분열과 신경쇠약을 앓으면서 피카소의 주선으로 정신분석학자 라캉에게 상담을 받았다. 마리 – 테레즈는 피카소 사후 4년, 그를 만난 지 50년이 되던 날 스스로 목을 맸고, 재클린은 피카소 사후 1986년에

프랑수아즈 질로

권총으로 자살했다.

결핵으로 일찍 세상을 떠난 에바 구엘을 고려해도, 프랑수아즈 질로는 '위대한 피카소'의 곁을 '미치거나 죽기' 전에 스스로 떠난 유일한 여성이었다. 그녀는 피카소에게 매일 편지를 쓰지도 않았고 그를 나리라고 부르지도 않았으며 마담 피카소가 되겠다고 매달리지도 않았다. 조용히 그를 떠나되 자신의 아들과 딸을 피카소에게 보냄으로써 그들에게 '피카소'라는 역사적인 이름과 상속권을 남길 만큼 현실적인 감각도 탁월했다. '다시 돌아오라'는 피카소의 요청도 단호히 거절했다.

영화 〈피카소〉의 원제는 'Surviving Picasso'이다. 프랑수아즈 질로는 피카소를 견디며 물리적으로 살아남았다. 뿐만 아니라 그는 모든 것을 기록으로 남겼다. 프랑수아즈 질로는 1970년에 소아마비 백신을 개발한 미국 출신 의학연구자 조나스 솔크와 결혼하고 페미니스트 화가이자 작가로서 이름을 알린다. 1964년 피카소가 아직 살아 있을 때, 그와의 지난날을 기록한 책《피카소와의 삶Life with Picasso》을 출간하기도 했다. 피카소의 기행과 만행을 폭로하되 자신의 선택을 후회하지 않고 누구를 원망하지도 분노하지도 않는 담담한 서술이 인상적이다. 거절할 수 있고 떠날 수 있는 용기가 있으며, 스스로의 능력을 발휘할 수 있는 여성으로서의 자존감과 자긍심이 만들어낸 강직한 우아함이었다.

> "피카소가 내게 준 모든 것에 경의를 표하는 바이다. 우리 아이들과 함께했던 세월, 그가 나에게 한 모든 것에 감사한다. 무엇보다 그는 나를 강하게 만들어주었다. 피카소와의 10년을 견뎌낼 수 있을 만큼 강하게."
>
> – 프랑수아즈 질로

함께 보면 좋은 영화

| 피카소의 비밀 The Mystery of Picasso | 1956, 앙리 조르주 클루조 |
프랑스 스릴러 영화의 대가 앙리 조르주 클루조가 "천재 화가의 머릿속"을 들여다볼 수 있도록 하겠다는 야심으로 만든 일종의 기록영화. 75세 무렵의 피카소가 직접 작업하는 모습을 지켜보면서 그의 그림들이 어떤 과정과 생각으로 창작된 것들인지 자연스럽게 이해할 수 있다. 영화 평론가 앙드레 바쟁은 이 영화가 '미술영화'의 2차 혁명을 이루었다고 표현했고, 1956년 칸 국제영화제에서 특별상을 수상했다.

| 피카소 : 명작 스캔들 La Banda Picasso | 2012, 페르난도 콜로모 |
1911년 루브르 박물관에서 벌어진 다 빈치의 〈모나리자〉 도난 사건에 피카소의 친구였던 시인 기

욤 아폴리네르가 용의자로 지목되고 피카소도 참고인으로 조사를 받게 된다. 첫사랑 여인 페르낭드와 사귀면서 〈아비뇽의 처녀들〉을 공개하던 시기 전후의 젊은 피카소를 만날 수 있는 작품.

| **미드나잇 인 파리 Midnight in Paris** | **2011, 우디 앨런** |

1920년대 파리로 시간 여행을 하는 주인공 덕에, 당시 파리에 거주하며 현대미술의 거장으로 명성을 얻은 중년의 피카소와 그의 후원자이면서 피카소가 초상을 그리기도 했던 문인 거트 루드 스타인을 만날 수 있다. 주인공은 피카소의 그림 속 여인과 사랑에 빠지기도 한다.

2교시

고흐가 남쪽으로 간 까닭은?

| **열정의 랩소디** Lust for Life | 1956**년, 미국,** 122min |

감독 : 빈센트 미넬리

출연 : 커크 더글러스(빈센트 반 고흐), 안소니 퀸(폴 고갱), 제임스 도널드(테오 반 고흐), 파멜라 브라운(크리스틴), 에버렛 슬론(가셰 박사), 나이얼 맥기니스(우체부 룰랭)

〈해바라기〉 〈별이 빛나는 밤〉 〈귀를 감싼 자화상〉 〈아를의 밤의 카페〉 〈노란 집〉…. 반 고흐Vincent Willem van Gogh(1853~1890)를 상징하는 작품들의 이름이다. 하지만 나에게 반 고흐는 뒤집어져 버둥거리는 '게'의 이미지로 남아있다. 바닥에 뒤집어져 버둥거리는 모양이 어딘지 안쓰러우면서도 묘하게 생명력이 느껴지는, 그런 모습 말이다.

피카소와 고흐는 죽을 때 자신의 작품을 가장 많이 소장하고 있던 대표적인 화가다. 하지만 둘은 분명 달랐다. 피카소는 당대 최고의 명성을 누린 작가로서 작품의 가치를 스스로 높일 줄 알았던 반면, 고흐는 정반대였다. 팔지 못한 채 가지고만 있었던 것이다. 빵이나 술과 맞바꾼 소품이나 소소한 빚을 갚느라 내놓은 작품들을 빼고 나면 그의 생전에 정식으로 판매된 유화 작품은 〈아를의 붉은 포도밭(1888)〉 단 한 점이었다. 고흐는 시대와 불화하여 살아생전에 인정받지 못했고, 평생 가난했으며, 여러 여성을 만났지만 마지막엔 혼

고흐의 작품 〈아를의 붉은 포도밭〉

자였다. 게다가 정신적으로 불안정했으며, 단명했다. 죽은 뒤에야 전설이 되었다. 그는 '천재'라는 통념에 가장 부합하는 비운의 예술가이다.

빈센트 반 고흐는 1853년 네덜란드에서 목사의 아들로 태어났다. 삼촌 셋은 미술품을 거래하는 화상이었고, 빈센트와 동생 테오도 화랑 '구필'에서 사회생활을 시작했다. 테오는 그 세계에서 살아남았으나 고흐는 그렇지 못했다. 16세에 헤이그에서 시작한 고흐의 화랑 일은 런던과 파리 파견을 거쳐 20대 초반에 해고로 끝이 났고, 이후 그의 경력은 실패와 좌절의 연속이었다. 영국에서는 교사로, 고향에서는 책 판매원으로 일하기도 했으며 이후 벨기에의 탄광에서 전도사로 일했으나 모두 성공과는 거리가 멀었다. 밀레의 그림에 감명을 받아 마침내 화가가 되겠다고 결심하고 본격적으로 그림을 그리기 시작한 것은 그의 나이 27세인 1880년이었다.

영화 〈열정의 랩소디〉 : 반 고흐의 세 가지 열정

커크 더글라스 주연의 1956년 영화 〈열정의 랩소디〉의 원제는 'Lust for Life' 즉, 삶의 열정이다. 어빙 스톤의 동명 전기가 원작인 이 작품은 화가가 되기 직전부터 고흐의 삶을 연대순으로 따라가되, 고흐의 실패를 출발점으로 삼는다. 제임스 아이보리의 〈피카소〉가 최고의 명성을 누리고 있는 피카소로부터 이야기를 시작했던 것과는 대조적이다. 영화가 담아낸 고흐의 열정은 세 가지 모습을 띠고 있다.

① 종교와 신앙

고흐의 작품 〈예배드리는 회중(1882)〉에는 졸고 있거나, 피곤에 찌든 채 턱을 괴고 망상에 빠져있거나, 우울한 얼굴로 고개를 떨군 청중들의 모습이 담겨있다. 설교나 예배가 고단한 민중의 삶에 아무 도움이 되지 않는 것처럼 느껴진다. 영화 〈열정의 랩소디〉의 초반에 고흐는 신학교의 목회자 선발 과정에 탈락하고 벨기에의 탄광에 파견되어 전도사의 삶을 시작한다. 그리고 강단에 서서 광산촌의 주민들을 향해 욕망을 버리라는 내용으로 설교한다. 그러나 고흐는 곧 자신이 전하는 메시지와 신도들의 삶의 괴리가 얼마나 큰지 실감하게 되고, 매일 새벽 그들과 함께 지하 수천 미터의 탄광으로 내려가 작업에 동참한다. 하지만 가진 옷과 먹을 것을 나누며 그들 속으로 깊이 들어가려는 고흐의 모습은 감찰을 나온 종교 지도자들의 눈에 품위 없고 경박할 뿐이었다. 결

영화 〈열정의 랩소디〉 속 한 장면

국 고흐는 부모님이 살던 곳으로 돌아온다.

그는 결국 또 다시 적응에 실패했지만, 영화는 이 시기가 고흐에게 신앙과 그림, 스스로의 인생에 대한 깊이 있는 통찰과 평생의 교훈을 남긴 것으로 묘사한다. 부모님 곁으로 돌아온 고흐는 농민들을 그린 밀레의 그림에서 어떤 성화보다 고상하고 경건한 삶의 모습을 발견하고 화가가 되기로 결심한다. 그리하여 네덜란드 뉘넌에서 그는 〈베 짜는 직조공(1884)〉과 〈감자를 먹는 사람들(1885)〉 같은 초기 걸작들을 그린다. 투박하고 지저분하지만 진실한 내면과 노동의 신성함을 담은 노동자들의 손과 얼굴에서 애정하는 대상 속으로 깊이 들어가야 한다고 믿었던 탄광 전도사 고흐의 우직한 신앙이 읽힌다.

② 사랑

고흐는 사랑에도 서툴렀던 사람이었다. 눈치 없고 세련되지 못한 그의 사랑 표현은 번번이 실연의 아픔과 주변 사람들의 질책을 낳았다. 영화는 남편과 사별한 지 1년도 채 되지 않은 사촌 케이에게 고백했다가 매몰차게 거절당하는 고흐의 모습을 비중 있게 다루고 있다.

이후로 고흐는 세탁부이면서 매춘을 했던 시엔(크리스틴)을 만나 동거하는데, 그마저도 극심한 생활고로 오래가지 못한다. 윤리적으로나 종교적으로 지지받지 못할 관계를 시작하면서 그가 던진 질문은 상당히 묵직하다. "성직자들은 우리 관계를 죄라고 하겠지. 하지만 사랑하는 것이 죄일까? 사랑 없이 살 수 없는 것이 죄일까?" 시엔과의 만남은 〈슬픔(1882)〉이라는 간결하고도 강렬한 작품에 남아있다.

③ 예술

깊은 슬픔이나 노동자의 고단함에 배인 신성함 같은 심오한 주제를 다뤘던 시기의 그림은 회갈색 톤을 주조로 했다. 그러나 1886년 인상파와의 만남은 그의 그림에 화려한 색채와 빛, 그리고 후기 인상파라는 이름을 가져다주었다. 점묘화법과 덧칠의 가치를 발견한 것도 바로 이 시기 파리에서 만난 인상파 친구들 덕분이었다. 1886년 5월 15일 인상파 화가들의 마지막 전시회에 참석한 고흐는 피사로, 쇠라, 폴 시냐크, 폴 고갱, 드가와 모네 등을 알게 된다. 무엇보다 한없이 호탕하고 자유로워 보였던 고갱과의 만남은 막 꿈꾸기 시작한 화가들의 공동체가 실현 가능하다는 믿음을 주었다.

고흐는 프로방스의 아를에 작업실을 꾸미고 고갱을 초청한다. 결과적으로 약 9주 동안 고갱과의 공동생활과 극단적인 불화 끝에 막을 내렸지만 이 시기 고갱과 고흐는 앞다퉈 평생의 걸작들을 내놓으며 서로에게 중요한 존재로 남게 되었다.

평생 그린 수백 점의 그림은 인정받지 못했고 가난하고 예민한 예술가의 괴팍함을 피부처럼 안고 살았지만, 고흐가 아를에서 그린 초상화들은 그가 평소에 이웃과 친구들을 어떤 시선으로 바라보았는지 잘 보여준다. 예컨대 〈아를의 여인 – 지누 부인(1888)〉은 시골 선술

작품 〈아를의 여인〉

집 여주인도 애정을 지닌 화가의 눈에는 책을 앞에 두고 사색 중인 지적인 여성일 수 있음을 알려온다. 고갱이 〈아를의 밤의 카페(1888)〉에 그린 지누 부인과 비교하면 이 점은 더욱 두드러져 보인다.

〈우체부 조셉 롤랭의 초상(1888)〉은 또 어떤가. 턱수염이 더부룩한 중년 남성의 초상에 배경으로 그린 화사한 꽃을 보고 있자면, 일본 회화와 판화를 향한 화가의 매혹을 감안하더라도 넘치는 애정 없이는 불가능한 채색이었다고 생각하게 된다.

익히 잘 알려져 있는 대로, 아를에서의 고갱과 고흐의 공동생활은 물론 고흐 평생의 작품 활동은 동생 테오 반 고흐의 지지와 금전적 후원이 있어서 가능한 일이었다. 수백 통의 편지를 주고받았던 테오와 고흐의 관계는 영화에서 테오에게 쓴 편지를 대신한 고흐의 내레이션과 고흐의 임종을 지키는 테오의 모습을 통해 의미 있게 관찰된다. 테오는 고흐가 죽은 지 6개월 후 그 뒤를 따라 형의 곁에 묻혔다.

실패의 여정이 예술이 되다

"나는 항상 어디론가 떠나는, 여행자 같았다."

고흐가 테오에게 쓴 편지 중 한 문장이다. 한편 고흐의 전기를 번역한 시인 최승자는 이렇게 기록한다. "사랑하지 않는 사람, 진실로 사랑하지 않는 사람은 상처받지 않고 고통받지 않는다. 아마도 사랑과 고통이라는 기름 없이 고흐의 삶은 위대한 한순간의 불꽃으로 타오르지 못했으리라. 반 고흐, 그는 천재가 아니라 오히려 둔재였으며, 그의 생애는 우뚝 솟은 고상한 정신의 최고 극점이 아니라 가장 낮고 더러운 땅에 입맞춤하며 흐르는 물로서 우리에게 남을 것이다."

그에겐 신앙이나 사랑이나 예술 모두 실패의 여정이었다. 하지만 바로 그렇기 때문에, 그가 때로는 떠밀려서 때로는 열정을 주체하지 못해서 떠난 여행의 혜택을 오늘날 우리가 누리게 된 것은 아닐까. 그의 그림과 그의 삶을 다룬 영화를 보며 길 위의 삶을 반추하는 최고의 호사 말이다. 요컨대 고흐의 가난함 때문에 우리의 영혼과 예술이 부유해졌고, 고흐의 고통으로 우리의 삶이 살 만한 것이 되었다.

다시 '뒤집어진 게'를 생각한다. 고흐 자신뿐만 아니라 그의 그림들도 늘 움직이고 있었다. 〈밀밭의 까마귀〉〈자고새가 있는 밀밭〉에서는 새가 날아오르게 하고 밀을 기울게 한 찰나의 바람이 서늘하게 느껴지고, 카페 가스등의 일렁거림과 출렁거리는 밤의 별들, 사이프러스 나무들, 심지어 정물화인 해바라기 그림들에서조차도 중요한 건 '움직임'이다. 해바라기 그림은 결코 샛노랗게 화려하기만 한 것은 아니다. 자세히 들여다보면 그들 중 상당수가 갈색과 오렌지빛을 담고 있을 뿐 아니라, 손가락으로 살짝 건드리면 금세라도 툭 떨어질 것처럼 위태한 꽃잎들을 지녔다. 수없이 덧발라 입체감을 만들고 결을 만들어낸 고흐의 붓터치와 화법(임파스토 기법)은 그냥 만들어진 것이 아니다.

| 러빙 빈센트 Loving Vincent | 2017, 도로타 코비엘라, 휴 웰치먼 |

우체부 롤랭의 아들이 고흐가 남긴 편지를 전달하기 위해 여행을 떠나 고흐의 삶과 죽음의 비밀을 마주하게 된다. 총 6만여 점의 유화로 고흐의 작품과 삶을 그려낸 유화 애니메이션.

| 반 고흐: 위대한 유산 The Van Gogh Legacy | 2013, 핌 반 호브 |

고흐의 이름과 유산을 물려받은 테오의 아들 빈센트 빌렘 반 고흐의 시선을 따라 고흐의 일생을 다룬다. 〈러빙 빈센트〉처럼 고흐의 죽음이 타살이라는 점에 의혹을 제기한다.

| 반 고흐: 페인티드 위드 워즈 Van Gogh: Painted With Words | 2010, 앤드류 허튼 |

고흐의 신앙과 작품 활동에 영향을 미친 작가들과 예술가들에 대한 정보들이 담백하게 담겨 있다. BBC에서 제작한 다큐멘터리이지만 베네딕트 컴버배치가 고흐를 재연했고, 어떤 극영화보다 고흐의 정서와 내면을 충실히 전달한다.

| 빈센트 Vincent & Theo | 1991, 모리스 피알라 |

오베르에서 지낸 고흐의 말년을 집중적으로 다룬 영화. 원제가 말해주듯이, 빈센트와 테오의 삶을 병렬시킨 구성이 인상적이다.

전쟁 중에 예술을 한다는 것

| **르누아르 Renoir** | 2012년, 프랑스, 111min |

감독 : 질레 보르도

출연 : 미셸 부케(오귀스트 르누아르), 뱅상 로띠에르(장 르누아르), 크리스타 테레(데데), 토마스 도레(코코 르누아르)

    1841년 프랑스의 리모주에서 태어난 오귀스트 르누아르^{Pierre Auguste Renoir}는 재단사 아버지와 봉제사 어머니 슬하의 일곱 남매 중 여섯째였다. 르누아르가 세 살 때 가족들은 파리로 이주했다. 가족들은 어려서부터 그림과 노래에 재능을 보였던 그가 음악가 대신 화가가 되기를 바랐다. 르누아르는 13세 때부터 도자기에 그림 그리는 일을 시작했는데, 도자기 장식에 새로운 기술이 도입되면서 공장이 파산하는 바람에 부채에 그림을 그리고 카페를 장식하는 일을 하게 된다.

1860년 그는 루브르에서 그림을 모사할 수 있는 허가증을 받고, 1862년에는 국립미술학교에 입학했다. 이즈음부터 1860년대는 르누아르가 모네와 마네, 에밀 졸라나 드가, 바지유 등 사실주의 작가, 예술가들과 교류하면서 살롱전에 꾸준히 작품을 내며 미술계 진출을 시도하던 시기였다.

1874년 제1회 인상파전은 살롱전에 거듭 낙선하던 르누아르의 예술 활동에 결정적인 전기가 되어주었다. 이후 제3회 인상파전이 열리던 1877년까지 인상파전 자체는 상업적으로 실패했지만 르누아르는 '낭만적인 인상주의'라는 평가를 받으며 호응을 얻기 시작했다.

하지만 정작 르누아르는 자신이 '인상파'나 '비타협주의'의 일원으로 분류되는 것을 달가워하지 않았다. 그는 훗날 이렇게 말했다. "나는 순교자 역할을 맡을 생각은 전혀 없었고, 만일 살롱전에 내 그림들이 낙선되지 않았다면 분명히 그림을 계속 출품했을 것이다. 다른 사람들, 나보다 나은 사람들이 나보다 앞서 해놓은 것들을 내가 하고 있을 뿐이라고, 늘 그렇게 생각했고, 앞으로도 그럴 것이다." 실제로 르누아르는 1878년 살롱전에 복귀했고, 제4회 인상파전에는 출품하지 않았다.

피에르 오귀스트 르누아르

르누아르는 살아서 자신의 작품이 루브르에 걸리는 것을 보았던 보기 드문 화가이자, 기사와 공로 훈장, 1등 훈장 등 총 세 번의 레종 도뇌르 훈장을 받은 예술가가 되었다. 평생 류머티

즘과 우울증을 앓았으나 생의 마지막까지 붓을 놓지 않았고, 1919년 폐렴이 악화되어 사망했다.

또 하나의 르누아르 : 장 르누아르

오귀스트 르누아르의 세 아들 중 차남인 장 르누아르^{Jean Renoir}는 아버지 르누아르가 회화사에서 중요한 것 이상으로 영화사에서 중요한 인물이다. 그는 전후 유럽의 '시적 리얼리즘' 영화를 이끌었던 프랑스 영화의 거장이다. 시적인 리얼리즘이란 현실을 있는 그대로 직시하는 '사실주의'와 '시적'인 기법의 만남으로, 당대 사회에 대한 비판적 인식과 인간에 대한 냉철한 관찰을 유려하고 예술적인 영상 표현으로 담아낸 영화 사조를 뜻한다. 〈게임의 규칙(1939)〉이나 〈랑쥬씨의 범죄(1936)〉 〈위대한 환상(1937)〉 같은 르누아르 작품들이 대표적인 시적인 리얼리즘 영화로 꼽힌다.

영화 〈르누아르〉의 포스터

이는 여러모로 아버지 르누아르 시대의 유산, 즉 사실주의와 인상주의의 유산을 물려받은 것이라고 볼 수 있다. 실제로 장 르누아르의 초기 걸작 〈나나(1926)〉는 아버지 르누아르의 친구였던 에밀 졸라의 작품이 원작이고, 사실주의 문학에 대한 헌사이기도 했다. 비록 인공적인 양식이기는 하지만 영화라는 매체가 애초에 '빛'을 다루는 예술이라고 보았을 때, 이는 자연과 빛에 대한 인상주의의 애착과 관련하여 다양한 의미를 가질 수 있다. 뿐만 아니라 르누아르가 영화사를 차리고 제작자로서 영화 경력을 시작할 수 있었던 것은 아버지의 작품들을 유산으로 받았던 경제적인 조건과도 관계가 있었다. 2012년 제작된 질레 보르도의 영화 〈르누아르〉는 바로 이러한 관점에서 아버지와 아들 르누아르를 관찰하고, 그 둘 사이에 일종의 매개자로서 데데(앙드레 에슐랭)에 주목한다.

영화〈르누아르〉가 그린 '르누아르' 사람들

"배우는 직업이 아니야. 손으로 만들어 남기는 게 직업이지."

늙은 르누아르는 영화에서 작업실을 찾아온 모델 데데에게 이렇게 말한다. 이 말은 한편으로 르누아르가 자신을 예술가이기보다는 직업인으로 생각했다는 것을 보여주는 말이기도 하다. 스스로 "코르크 마개처럼 물 흐르듯이" 살아왔다는 그는 도자기에서 카페 장식으로, 루브르 모사에서 살롱전으로, 인상파에서 티치아노 또는 앵그르풍 회화로, 그리고 다시 '르누아르 화풍'과 말년의 풍부한 양감과 조각으로 끊임없이 이동하고 흘러 프랑스 예술의 맥을 이었다.

다만 영화는 그가 '자연스러운' 물의 흐름을 타기 위해서 류머티즘으로 거동이 불가한 그를 물가까지 실어 나르는 여성들(그들은 모델이었다가 애인이었다가 하녀가 되곤 했다. "이 집에선 모델이 하녀를 해. 하녀가 모델을 하거나!"라고 그들 중

하나가 데데에게 말한다)의 노동이 있었다고 말하는 것도 잊지 않는다.

영화가 그려낸 젊은 장 르누아르는 특별한 꿈을 가진 청년은 아니지만 신의를 지키고 신념과 명분을 중요하게 생각했던 젊은 군인이었다. 장이 전쟁 중 부상으로 휴가를 나왔다가 다시 입대하겠다고 하자 데데는 르누아르를 떠나기로 하는데, 그런 데데를 찾아가 장이 말한다. "르누아르는 네가 필요해." 데데가 되묻는다. "어떤 르누아르? 아버지? 아들?" 물론 둘 다였을 것이다. 각기 다른 이유로.

아버지 르누아르가 사망한 지 4년 후 아들 장은 아버지의 모델이었던 데데와 결혼을 한다. 배우가 되고 싶었던 데데와의 관계는 르누아르가 영화를 시작하는 데 결정적인 영향을 미쳤고, 후에 데데는 카트린 에슐랭이라는 이름으로 영화계에 데뷔한다. 그의 첫 작품은 장 르누아르가 시나리오를 쓰고 제작비를 댄 영화 〈카트린(1924)〉이었다. 다만 장 르누아르가 연출에 뛰어들고 영화사의 걸작들을 남기는 동안 카트린은 조용히 사라진 무성영화 배우 중 하나가 된다.

예쁜 그림의 '그늘' 클로드 르누아르

배우였던 큰아들 피에르는 후에 동생 장의 영화에 출연했고 장은 프랑스 영화의 거장이 되었다. 하지만 영화에서 데데에게 도발적인 질문도 서슴지 않는 막내아들 코코, 즉 클로드 르누아르Claude Renoir는 상대적으로 덜 알려졌다. 그래서 영화가 자주 코코의 시선과 행적을 뒤쫓는 것은 더욱 의미심장하다.

르누아르의 모델이었다가 하녀가 된 르누아르 집안의 여인들이 부엌에서 노래를 하며 음식을 준비하는 장면은 꽤 상징적이다. 여성들이 탐스러운 과일을 자르고 생선을 손질하는 동안 테이블 한쪽에 엎드린 코코가 피가 뚝뚝 떨어지는 사냥감들의 사체와 생선 내장과 마구잡이로 뽑혀 쌓여있는 깃털 같은 섬뜩한 이미지를 노려본다. 르누아르가 야외 작업을 위해 강가로 나갔을 때도 피크닉을 즐기는 여성들과 작업 혹은 대화에 열중하는 르누아르 부자를 등지고 코코가 향한 곳에는 썩은 짐승의 사체가 있었다. 르누아르가 풍만한 가슴의 여인들을 그리고 아름다운 장식을 남기는 동안, 코코는 잠든 모델의 가슴에 파란 물감을 흩뿌린다. 코코는, 코코를 경유한 영화의 시선은 무엇을 말하고 싶었던 것일까.

아버지의 연인이자 모델들에게 동경과 반감을 동시에 지니고 있었던 십 대 소년은 아름다움이 발현되는 순간마다 출몰하여 예사롭지 않은 눈빛을 버리고 있었다. 아름다움과 추함이 공존하는 예술의 양면, 혹은 아름다움을 추구하는 예술의 추한 이면을 상기하고 싶었던 건 아닐까. 그렇다면, 그럼에도 그 '예술'은 충분히 가치 있는 것일까? 아마도. 물론.

20세기의 두 얼굴, 예술과 전쟁

아름다움과 추함의 시선이 교차되는 영화의 이미지는 20세기를 바라보는 감독의 시선과도 맥이 닿아있다. "르누아르 그림에 검정은 없다. 그림은 기쁨에 넘치고 활기차야 해.

인생 자체가 우울한데 그림이라도 밝아야지. 가난, 절망, 죽음. 난 그런 거 싫다." 아버지가 아들에게 말했다. 장이 되묻는다. "전쟁은요?" "더더욱! 비극은…… 누군가 잘 그리겠지."

르누아르가 그림에 정말 검정색 물감을 사용하지 않았는지는 확신할 수 없으나 사랑하는 여인들을 그릴 때 밝고 생동감 넘치는 색상을 주로 사용했다는 것은 분명해 보인다. 영화에서 데데는 '주황빛'의 여인이다. 데데는 처음부터 주황색 옷을 입고 르누아르의 공간에 나타난다. 물컵에 주황색 물감을 묻힌 붓을 담갔다가 빼는 장면에서는 데데에 대한 장의 욕망이 드러나기도 한다.

가장 인상적인 대조는 데데가 처음 르누아르의 집에 오던 모습처럼 주황색 옷을 입고 자전거를 타고 어디론가 가는 장면이다. 이야기에서 딱히 동기를 파악할 수 있는 장면이 아님에도 영화는 이 모습을 꽤 긴 쇼트로 다루었다. 르

영화 〈르누아르〉 중 데데의 자전거 장면

누아르 그림처럼 햇살을 가득 담은 데데의 얼굴은 전쟁에 찢기고 흉터가 남은 어둡고 흉한 얼굴들을 만난다. 대조되는 이 이미지는 르누아르가 최고의 명성을 누렸던 시기 유럽을 휩쓸었던 전쟁의 상흔이다. 아름다운 여인의 얼굴과 상처받은 군인들의 얼굴. 예술이 꽃을 피우고 한편으로는 폭력이 난무했던 시대. 그것이 바로 르누아르의 시대였다.

전쟁 중에 예술을 한다는 것

1914년. 작은 아들은 다리가 다쳐 돌아왔고, 큰 아들도 팔이 부러졌다. 두 아들의 부상 소식에 전장으로 면회를 나섰던 아내는 돌아오는 길에 갑자기 사망해서 다시는 돌아오지 못했다. 자신은 젊은 시절 프로이센 전쟁에 참여했다가 이질과 우울증으로 조기 제대한 경험이 있다. 늙고 병든 르누아르에게 전쟁이란 무엇이었을까?

아들 르누아르는 늘 불만이었다. 그림에만 관심이 있는 아버지. 세상이 흉흉할 때 한가롭게 그림이나 그리고, 티치아노 여인들의 피부에 대한 예찬이나 늘어놓는 그의 예술 타령이 답답하고 한심했을지 모르겠다. 아버지와 끝내 타협에 이르지 못하고 아들은 다시 전쟁터로 향한다.

하지만 영화는 아들 르누아르의 편에서 아버지를 비난하는 것으로 끝내지 않는다. 장이 필름을 사러 가서 만난 상인과 다투는 장면에서 우리는 전쟁의 참상을 이용해서 먹고사는 장사치를 만난다. 그는 무연고 시신을 관에 담아 유족들에게 전사자 유해로 팔아넘기는 일을 한다. 영화는 여기서 최소한 르누아르는 전쟁을 그런 식으로 소비하지는 않았다고 변명하는 것처럼 보인다. 그가 했던 일은 전쟁과 폭력 가운데서도 아름다움에 대한 감각을 잃지 않도록 하는 일이었지 않은가 하고 말이다. 전쟁 중에 예술 따위로, 또는 예술 아닌 것이라면 무엇을 할 수 있을까 아버지 세대에 집요하게 물었던 아들은 결국 "전쟁 중에 시를 쓰는(시적 리얼리즘)" 영화 예술가가 되었다.

아들 르누아르에게 아버지 르누아르가 물었다. "내가 이 나이에 자살을 한다면 어떻겠니?" 삶이 죽음보다 고통스럽지만 스스로 죽는 것조차도 부끄럽거나 사치스러운 일처럼 느껴지는 순간이 그에게도 있었다는 고백으로 읽힌다. 예술가는 그저 잘할 수 있거나 또는 유일하게 할 수 있는 일을 겨우 해낼 뿐이다. 예술은 그렇게 폭력과 고통을 넘어 코르크 마개처럼 흘러가고 흘러왔다. 그의 인내는 투명한 살갗을 지닌 여인들과 함께 20세기의 가장 뛰어난 유산으로 남았다.

함께 보면 좋은 영화

| 풀밭 위의 오찬 Le Déjeuner sur L'Herbe | 1959, 장 르누아르 |
아버지 르누아르를 기리며 아들 르누아르가 자신이 어린 시절 자랐던 코트다쥐르의 별장 레콜레트에서 촬영한 영화. 제목부터 이미지와 풍자에 실린 메시지까지, 여러모로 인상주의 회화의 유산에 대한 예찬과 애착이 엿보인다.

| 동주 | 2016, 이준익 |
르누아르와 직접 관련이 있는 작품은 아니나, 전쟁 중에 예술을 한다는 것의 의미를 연결 지어 생각할 수 있는 작품이다. 시를 쓰는 윤동주와 산문을 쓰는 송몽규, 예술을 하는 윤동주와 혁명을 주장하는 송몽규의 대립과 우정이 예술과 장식에 집중했던 아버지 르누아르와 전쟁과 사회문제에 관심을 둔 아들 르누아르의 관계와 닮았다.

세기말, 분열된 정신을 장식한 화가

| 클림트 Klimt | 2006년, 오스트리아 · 프랑스 · 독일 · 영국, 97min |
감독 : 라울 루이즈
출연 : 존 말코비치(클림트), 베로니카 페레즈(에밀리 플뢰게), 세프론 버로우즈(레아), 니콜라이 킨스키(에곤 쉴레), 스티븐 딜런(서기관)

    구스타프 클림트^{Gustav Klimt}는 1862년 오스트리아 빈의 바움가르텐에서 태어났다. 금 세공사인 아버지 에른스트 클림트와 어머니 안나 클림트의 일곱 남매 중 둘째였다. 14세에 왕립학교인 빈 응용미술학교에 입학한 그는 일찍부터 수공예적 기술과 아카데믹한 미학 기법을 동시에 익혔다. 클림트가 화가로서 명성을 얻은 계기는 〈옛 국립극장의 객석 풍경(1888)〉을 완성한 이후였다. 클림트는 여기서 실제 인물을 객석에 사실적으로 그려 넣어 주목을 받았다. 작업을 마친 후 귀족과 사교계 인사들의 초상화 의뢰가 급증했다.

하지만 아카데미는 그를 인정하는 데 끝까지 인색했다. 교육부의 거부로 교수직 위촉에 번번이 실패했을 뿐 아니라 1894년 빈 대학 대강당의 천장화를 의뢰받았을 때도 많은 반발을 샀다. 그의 그림 주제는 철학, 의학, 법학이었는데 1900년에 유화 초안이 공개되고 나서 극심한 반발에 시달린 것이다. 알레고리화의 관습과 주제 의식을 따르지 않고 몽환적이고 외설적이라는 이유로, 빈 대학교수 87명이 교육부에 반대 청원서를 제출했을 정도였다. 격분한 클림트는 돈을 내고 작품들을 찾아왔는데, 이 때문에 자신의 작품을 훔친 화가로 소문이 나기도 했다. 그중 철학 부분은 1900년 파리 만국박람회에서 그랑프리를 차지할 정도로 실력을 인정받았지만 현재 이 세 작품은 사진으로만 남아있다. 제2차 세계대전 중 나치 재산으로 몰수되었으나 나치가 퇴각하면서 불을 질러 소실되었기 때문이다.

학계만 일방적으로 그를 거부했던 것은 아니다. 그는 '오스트리아 예술가협회'의 아카데미즘에 질색해서 단체를 탈퇴하고 1897년 '빈 분리파Secession'를 창설했다. 그가 초대 회장을 맡은 빈 분리파는 순수 미술과 응용 미술의 경계를 허무는 '총체 예술'을 꿈꾸며 예술의 국제화를 표방했다. '각 시대에는 그 시대의 예술을, 예술에는 자유를'이라는 모토를 내건

영화 〈클림트〉의 포스터

빈 분리파는 후에 인상파와 아르누보 경향으로 나뉘어 1905년 클림트를 중심으로 한 아르누보 그룹이 탈퇴하는 분열을 겪는다.

라울 루이즈의 영화 〈클림트〉는 죽어가는 클림트를 쉴레가 방문하는 장면으로 시작해 그의 임종을 지키는 에곤 쉴레 Egon Schiele의 모습으로 이야기를 마무리한다. 그와 11년간 교류했던 쉴레는 침상에서 클림트를 그리며 임종을 지킨 인물로 알려져 있다.

영화 〈클림트〉로 보는 '장식주의' 화가 클림트

"당신 말은 너무 장식적이야. 그래서 추하지.
그러나 케이크는 유용하고 아름다워. 당신 말을 막아주니까."

클림트가 자신을 끊임없이 스타일을 바꾸는 장식주의자라고 비난하는 건축가 아돌프 로스의 얼굴에 케이크를 문지르며 말한다. 영화 〈클림트〉의 한 장면이다. 이 말은 "프레임(테)은 쓸모없다. 따라서 추하다. 그러나 거울은 유용하므로 가치 있고 아름답다"는 로스의 말을 클림트가 받아친 것이다. 로스와 클림트의 대화는 당시의 클림트에 대한 평가와 예술계의 분위기를 압축적으로 보여준다. 건축가 아돌프 로스는 실용적인 것이 아름답다는, 기능주의를 표방하는 대표적인 예술가였다.

영화가 이 부분에서 요들과 비코프, 아카데미 회원 간의 논쟁을 언급하는 것도 눈여겨볼 만하다. 세기말 빈은 원칙과 고전을 중요시하던 전통적인 믿음

(아카데미파와 프리드리히 요들)과 시대마다 미의 개념이 변하고 본래 추한 것은 없다(프란츠 비코프와 빌헬름 폰 하르텔)는 새로운 관점, 기능적인 것이 곧 아름답다(로스)는 주장이 묘하게 공존하면서 불협화음이 극에 달한 시대였다. 고전적이라고 하기에는 향락적이고 기능적이라고 보기에는 너무 장식적인 클림트의 작품은 어느 쪽에서도 환영받기 어려웠다. 하지만 그런 점이 오히려 부유한 고객들의 취향을 자극하기도 했다. 당시 예술 작품의 주요 구매자였던 부유층은 사실 양쪽 모두에 염증을 느끼고 있었을 것이다. 한편 클림트 후원자들 중 다수가 유대인 부유층이었다는 점은 전후 클림트를 부정적으로 평가하는 데 일조했다.

영화에서 클림트는 자주 갈증을 호소하는데, 마지막에 유리병의 물을 컵에 따르다 말고 병째로 들이켠다. '실용적인' 유리잔에 물을 부어 감상하고, 잔 대신 물병을 들이켜는 기인. 빈 분리파가 추구한 순수 예술과 실용(응용) 예술에 대한 매혹이 기묘하게 혼재하는 이 장면은, 간략하게 정돈된 대사가 아닌 이미지로서 클림트의 예술을 인상적으로 표현해낸다.

세기말 분열된 세계와 '길을 잃은' 예술

클림트의 생몰 시기(1862~1918)는 오스트리아-헝가리 제국의 생몰(1867~1918)과 거의 일치한다. 특히 영화는 클림트가 사망하는 1918년에 이야기를 시작하고 끝맺는데 바로 그해 오스트리아-헝가리 제국도 최후를 맞는다. 구스타프 클림트를 이해한다는 것은 19세기를

마감하고 20세기를 여는 합스부르크 왕조와 빈의 불안과 정념을 이해하는 것
이라고 정리해도 좋겠다. 적어도 라울 루이즈의 영화 〈클림트〉가 해석한 바는
그렇다. 그렇다면 영화는 이 시기 빈을 어떻게 다루었을까.

　〈클림트〉가 주목하는 세기말 빈의 첫 번째 이미지는 영화와 환영의 시대이
다. 〈클림트〉에는 진짜와 가짜 인물들이 끊임없이 등장한다. 조르주 멜리에스
의 영화에 등장하는 레아 드 카스트로(세프론 버로우즈)를 보고 반한 클림트는
진짜 레아와 레아를 연기한 가짜 레아 사이에서 혼란스러워하고, 유리벽과 거
울 반대편에는 울프 공작이 두 레아에게 지시(directing)를 하고 있다. 실제 인
물보다는 환영에 가까운 오스트리아 대사관의 서기관은 이름도 알려주지 않
고 자꾸 나타나 혼란스러워하는 클림트에게 묻는다. "왜 계속 진짜에 집착하
지?"

영화 〈클림트〉의 한 장면

1900년 전후의 오스트리아-헝가리 제국의 수도 빈은 향락적 생활이 극에 달했고 빈민층의 생활은 비참하기 이를 데 없는 위선적 사회, 매독과 정신분열의 시대였다. 또 오스트리아 출신 의사 프로이트가 창시한 정신분석학이 열린 시기이기도 하다.

영화에는 거울과 현미경이 반복해서 등장한다. 깨진 거울을 앞에 두고 사람들은 말했다. "거울이 깨졌어. 20세기가 멋지게 시작됐군." 장식과 몸치장, 외적인 아름다움의 대표적인 이미지인 거울이 깨지면서 눈으로 보는 온전한 형상이 해체되고 파괴되는 것으로 20세기가 시작되었다. 그리고 내면을 들여다보는 현미경이 등장한다. 클림트의 매독균을 관찰하는 용도로 등장하는 현미경은 육체적 사랑과 정신적 사랑의 분열을 보는 기구이자 무엇보다 내면의 아름다움과 추함에 대한 면밀한 관찰의 기호이기도 하다. 자신의 매독균이 살아 움직이는 현미경을 들여다보며 클림트가 말한다. "아름답군."

헌데 이 모든 것들을 마무리하면서 영화는 제국과 왕조의 몰락을 경험하고 있는 세기말 빈의 불안과 상실의 길목에 클림트라는 '예술'을 세워 두었다. '출구 없음'이야말로 세기말 빈과 죽기 직전 클림트가 본 환영을 설명하기에 가장 적절한 표현이다. 클림트는 말한다. "나는 출구를 찾고 있소." 클림트처럼 어두운 방안의 한가운데 선 어린 소녀 실비아가 답한다. "전 길을 잃었어요. 당신처럼요."

빛이 들어오는 세 개의 출구를 세 사람이 막고 서 있다. 클림트 평생의 동반자였던 여인 에밀리 플뢰게(베로니카 페레즈)와 환상의 여인 레아, 그리고 그를 매번 레아에게 이끌었던 서기관(스티븐 딜런)이다. 이 세 사람을 통해 영화는 세기말 예술이 처한 상황을 기존의 예술과 꾸준한 현실(에밀리), 영화와 기계적 환영(레아), 관료제도와 자본(서기관) 사이에 갇혀 길을 잃은 것으로 재현했다.

알레고리 : ⟨클림트⟩의 세계를 이해하는 열쇠

다소 난해하고 혼란스러운 영화 ⟨클림트⟩와 구스타프 클림트의 예술 세계를 이해하는 핵심은 이와 같은 '알레고리(allegory, 우의)'라고 할 수 있다. 그의 알레고리화는 몽환적이고 퇴폐적이라는 이유로 아카데미로부터 배척당했다. 하지만 영화는 시대가 배제한 클림트의 알레고리 기법을 표현 전략으로 사용해 당대 클림트의 세계와 성공적으로 만난다.

서기관의 예를 조금 더 자세히 들여다보자. 클림트가 그를 처음 만난 곳은 파리의 만국박람회였다. 예술가가 국가가 '관리'하는 대상이 된 것이 예술 작품이 국가 단위로 출품되고 거래되는 만국박람회의 또 다른 의미라면, 그가 문화부 소속 3등 서기관이었다가 후에 재무부 소속의 2등 서기관이 되어 빈에 나타난 것은 예술을 관리하는 곳이 이제 문화나 순수 예술의 영역이 아니라 '재무', 즉 경제의 영역이 되었음을 의미한다. 클림트가 왕가 차원의 지원을 받지 못하고 사업가의 '후원자' 또는 부르주아 계층의 '투자' 체제에 의존했던 것도 이러한 변화와 일맥상통한다. 아울러 서기관이 끝까지 자신의 이름을 알리지 않은 것은 관료 제도의 익명성을 뜻하는 것이기도 하다.

영화 말미에 등장하는 '미스터 노'의 경우는 한층 더 흥미롭다. 그는 '오토 메서슈미트 폰 오미트(자동…생략)'라는 예명을 갖고 있었고, 한때 교수로 불렸으며, 클림트의 대학교수 임용에서나 그가 출품한 대회들에서 '노'라고 말한 사람이었다. 하지만 그는 이제 클림트에게 자신을 아무것도 아닌 사람, 즉 '미스터 노Mr. No'라고 소개한다. 클림트와 그는 마치 말장난을 하듯이 서로 반복해서 No(아니오)라고 답한다. 미스터 노는 한때 확고했던 자신의 신념을 잃고 방황하는 인물이기도 하고, 거절과 낙심, 실패를 상징하는 '노'이기도 하며, 궁극적으로는 클림트가 당대에 경험했던 미와 예술의 부정과도 관계가 있었다. 이제 늙어 존재감이 없어진 미스터 노는 말한다. "하지만 나와 '노'가 없었다면 빈은 추한 것으로 뒤덮였을 것이오. 과도한 아름다움은 부족한 것보다 나쁘다오."

요컨대 미스터 노의 존재는 예술의 도시 빈이 새로운 예술을 외면하기 시작했던 그 시기, 장식적이고 화려한 아름다움으로 인해 부유층으로부터 각광받았던 클림트를 아카데미와 기존의 평단은 철저하게 '노'로 외면했던 현실을 대변한다. 그 외면의 배경에는 과도한 아름다움에 대한 불안과 두려움이 있었다고 스스로 고백하는 셈이다. 너무 아름다워서 오히려 추할까, 이를테면 아름다움의 범람이 추함이 될까 두려워했던 것이다. 클림트 예술의 퇴폐적인 아름다움을 기꺼이 수용하기에 세기말 빈은 너무 불안했다고 영화는

클림트의 대표작 〈키스〉

말한다.

장식 화가로 알려져 있던 구스타프 클림트는 사후 수십 년이 지난 1960년대에 오스트리아에서 첫 회고전이 열리면서 비로소 국제적인 주목을 받기 시작했다. 그리고 1986년 뉴욕 현대미술관에서 빈 모더니즘 미술을 재조명한 〈비엔나 1900전〉이 열리면서 미술사적 인정을 얻게 되었다.

함께 보면 좋은 영화

| 에곤 쉴레 : 욕망이 그린 그림 Egon Schiele: Death and the Maiden | 2016, 디터 베르너 |
영화 〈클림트〉에서 클림트의 임종을 지킨 유일한 인물이었던 에곤 쉴레의 전기 영화. 〈클림트〉가 클림트의 병상에서 시작했듯이, 병을 앓는 쉴레의 마지막 모습으로 시작하는 것이 인상적이다. 자신의 모델을 보내줄 정도로 쉴레를 아꼈던 클림트와의 관계와 빈 분리파의 활동을 엿볼 수 있다.

| 우먼 인 골드 Woman in Gold | 2015, 사이먼 커티스 |
클림트의 걸작 〈아델레 블로흐-바우어의 초상(우먼 인 골드)〉의 모델인 아델레 부인의 조카 마리아 알트만이 국가를 상대로 소송을 걸어 나치에 몰수되었던 그림들을 되찾는 과정을 다룬 영화. 헬렌 미렌이 실존 인물 마리아 알트만을 연기했다.

| 그랜드 부다페스트 호텔 The Grand Budapest Hotel | 2014, 웨스 앤더슨 |
제1, 2차 세계대전 사이 가상의 동유럽 국가를 배경으로 하는 영화이지만, 오스트리아-헝가리 제국을 모델로 한 분위기가 지배적이다. 틸다 스윈튼이 연기한 마담 D가 입고 있는 옷에는 클림트의 그림(우먼 인 골드)이 있고, 에곤 쉴레풍의 그림도 등장하는 등 디테일이 흥미롭다.

제자, 연인 그리고 조각가

| **까미유 끌로델 Camille Claudel** | **1988년, 프랑스, 150min** |
감독 : 브뤼노 뉘탕
출연 : 이자벨 아자니(까미유 끌로델), 제라르 드 빠르디유(로댕), 로랑 그레빌(폴 끌로델)

조각가로서 까미유 끌로델^{Camille Claudel}이 활동하던 19세기 말~20세기 초는 인상주의와 초현실주의, 입체파와 야수파를 비롯한 새로운 예술 운동이 파리를 중심으로 활발하게 진행됐다. 문학과 철학, 예술계 각 분야 인사들이 자유롭게 교류하던 시기였다. 앞장에서 다루었던 피카소와 르누아르, 조금 거슬러 올라가자면 고흐까지 모두 생존해있던 때이기도 하다. 하지만 일찍부터 뛰

브뤼노 뒤탕 감독의 〈까미유 끌로델〉 포스터

어난 재능을 보인 조각가였던 까미유 끌로델은 그에 대한 새로운 연구와 자료가 쏟아져 나온 1980년대 초반까지 로댕의 연인으로만 기억되어 왔다.

브뤼노 뉘탕의 영화 〈까미유 끌로델〉은 주로 여성주의적인 시각으로 전개되어 온 당시 연구들의 결정체이기도 하고 대중의 관심을 불러일으킨 촉발점이기도 했다. 그리고 2013년 줄리에뜨 비노쉬가 주연을 맡은 동명의 영화 〈까미유 끌로델(1915)〉이 등장하게 된다.

까미유 끌로델은 1864년 프랑스 빌뇌브 쉬르 페르의 작은 시골 마을에서 등기소 공무원인 루이-프로스페르 클로델의 장녀로 태어났다. 일찍부터 딸의 재능을 알아본 아버지의 지원으로 어릴 때부터 조각을 시작했고, 열아홉 살이던 1883년에 스승 알프레드 부셰의 소개로 로댕에게 조각을 배우게 되었다. 1884년에는 제작 조수와 모델 자격으로 로댕의 아틀리에에 들어가고, 둘은 곧 연인이 된다. 당시 로댕은 이미 〈생각하는 사람(1880)〉 등으로 최고의 명성을 떨치고 있었고, 44세의 나이로 미혼이었지만 로즈 뵈레라는 여성과 20여 년째 동거 중이었다. 둘 사이에는 까미유보다 두 살 어린 아들이 있었으며, 사람들은 로즈 뵈레를 '마담 로댕'이라고 불렀다.

로댕과 꽤 오랫동안 불안하고 불행한 관계를 유지하던 까미유는 1898년 마침내 그와 결별하는데, 1913년 부친 사망 직후 정신병원에 수감되었다가 다시 나오지 못하고 1943년 병원에서 생을 마감한다. 이자벨 아자니 주연의 영화 〈까미유 끌로델〉에는 까미유가 처음 로댕을 만난 시점부터 정신병원으로 이송될 때까지 젊은 날 까미유의 치열했던 삶이 담겨 있다.

브뤼노 뉘탕의 영화 〈까미유 끌로델〉

영화에서 로댕(제라르 드 빠르디유)과 까미유가 만나는 첫 장면은 로맨스 드라마의 관습을 재현한 듯하다. 친구인 조각가 부셰의 부탁으로 까미유와 친구의 작품을 보러온 로댕의 까칠하고 거만한 태도에 화가 난 까미유가 보란 듯이 자신의 재능을 증명해낸다. 가장 어려운 대리석 작품을 선택해서 로댕을 놀라게 하는데, 사실 로댕은 첫 대면에서부터 이미 까미유의 천재성을 알아보았다. 까미유는 가르쳐야 할 제자가 아니라 그대로 내버려 두어야 한다고 자신의 집사에게 이야기할 정도였다. 까미유가 〈지옥의 문(1880~1917)〉을 제작할 때 의도치 않게 영감을 주는 장면과 까미유의 두상을 제작하는 장면 등은, 로댕에게 까미유가 제자나 조수를 뛰어넘어 훌륭한 뮤즈이자 모델이었다는 사실을 알려준다.

연인, 까미유

로댕에게 까미유는 어떤 존재였을까. 자신을 사랑한다고 말하면서도 로즈 뵈레와의 관계를 정리하지 못하고 우물쭈물하는

까미유 끌로델

로댕에게 지쳐갈 무렵, 까미유는 로댕의 아이를 임신하고 홀로 낙태를 결정한다. 이 일을 계기로 은둔 생활을 하면서 작품 활동을 계속했으나 조각가로서 까미유는 로댕의 그늘 아래서 빛을 보지 못한다. 로댕의 작품을 표절했다는 시비와 전시품 도난 사건 등이 발생하면서 경력에 타격을 입은 것도 바로 이 시기였다.

결국 까미유는 1899년 부르봉가에 자신의 아틀리에를 마련해서 로댕을 완전히 떠났지만 정신적으로는 더 피폐해져갔다. 열아홉에 처음 만나 청춘과 열정을 다했던 관계가 깨진 슬픔과 절망은 까미유의 작품에 그대로 새겨진다. 로댕이 인간의 존재(《생각하는 사람》)와 구원(《지옥의 문》), 영웅과 위인들(《칼레의 시민들》과 〈발자크〉)을 만드는 동안 까미유의 작품들이 사랑의 열정과 고통 같은 섬세한 정서와 개인적인 감정을 담았던 데는 로댕과의 관계가 영향을 미쳤을 것이다.

로댕은 수많은 여성들을 거쳐 로즈 뵈레와 죽기 직전 혼인하는 것으로 '정착'했지만(둘은 1917년 1월 29일 결혼했는데 로즈는 다음 달인 2월 16일에, 로댕은 같은 해 11월 17일에 사망했다), 로댕을 사랑했던 까미유는 평생 어느 곳에도 마음을 붙이지 못하고 쓸쓸하게 생을 마친 비운의 연인이 되었다.

지나치게 똑똑한 여자

　　　　　　　　로댕과 헤어진 후에도 까미유는 그에 대한 미움과 피해의식에 시달렸다. 영화에서는 몇몇 장면에서 로댕에 대한 까미유의 분노를 보여준다. 까미유가 프랑스 문화성으로부터 의뢰받은 작품 〈중년(1893~1903)〉의 주문이 철회되는 사건이 발생하는데 까미유는 이 일이 로댕의 압력과 모략에 의한 것이라고 믿었다.

　이 작품은 중년 남성이 한 나이 든 여성에게 이끌려가는 와중에 젊은 여성이 무릎 꿇고 그를 붙잡는 모습을 담고 있다. 어둠 속에서 작품 〈중년〉을 만지는 순간 로댕은 그것이 로즈 뵈레와 까미유 사이에서 갈팡질팡하는 자신에 대한 비난이라는 것을 간파하고 화를 냈다. 까미유는 이에 지지 않고 로댕에게 반격한다. 아틀리에를 세 개나 운영하면서 사교계 모임에나 기웃거리느라 주문을 받고도 석고 작업에는 손도 안 대는 형편없는 조각가이며, 드레퓌스파를 지원했지만 정치적인 신념이라고는 전혀 없는 기회주의자라는 혹독한 평가였다. 이는 까미유가 아니면 할 수 없는 말이기도 했다.

　영화는 로댕에게 까미유는 어쩌면 지나치게 총명하고 너무 많은 것을 알고 있는 여자였을 것이라고 말한다. 심지어 그는 아는 것을 '표현하는' 여자였다. 예나 지금이나 권력을 가진 이들에게 기억하고 기록하고 표현하는 사람들은 두려운 존재다. 세상이 곧 그들을 들추어내고, 그들이 언젠가는 세상을 바꾸어놓을 것이기 때문이다.

그들은 왜 까미유를
정신병원에 두었나?

아버지의 총애를 받았던 것과 달리 까미유는 어머니와 평생 불화했던 것으로 알려져 있다. 특히 1913년 3월, 아버지가 사망한 지 8일 만에 어머니가 딸을 정신병원에 보냈던 것은 두고두고 까미유에게 상처가 되었다.

정신병원에서 쓴 까미유의 수많은 편지가 그 고통을 전하고 있다. 까미유는 병원의 식사를 거부하고 규정상 예외적으로 직접 음식을 조리해 먹었는데, 그것은 독살에 대한 공포 때문이었다. 심지어 그는 어머니가 아버지를 독살했고, 자신의 어머니와 로댕이 자신을 죽이려 한다고 믿었다.

나이 차가 많은 남편을 만나 젊은 나이에 결혼한 어머니 루이즈-아나타이즈 끌로델은 아들이었던 첫 아이를 생후 2주 만에 잃고 평생 상실감 속에서 살았다. 까미유가 태어났을 때도 아들이 아닌 것을 아쉬워했고 까미유에게 걸핏하면 "첫 아들이 죽지만 않았어도……"라고 말하곤 했는데, 그는 까미유의 교육을 지원하느라 가족이 치러야 했던 희생에 대해서도 원망과 불평을 숨기지 않았다.

퇴원해도 좋다는 의사의 통보를 무시하고 계속해서 까미유를 병원에 남겨둔 것도 어머니였다. 그런데 어머니가 사망한 1929년 6월 이후에도 까미유는 병원에서 나오지 못했다. 까미유의 보호자였던 남동생 폴 끌로델은 왜 누나를 당장 꺼내주지 않았을까? 마치 고흐와 동생 테오처럼, 폴과 까미유가 가장 친밀한 사이였다는 사실을 염두에 두자면 이 점은 더 큰 의문으로 남는다.

시대의 두려움과 비겁함이
그녀를 가두다

2013년 줄리에뜨 비노쉬 주연의 영화 〈까미유 끌로델〉은 어쩌면 이러한 질문에 답하려고 기획한 영화인 것처럼 보인다. 폴 끌로델과 까미유, 정신병동의 몇몇 환자들과 의료진이 출연진의 거의 전부인 영화의 막바지에서, 누나를 면회하기 위해 여행 중인 폴은 정신병원 근처의 숙소에서 일기와 기도문 형식의 메모를 기록한다. 그는 까미유의 천재성을 누구보다 잘 알고 있었고 그것이 누나를 평범한 삶에서 멀어지게 하고 '미치게' 했다는 점, 그리고 자신이 누나와 쌍둥이같이 닮았다는 점까지도 알고 있었다. 그는 자신도 누나처럼 될까 봐 두려워했던 것으로 보인다. 그래서 예술가로 머무는 대신 멀리 떠돌아다녀야 하는 외교 관료가 되는 길을 택했고, 가

줄리에뜨 비노쉬 주연의 〈까미유 끌로델〉 중 한 장면

능하면 멀리 떨어져서 누나를 도울 수 있는 방법을 찾고 싶었다고 고백한다.

가장 흥미로운 것은 폴이 그런 자신을 구원하기 위해, 즉 누나처럼 되지 않기 위해 신에게 귀의했다는 점이다. 그러고도 그는 그 사실을 누나에게 즉각 알리지 않았다. 오랜 시간 무신론자로 그들이 나누었던 교감과도 관계가 있었을 것이다. 여하튼 가톨릭 신자가 된 그가 보기에 누나의 낙태는 심각한 범죄였고, 그것은 불신앙만큼이나 용서받을 수 없는 것이었다. 요컨대 누나에 대한 폴의 감정은 애정과 미안함과 두려움과 연민, 그리고 수치와 정죄함의 복합체였다.

폴은 까미유가 사망하기 한 달 전에 마지막으로 그녀를 찾아왔으나 정작 장례식에는 참석하지 않았다고 영화는 전한다. '(까미유 끌로델은) 그 후로도 29년을 더 병원에서 보내고 1943년 10월 19일, 79세의 나이로 타계했다. 집단 매장을 시켜서 시신도 찾지 못했다.'

역사에 가정은 없다지만, 혹시 까미유 끌로델이 로댕을 만나지 않았다면 어떻게 됐을까? 만났더라도 사랑에 빠지지 않았다면? 어머니가 첫째 아들을 잃지 않았다면? 까미유가 아들로 태어났다면? 또는 그처럼 총명하지 않았다면? 총명함을 적당히 감출 줄 알았다면? 그도 아니면 자신과 꼭 닮았던 폴 끌로델의 경우처럼 종교에 의지했더라면 혹시 뭔가 달라졌을까? 살아생전, 중년 이후 죽기 전까지 30년 세월을 갇혀 지내는 동안까지도 까미유가 가장 되고 싶었던 것, 인정받고 싶었던 건 무엇이었을까. 그 시대의 두려움과 비겁함이 조각가, 모델, 제자, 연인, 그리고 '여성'으로서 까미유가 남긴 글과 작품들까지 가두거나 묻어버리지 못했다는 사실은 이 비운의 드라마에서 작지만 큰 위로다.

| 까미유 끌로델 Camille Claudel 1915 | 2013, 브뤼노 뒤몽 |

원제가 말해주듯이, 줄리에뜨 비노쉬가 주연한 이 영화는 1915년의 까미유 끌로델로 시작한다. 이자벨 아자니의 〈까미유 끌로델〉이 1913년 정신병원에 수감되는 까미유의 모습으로 끝이 나고 1914년 전쟁 발발과 함께 다른 정신병원으로 이감되었다는 기록을 남기므로, 바로 그곳에서 시작하는 2013년의 이 영화는 속편의 역할을 하는 셈이다. 동생 폴의 방문을 기다리는 정신병동에서의 까미유의 모습과 폴의 심경, 그들의 재회가 담담하게 재현되어 있다.

정리

- 제임스 아이보리 감독의 영화 〈피카소〉는 피카소를 거쳐간 여성들을 중심으로 피카소의 삶을 다루지만, 당당하게 자신의 삶을 일군 프랑수아즈 질로의 이야기이기도 하다.

- 빈센트 미넬리 감독은 영화 〈열정의 랩소디〉에서 '종교와 신앙, 사랑, 예술'이라는 키워드를 가지고 비운의 화가 빈센트 반 고흐의 열정을 설명한다.

- 질레 보르도 감독의 영화 〈르누아르〉는 르누아르의 아들 '장 르누아르'와 아버지의 관계 속에서 르누아르의 예술관을 바라본다. 전쟁 중에 예술을 하는 것의 의미가 부각된다.

- 라울 라이즈 감독은 영화 〈클림트〉에서 불안했던 세기말, 길을 잃은 예술과 싸우는 클림트 예술을 다룬다.

- 브뤼노 뒤탕의 영화 〈까미유 끌로델〉은 까미유 끌로델이 정신병동에서 비극적으로 죽음을 맞기까지의 여정을 보여준다. 이 과정에서 로댕과 까미유가 서로 주고받은 영향과 애증이 드러난다.

인간의 삶과 미래 기술

· 이 종 관 ·

· 연관 교과목 ·

중등교과	고등교과
생활교양/철학	진로와 직업

· 키워드 ·

인문학	철학	4차산업혁명	기술	인공지능	인간
일자리	미래	존재	사회적자본	도구	질문
실존	존재론	중독	인본주의	시장경제	민주화

왜 알아야 할까

SF영화에서나 볼 수 있던 미래의 첨단기술이 어느덧 현실이 되고 있다. 실험실 연구자들의 몫이었던 이론은 실제가 되고, 시장자본과 연계하면서 새로운 기기의 모습으로 하나씩 등장하고 있다. 네트워크 시대가 본격화하면서 사이버 세계의 영역은 인간의 인지활동 범위를 대폭 확장시켰고 기계와 인간의 결합이라는 거대한 상상으로 발전하고 있다.

기술과학 만능의 시대, 효율을 최고의 가치로 내세우면서 성장 일변도로 달리는 오늘날 인간의 운명은 어디로 방향을 잡은 것일까? 기계와 인간은 한 몸이 될 수 있을까? 인간의 미래에 대한 궁금증이 그 어느 때보다 많다.

고대 그리스의 철학자 탈레스Thales가 '만물의 근원은 물'이라는 명제를 던진 후 '철학의 아버지'라는 수식어를 얻으면서 철학이 태동했다. 하지만 철학에 대한 사람들의 인식은 여전히 과거에 몰두하는 지식 박물관 정도에 그치고 있다.

철학은 인간 스스로 알고자 성찰하는 사유의 학문이자 우주의 근원을 탐구하는 지혜의 보고이다. 결국 자기 자신이 얼마나 알고 있으며, 나를 둘러싼 세상과 우주의 근원을 고민하는 모든 행위를 학문적으로 연구하는 것이 철학의 본질이다.

근대 과학혁명으로 산업사회가 번성했던 19세기에도 철학은 꽃을 피웠다. 데카르트가 '나는 생각한다. 고로 존재한다'는 명제로 인간의 존재론을 설파하며 시작된 근대 철학은 물질 중심의 사회를 끊임없이 성찰해왔다.

현생인류 호모사피엔스는 '도구를 사용하는 인간'이라는 의미를 담고 있다. 인간과 도구는 뗄 수 없다. 인간이 편리하게 사용할 수 있는 도구를 개발하는 과정에서도 인간에 대한 연구가 선행되어야 한다. 의식하지 못할 정도로 자연스럽게 사용하는 도구, 인간과 한 몸이 되는 도구를 개발해야 사람들의 선택을 받을 수 있다. 대표적인 사례가 스마트폰이다. 스마트폰을 사용하는 행위에는 그 자체로 거리낌이 없다. 그렇게 만들었기 때문이다.

도구의 의미를 확장하면 인간의 의식주 모두와 연결된다. 숟가락과 같은 간단한 도구부터 건축, 도시 설계에 이르기까지 모든 영역이 도구로 이루어져 있다. 인간을 더욱 인간답게 만드는 환경, 좀 더 자연스럽게 살아갈 수 있는 환경을 구축하는 데 필요한 모든 것이 도구로 이루어져 있다. 따라서 철학은 살아가는 데 가장 필요한 학문일 수 있다. 인간 연구에서 철학은 빠질 수 없기 때문이다.

인간 스스로 생각하고 결정하는 행위는 다가오는 시대에 더 의미를 갖게 되리라 생각한다. 포스트휴먼은 기계와 인간의 교류를 자연스러운 과정으로 받아들여 현 인류보다 더 확장된 능력을 갖춘 존재를 일컫는다. 더 나아간 포스트휴먼은 뇌를 기계에 맡기는 단계에 이를 것으로 보인다. 그러나 포스트휴먼을 지향하는 과학기술자들의 거대 자본에 맹목적으로 이끌려간다면 인간의 미래는 종속자로 추락하기 쉽다.

만물의 근원에 대한 철학적 고민은 과학의 고민과도 맥락이 닿아 있다. 근대에 이르기까지 철학자는 대부분 과학자였다는 사실이 이를 방증한다. 철학 공부는 지혜로운 인간으로 나아가는 지름길이다. 공부에 필요한 이론과 학자들의 연구성과를 이해하는 과정에서 우리는 논리와 명제를 접하게 되는데, 이는 교양의 폭을 넓혀주는 단초가 된다.

자칫 철학을 암기 과목으로 알고 외우다 흥미를 잃기 쉽다. 철학은 사유, 즉 대상의 개념을 정의하고 추론하는 인간의 이성적인 작용에 기반한다. 그 과정에서 도출되는 학문이 철학이다. 철학으로 내 삶을 되돌아보다 보면 정서적인 요소들은 더 풍요로워질 수 있다. 철학하는 인간이 되자. 인간의 미래에 대한 고민을 계속하자.

인공지능 그리고 윤동주

2016년 겨울, 다보스포럼에서 4차 산업혁명이 선언된 이후 전 세계가 이를 미래 비전으로 내세운 듯하다. 4차 산업혁명을 둘러싸고 학계에서는 아직 논란이 많지만, 그 내용은 비교적 잘 정의되어 있다. 4차 산업혁명은 자동화와 지능화된 생산체제가 경제구조를 급격히 혁신하는 과정이다. 20세기 후반부터 출현한 정보화기술이 4차 산업혁명을 주도하는데, 여기서 중요한 점은 IT가 인간과 인간의 소통 기술로서 실현되는 정보통신기술[ICT]의 단계를 넘어섰다는 것이다.

인공지능과 인간,
튜링에게 묻다

IT는 이제 인간을 포함한 모든 사물에 스며들어 만물과 소통하고 조작하는 사물인터넷Internet of Things, 더 나아가 만물인터넷Internet of Everything의 단계로 진입하고 있다. 만물인터넷 시대란 무엇일까? 존재하는 모든 것으로부터 무한의 데이터가 광속으로 생산·순환되고, 이 데이터들은 패턴으로 인식되어 빅데이터 안에 저장되며, 여기에 사실상 미래를 예측할 수 있는 진리가 숨어 있다는 논리다. 따라서 이 진리를 정확하게 인지해 가공하는 일이 무엇보다 중요하다.

하지만 불행하게도 인간의 두뇌는 빅데이터를 감당하지 못한다. 무한의 규모로 집적되는 빅데이터에 내재된 진리는 알파고 같은 딥러닝 인공지능 소프트웨어를 활용해야만 파악할 수 있다. 결국 4차 산업혁명에서는 인공지능이 진리 인식의 주체가 되어 생산 방식과 소비 양식을 결정한다. 생산 작업 자체가 사이버 물리 시스템으로 대체된다. 인공지능을 탑재한 로봇이 생산 설비는 물론 서비스까지 담당하게 될 것이다.

앞으로 인간은 진리를 인식해 무엇을 어떻게 생산하고 소비하며 삶을 영위할지 결정하는 삶의 주체가 아니다. 4차 산업혁명을 지휘하는 실질적 두뇌는 인공지능이 된다. 그렇다면 미래의 역사도 인공지능이 이끌어갈 것인가?

20세기 중반에 출현한 인공지능은 몇 번의 좌절을 겪었다. 하지만 최근 들어 급속하게 발전하고 있는 인공지능은 인간만이 지닌 줄 알았던 많은 능력을 실제 수행할 수 있음을 보여주고 있다. 바야흐로 인간과 인공적으로 만들어진 기계를 구별할 수 없는 시대가 오고 있다.

'컴퓨터의 아버지'라 불리는 앨런 튜링은 "컴퓨터 같은 기계도 생각할 수 있다"라고 주장하며 다음과 가상의 테스트를 통해 자신의 주장을 증명하려 했다. 안을 들여다볼 수 없는 어떤 방에 인간과 컴퓨터가 있다. 이때 방 밖에 있는 사람들이 방 안에 있는 인간과 컴퓨터 각각에게 컴퓨터 채팅과 유사한 방식으로 여러 가지 질문을 던져 답변을 구한다. 그런데 이 과정에서 방 밖에 있는 사람들이 어느 것이 인간이 낸 답이고 어느 것이 컴퓨터가 낸 답인지 구별하지 못한다면, 컴퓨터는 인간과 같이 생각할 수 있다고 간주해야 한다. 이후 사람들은 튜링테스트를 통과할 수 있는 기계가 등장한다면, 생각은 더 이상 인간의 전유물이 아니라고 믿게 되었다. 그리고 만일 인간의 본질이 생각하는 존재라면, 생각하는 기계 역시 곧 인간이라는 결론에 도달한다.

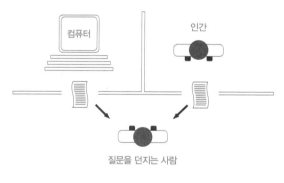

튜링테스트의 개요

2016년 벌어진 알파고와 이세돌의 대결에서 인공지능은 사실상 튜링 테스트를 통과했다. 만일 이 대결에서 알파고가 기계라는 사실을 숨긴 채 대국 상황이 바둑판 모니터로만 중계되었다면, 사람들은 이세돌보다 바둑을 잘 두는 인간이 이세돌을 이겼다고 받아들였을 것이다.

하지만 일견 튜링 같은 천재만이 고안할 수 있을 것 같은 튜링테스트에는 결정적인 어리석음이 깔려 있다. 이 어리석음은 튜링테스트를 튜링 자신에게 적용해보면 쉽게 폭로된다. 만일 안을 들여다볼 수 없는 방에 튜링과 튜링의 목소리를 흉내 내는 컴퓨터가 있고, 밖에 있는 사람들이 튜링과 컴퓨터 모두와 대화를 나누고도 어느 쪽이 인간이고 어느 쪽이 기계인지 구별하지 못한다면 어떨까? 이때도 컴퓨터를 튜링이라고 할 수 있을까? 사람들이 컴퓨터와 튜링을 구별하지 않고 그 둘을 동일시한다면 어떻게 될까? 튜링은 이 상황을 용납할까? 튜링 자신이 아닌 기계가 마치 튜링처럼 행세하고 사람들이 그 기계를 튜링이라고 인정한다면, 튜링은 자신의 튜링테스트가 입증되었다고 기뻐할까? 아니면 내가 바로 튜링이라고 주장할까?

무엇과도 같을 수 없는 유일한 존재자, 인간

인간이 인간인 이유는 개개의 인간이 무엇과도 또 누구와도 같을 수 없는 자기 자신으로 존재하기 때문이다. 물론 이런 사실은 각각의 인간이 일상에 매몰되어 무작정 남이 하는 대로만 살아갈 때는 망각된다. 그러나 삶이 위기에 처할 때, 죽음을 의식하는 순간, 그리하여 자신의 삶이 어느 누구도 대신할 수 없는 자신의 책임임을 직면할 때 인간은 깨닫는다. 나는 다른 무엇과도, 어느 누구와도 같을 수 없는 자기 자신이었으며,

앞으로도 계속 자신의 삶을 스스로 책임질 수밖에 없는 유일한 존재라는 사실을 말이다.

그런데 이러한 인간은 늘 어떤 역사적 상황 안에 존재한다. 이 때문에 인간은 역사적 체험으로부터 분리될 수 없다. 어떤 역사적 상황에서 인간의 체험이 이루어지며, 이 체험이 그에게 어떤 방식으로 체화된다. 물리적인 몸과 함께 삶의 의미를 창조해가는 인간이 거부할 수 없는 삶의 방식이다.

어떤 사람은 그가 속한 역사적 상황이 비리와 모순으로 점철되어 있어도 이에 순응하며 편안히 살아가고, 어떤 사람은 온몸으로 저항하고 고통을 감수하면서 보다 나은 미래를 향해 나아간다. 그래서 '하늘을 우러러 한 점 부끄럼이 없기를' 바라며 '잎새에 이는 바람에도 괴로워하는' 윤동주의 시가 탄생한다. 또 어린 시절 광주의 트라우마를 온몸으로 기억하며 인간의 폭력성을 고발하는 한강의 소설 《채식주의자》가 탄생한다.

인간은 어떤 존재이기에
시나 문학을 쓰는 걸까?

여기서 현재 인공지능을 둘러싼 논쟁의 허망함, 특히 인공지능의 자율성과 창의성에 대한 논의의 허망함이 노출된다. '인공지능이 시나 문학을 쓸 수 있는 창의적인 지능인가'라는 질문을 던지기에 앞서 '인간이 어떤 존재이기 때문에 시나 문학을 창조하는가'에 대한 성찰이 선행되어야 한다. 그러지 않으면 우리는 튜링테스트의 무지보다 더 무지로 가득찬 테스트를 수행하게 되는 셈이다. 즉, 컴퓨터가 자동으로 출력한 글자들의 조합을 보고도 시인의 시와 구별하지 못한다면, 컴퓨터에게 시인과 같은 창작력이 있다는 믿음 아래 앞으로 인공지능을 통해 더 빠른 속도로 시와 소설을 제작하는 산업을 발전시키려 할 것이다.

이즈음에서 다시 한 번 윤동주의 시를 떠올려보면 앞에서 이야기한 일이 얼마나 어처구니없는 무지에서 비롯되는지 새삼 각성하게 된다. 일본 식민지 시대라는 역사적 상황에서 조국을 잃고 간도를 떠돌던 조선인 동주의 삶, 그 처연했던 삶이 없었다면 동주의 시는 탄생할 수 없었기 때문이다.

무의미한 미래 탈출을 위해 사회적 자본 확충부터

알파고와 이세돌의 바둑 대결은 과학기술의 급속한 발전이 이루어내는 인공지능이 현재처럼 어마어마한 자본을 빨아들이며 범용화할 때 인간이 처하게 될 미래의 상황을 적나라하게 폭로했다. 이 대결에서 우리가 목격한 인간의 미래는 알파고도 이세돌도 아니다. 우리가 목격한 건 알파고의 지시에 따라 바둑돌을 놓던 구글 딥마인드의 '아자 황' 박사

알파고 대 이세돌의 대국 현장

다. 아자 황은 이번 대결에서 인간으로서는 아무 의미가 없는, 오로지 알파고의 아바타로만 존재했다.

　한때 우리는 그렇게 생각했다. 영화 〈아바타〉에서 보듯, 미래에는 우리 아바타를 만들어 사이버 세계나 실재 세계에 내세우고 나를 대신해 운용할 수 있다고 말이다. 그러나 미래는 정반대의 모습일 수 있다는 사실을 아자 황의 존재가 보여주었다. 여기서 분명한 건 지금처럼 인공지능을 기술 중심으로만 다뤄 지능적 성능을 급속히 증강하는 데만 집착한다면, 인간은 미래에 아무 의미 없는 존재자로 전락하게 될 거라는 사실이다.

　다른 미래로 가려면 인공지능을 비롯한 모든 첨단 기술을 인간과의 상호작용을 고려해 개발해야 한다. 그리고 늘 기억해야 할 점이 있다. 일은 인간만이 하는 것이며, 인공지능은 오로지 작동할 뿐이라는 사실이다. 인간은 자신의 삶을 성취하기 위해 일하기 때문에 기술을 필요로 한다. 따라서 기술은 인간과 일을 매개해 인간의 실존적 삶을 미래로 성취시키는 역할을 해야 한다. 인공지능도 마찬가지다. 인공지능은 인간 대신 일하기 위해 존재하는 게 아니라 일과 인간을 좀 더 지능적이고 바람직하게 중재하기 위해 존재해야 한다. 이것이 인공지능에 주어진 일종의 윤리적 사명이다.

유념해야 할 사실은 또 있다. 4차 산업혁명은 시장자본만으로는 실현될 수 없다는 점이다. 시장자본을 투입해 비약적인 기술 성장을 거두고, 이를 바탕으로 거대 자본을 축적할 수 있다 치더라도 정의와 신뢰, 존중, 공감, 상호 인정 같은 사회적 자본이 없는 곳에서는 사회적 갈등만 깊어질 뿐이다. 사회적 자본이 빈약해 갈등이 증폭되는 곳이라면 4차 산업혁명은 이를 추진할 동력을 확보할 수 없다. 따라서 4차 산업혁명이 역사의 전환점을 이루며 사회를 발전시킬 수 있으려면 사회적 자본을 확충하는 협력적 창의성을 키울 수 있어야 한다. 사회적 혁신이 우선되어야 한다는 얘기다. 그래야 4차 산업혁명을 향한 기술혁신이 인간을 갈등과 소외의 늪으로 몰아넣는 불행한 행로에서 벗어날 수 있다.

협력적 창의성은 경쟁과 서열화를 통해 생산성만 증가시키는 사회 운영체제에서는 증진될 수 없다. 모든 사회 구성원이 창의적 주체로 존중받고, 그들의 참여가 적극 고무되는 인본주의적 민주정치 공간이 진정으로 열릴 때 활성화된다. 4차 산업혁명의 실질적 진원지인 독일은 이런 면에서 우리의 모범이 된다.

질문하는 인간의 내일

현대의 모든 산업은 도구를 생산하고 판매하는 제조업을 근간으로 한다. 제조업은 산업혁명 이후 인간의 삶에 필요한 도구를 생산하는 산업으로 경제 성장을 이뤘다. 20세기부터 정보화가 본격적으로 이루어진 이후 IT 산업, 디지털 콘텐츠 산업 등이 경제적 부의 산출과 국가 경제성장의 원동력으로 자리 잡고 있다. 하지만 정보가 생산되고 유통되는 공간에서 인간의 삶은 맨몸으로 실행되지 않는다. 정보가 순환되는 공간, 즉 디지털 세계의 일원으로 살기 위해 우리는 다시 새로운 도구를 필요로 한다.

인간이여,
왜 도구를 사용하십니까

컴퓨터나 스마트폰 같은 도구는 인간의 삶을 디지털 공간으로 급속히 옮겨놓기 때문에 이런 도구를 생산하는 제조업이 디지털 공간을 지탱하는 기간산업이 된다. 디지털 기기 제조 산업이 여전히 엄청난 부를 창출하는 이유다. 애플과 삼성에 이어 중국의 화웨이 등이 21세기 최고의 기업으로 등극하고 있는 현상은 이런 상황에 대한 확실한 증거다.

여기서 갑자기 궁금증이 생긴다. 대체 인간은 왜 도구를 사용할까? 그저 인간이 만드는 인간, 즉 호모파베르^{homo faber}이기 때문인가? 인간은 본능적으로 도구를 사용할 수밖에 없게 생물학적으로 설계된 존재일까? 도구는 대체 어떻게 존재하는 것일까? 이런 질문은 인간의 삶에 깊이 스며드는 좋은 도구를 생산하려면 당연히 떠올려야 하는 궁금증이다. 그런데 우리는 이런 질문을 진지하게 제기한 적이 없는 듯하다. 도구가 무엇인지 이미 다 알고 있는 척하거나 이런 질문은 쓸데없다며 무시해왔다. 그런데 우리는 정말 도구에 대해 잘 알고 있을까?

기본적인 질문부터 해보자. 인간은 왜 도구를 사용하며 살아가는가? 여기에 제대로 된 답을 구하려면 선행되어야 할 질문이 있다. 바로 '인간은 어떻게 사는가'이다. 인간은 물체와 동일한 방식으로 사는가? 인간은 만유인력에 의해 여기로 왔다가 저기로 가는가? 지금 내가 여기 있는 이유가 만유인력이 나를 여기까지 끌고 왔기 때문일까?

그게 아니라면 인간은 동물과 동일한 방식으로 사는가? 그렇다면 내가 여기에 있는 이유는 본능적 충동이 나를 여기로 끌고 왔기 때문인가? 나는 그저 충동에 이끌려 아침에 출근하고 본능적 충동에 따라 일하며, 동물처럼 귀소 본능에 따라 퇴근하는 것일까? 그런데 나는 왜 때때로 귀소를 늦춘 채 인문학 공부를 하겠다고 강의실을 찾는 걸까? 혹시 내가 하는 일에 도움이 될지도 모른다는 기대 때문일까? 나는 대체 왜 일하는 것일까? 생존하기 위한 먹이를 확보하려는 충동 때문일까? 온갖 의문이 머리에 가득하다.

의문을 풀기 위한 실마리는 철학자 하이데거의 사상에서 찾을 수 있다. 하이데거는 인간을 '실존하는 존재자'라고 부른다. 여기서 실존이란 생존과 대비된다. 실존은 다른 존재자, 예컨대 물체 혹은 생명체와 같이 그냥 존재하거나 생존하는 게 아닌 인간의 독특한 존재 방식을 밝혀내기 위해 도입됐다. 하지만 이 실존이라는 용어는 논리적으로 잘 구성된 이론을 설명하기 위해 만들어낸 전문용어가 아니다. 우리 자신이 어떻게 살고 있는지를 차분히 살펴보면 드러나는, 인간이 살아가는 방식을 지칭하는 용어다.

실존주의 철학의 선구자 마르틴 하이데거

사실 물체나 동물은 만유인력이나 충동과 같은 어떤 원인에 의해 움직인다. 그러나 우리 자신의 삶을 살펴보면, 일을 포함해 계속 움직이는 이유가 미래 때문이라는 사실이 드러난다. 인간은 무엇이 되기 위해, 또 무엇을 이루기 위해 잠자리에서 일어나 움직이며 일터로 간다. 인간은 이렇게 자신의 삶을 미리 앞서서 살아간다. 인간이 사는 방식은 결국 어떤 원인이나 충동으로 이루어지는 물리적 상태나 생물학적 상태가 아니다. 요컨대 인간이 살아가는 상황은 물체나 생명체가 존재하는 자연적 상황이 아니다. 따라서 그가 이루고자 하는 모든 걸 자연에서 얻기는 어렵다. 인간이 무엇인가를 해나갈 때 그저 자연에 이미 존재하는 물체에만 의존할 수 없는 이유다. 인간은 자신의 삶을 앞서 살아가며, 미리 기획한 목표를 이루기 위해 행동한다. 이때 그 기획에 적합한 도구가 필요하다. 그냥 맨몸으로 행동할 수는 없다.

얼핏 추상적으로 들리는 인간과 도구 그리고 미래의 관계는 다음의 예를 통해 보면 쉽게 이해할 수 있다. 나는 지금 퇴근길에 좀 피곤한 상태다. 그럼에도 불구하고 누군가의 강의를 듣기 위해 도서관 강의실로 간다. 강의 내용을 잘 이해하면 앞으로 내가 하는 일에 도움이 될 수 있고, 승진에도 보탬이 될 수 있다. 내가 승진하면 내 가족은 좀 더 윤택한 문화생활을 누릴 수 있다. 이런 미래를 위해 현재의 피곤함이라는 상태를 극복하고 계단, 엘리베이터, 지하철, 신발 등에 이르기까지 셀 수 없이 많은 도구를 거쳐 강의장에 왔다. 그리고 강의 중 중요한 내용을 펜이라는 도구를 사용해 노트에 기록하고 있다.

미래를 기획 → 목표를 위해 행동 → 행동에 필요한 도구 사용

위의 사례에서 분명해지듯, 인간이 항상 미래를 향해 자신의 삶을 기획하며 실존하는 존재라면, 도구는 인간의 행동을 의탁할 수밖에 없는 필수적 요소다. 인간이 단지 호모파베르인 탓에 도구를 사용하는 건 아니다. 인간은 미래를 향해 기획하며 사는 존재이기 때문에 자연에서 구하기 어려운 도구를 사

용한다. 도구를 사용해 미래의 기획을 현실로 만들어가면서 내일을 향해 사는 것이다.

보임새와 쓰임새를
고민하는 인간

그렇다면 도구는 어떻게 존재하고 있을까? 인간의 눈에 띄지 않게 시야에서 사라지는 게 도구의 존재 방식이다. 인간이 상식적으로 어떤 것의 '있음'을 확인하는 것과는 정반대다. 어떤 것이 있다는 사실을 확인하려면 일단 눈에 보여야 한다. 우리의 눈과 의식이 집중되어 눈에 선명하게 보일 때 그것은 '있는' 것이다. 그런데 도구는 눈에 띄지 않게 배경으로 물러나 사라져야 '있는' 것이라니 도대체 무슨 말인가? 이 말도 안 되는 도구의 존재 방식은 예시로 살펴보면 분명해진다.

나는 지금 강의를 들으면서 펜이라는 도구를 사용해 중요한 내용을 적고 있다. 그런데 내가 살고 싶은 미래의 삶을 이루기 위해 펜으로 필기를 하고 있는 동안 펜이 내 눈에 띄는가? 내가 펜으로 글을 쓰고 있을 때 내가 글을 쓰는 행위는 펜을 지향하지 않고 진행된다. 따라서 펜은 사실상 내 시야에서 사라진 채 배경으로 물러나 존재한다. 그러나 거꾸로 펜이 전면에 등장해 눈에 띄게 나타나기 시작하면, 그것은 도구이기를 멈춘다. 이때 쓰기라는 행위는 정지되고, 동시에 나의 의식과 시선은 펜을 향하게 된다. 그때 펜은 형체를 지닌 물체가 된다.

이렇게 우리가 사용하는 도구는 더 이상 도구로서 존재할 수 없는 상태일

글을 쓰기 시작하면 펜이라는
도구는 배경에서 물러난다

때 비로소 배경으로서의 사라짐 상태를 벗어나 눈앞에 나타난다. 하지만 이
경우 도구로서 존재하던 존재자는 '쓰임'의 행위 상황에서 이탈해 '보임'의 상
황 속에 위치함으로써 나의 행위를 방해하는 방식으로 나타나는 것이다.

도구에 대한 철학적 논의는 여기서 그치고 이제 실질적인 질문을 해보자.
도구가 이렇게 시야에서 물러나 사라지며 존재한다는 사실을 알게 되면 우리
삶에 어떤 도움이 될까? 혹시 도구를 생산하는 제조업에 많은 이익을 가져다
줄 수 있을까?

분명한 사실이 하나 있다. 도구가 도구로서 존재하는 방식이 눈에 띄지 않
게 사라지는 방식이라면, 살아가는 데 필요한 도구를 만들 때 이를 고려해서
디자인해야 인간의 삶에 진정으로 기여하는 도구가 될 수 있다는 것이다. 따
라서 도구를 디자인할 때 우선시해야 할 점은 도구의 '보임새'가 아니라 '쓰임
새'다. 사용하면서 계속 눈에 띄는 도구는 결국 인간에게 환영받을 수 없지 않
을까? 만일 우리가 도구를 디자인할 때 이런 존재 방식을 적용한다면 디자인

에 혁신이 일어날 수 있을 것이다.

유감스럽게도 도구에 대한 철학적 논의는 하이데거의 난해한 철학 속에 묻혀 있었다. 그러다 하이데거의 도구존재론이 1990년부터 본격화한 디지털 디바이스의 디자인에 응용되는 사건이 일어났다. 이 사건을 일으킨 사람들에게 디자인은 디바이스의 보임새에 치중하는 목적이면 안 되었다. 그들은 도구가 어떻게 존재하는가를 근본적으로 다시 생각했다. 그리고 인간을 사용자로 하는 디지털 디바이스는 인간과 도구 존재 방식을 잘 구현할 수 있는 형태로 디자인해야 한다는 결론에 이르렀다. 이는 디지털 세계에서 인간이 살기 위해 필요로 하는 도구, 즉 컴퓨터 디자인의 혁신으로 이어진다. 결국 혁신의 완성은 스티브 잡스가 이끈 애플이 이루었다.

3교시

도구의 존재론과 애플의 혁신

스티브 잡스, 그는 디지털 기술의 구루이며 IT 기술을 바탕으로 태어난 디지털 문화의 아이콘이었다. 그러다 언제부터인가 디지털 문화의 창조주로 우상화됐다. 그런데 잡스는 사실 인문학의 구세주가 된 적도 있다. 우리나라도 예외가 아니어서 한동안 붐이 일었다. 다들 인문학을 공부해야 한다고 외쳤다. 다 스티브 잡스 때문이었다. 인문학과 전혀 관계가 없을 듯한 첨단 기업이 인문학에 대한 뜨거운 관심을 확산시킨 건 실로 아이러니였다.

패드의 기원에서 만난
인간 실존

　　　　　　　　　　휘몰아친 인문학 열풍의 원류를 찾아 거슬러 올라가다 보면 2010년 스티브 잡스가 선보인 컴퓨터 같지 않은 컴퓨터, 아이패드와 만나게 된다. 스티브 잡스는 아이패드를 소개하는 자리에서 선언했다. "애플은 기술과 인문학의 교차점에 서 있다." 이 한마디가 인문학 열풍으로 이어졌다. '인문학을 공부하면 스티브 잡스처럼 될 수 있다' 혹은 '인문학을 공부하는 기업은 애플처럼 어마어마한 돈을 벌 수 있을 것이다' 등등 기업들은 저마다 인문학에 관심을 집중했다. 마치 그간 경영 혁신이 지지부진했던 이유가 인문학에 대한 무관심이라도 되는 듯이.

아이패드를 처음 소개하는 스티브 잡스

하지만 인문학이 곧 혁신을 가져올 수 있을 것 같았던 분위기는 그리 오래지 않아 잠잠해졌고, 기업의 인문학 '열공'도 식어갔다. 여기서 안타까운 사실은 스티브 잡스가 왜 그런 말을 했는지, 그 깊은 비밀을 파헤쳐보지도 않은 채우리가 다시 일상에 매몰된 듯하다는 점이다.

사실 모든 것은 비밀에 싸여 있다. 잡스는 단지 '기술과 인문학'의 만남이라는 잠언을 던졌을 뿐이다. 그가 던진 한마디 잠언을 놓고 온갖 추측이 난무했다. 스티브 잡스를 21세기 구루의 반열에 올려놓는 데 결정적인 역할을 한 아이패드를 면밀히 살펴보면, 비로소 인문학과 기술이 합류한 경로가 어느 정도모습을 드러낸다.

하루가 다르게 신제품을 쏟아내고 있는 IT 업계의 개발 상황을 거슬러 올라가보자. 이미 1990년대 초에 '패드pad'라는 새로운 개념의 디지털 기기가 거론된 사실을 확인할 수 있다. '패드'라는 개념의 컴퓨터가 출생한 곳은 복사기회사의 연구소 제록스 파크였다. 여기서 1991년 미래에 등장할 컴퓨터의 개념을 정의한 논문이 발표된다. 제록스 파크 연구소에 재직하던 마크 와이저는논문 〈21세기를 위한 컴퓨터〉에서 다음과 같이 주장했다.

유비쿼터스 컴퓨터는 목적에 따라 여러 가지 크기로 만들 수 있다.
나와 나의 동료는 탭tab, 패드pad, 보드board라 불리는 것을 만들었다.

마크 와이저는 논문 한 편으로 유비쿼터스의 창시자가 됐다. 이 논문에서우리는 '패드'라는 단어와 처음 마주친다. 아울러 이 '패드'라는 컴퓨터를 새로운 기술을 구현하는 핵심 기기로 제시하고 있음을 알 수 있다. 여기서 '새로

마크 와이저

운 기술'은 바로 유비쿼터스 컴퓨팅Ubiquitous Computing; UC이다.

UC란 대체 무엇인가? 우리가 알고 있던 '언제 어디서나'라는 뜻에 지나지 않는다. 와이저는 논문에서 UC를 '눈에 띄지 않는 기술'이라 부른다. 와이저는 왜 UC를 설명하면서 '눈에 띄지 않는'이라는 개념을 적용했을까?

와이저가 유비쿼터스 컴퓨팅을 창안한 배경과 동기를 따라가보자. 와이저가 논문을 발표한 1991년 당시 컴퓨터는 퍼스널 컴퓨터Personal Computer; PC였다. PC는 책상 위에 고정된 데스크톱 형태였고 마이크로소프트사의 운영프로그램 도스DOS로 작동됐다. 그런데 도스는 상당히 복잡한 명령어로 구성되어 있어서 PC를 능숙하게 다루려면 꽤 오랫동안 명령 체계를 익혀야만 했다. 사용할 때에도 명령어를 떠올려야 해서 쓰는 내내 집중력을 발휘해 조작하지 않으면 오류가 나기 쉬웠다. 컴퓨터가 일상의 필수품이 되어 도처에 존재하는데, 인간에게 필요한 도구가 되지 못하고 되레 인간의 자연스러운 행위를 가로막으며 의식과 사고를 컴퓨터에 붙들어 매는 격이었다.

인간은 컴퓨터를 사용할 때마다 일을 처리하는 데 집중하기보다 끊임없이 모니터를 주시하는 등 컴퓨터를 조작하는 데 주의를 빼앗기곤 했다. PC는 이런 방식으로 인간을 가상현실로 끌어들였다. 와이저는 이 같은 문제를 해결하기 위해 유비쿼터스 컴퓨팅 개념을 도입해 인간과 컴퓨터의 새로운 상호작용 양상, 즉 눈에 띄지 않고 스며드는 기술을 적용하고자 했다.

와이저가 이처럼 새로운 구상을 하게 된 데는 또 다른 동기도 있었다. 여기서 놀라운 사실은 컴퓨터 공학자인 그가 철학자 하이데거의 실존주의적 존재론 위에서 HCI^{Human Computer Interface}가 지향하는 가상현실의 문제점을 통찰했다는 점이다. 와이저는 하이데거의 《존재와 시간》에 등장하는 인간 실존 분석에서 인간과 도구의 본연적 관계를 포착한다. 와이저는 그의 다른 논문에서 도구에 관해 다음과 같이 정의했다.

> 좋은 도구는 보이지 않는 도구다. 보이지 않는다는 말은 도구가 우리 의식에 침범하지 않는다는 뜻이다. 사용자가 도구 자체가 아니라 과제에 집중한다는 말이다. 안경은 좋은 도구다. 안경을 쓴 사람은 안경을 바라보는 게 아니라 세계를 바라본다. 좋은 망치는 목수의 손에서 사라져 목수가 더 큰 장면에 집중하도록 만든다. 이처럼 우리는 컴퓨터가 마치 마술처럼 사라지는 행위에 참여할 수 있기를 바란다.

와이저는 도구의 존재론을 IT 기술 영역에 응용함으로써 가상현실을 향해 발전하고 있는 인간과 컴퓨터의 관계를 인간과 도구의 본연적 관계로 회복시키려 했다. 자, 이 정도 되면 UC를 실행하는 기기로서 패드가 어떻게 작동해야 하는지 분명해진다. 우선 눈에 띄지 않으면서 기능이 최적화된 컴퓨터로 존재해야 한다.

사라지는 마술, 아이패드

와이저가 '사라지는 컴퓨터'라는 마법적인 수사학을 창안한 다음, 그의 뒤를 이어 많은 공학자들이 마력에 끌리듯 사라지는 컴퓨터를 개발하는 데 매진한다. 그러나 공학자들은 와이저가 UC라는 개념을 정의내릴 때 철학적 사고 중심에 뒀던 하이데거의 도구존재론을 제대로 이해하지 못했다. 그리고 '사라진다'라는 말을 문자 그대로 해석하는 오류를 범하고 말았다. 컴퓨터를 곳곳에 숨겨 물리적으로 사라지게 만드는 데 자신들의 과제가 있다고 이해한 것이다.

그러나 애플은 달랐다. 도구가 우리의 주의를 끄는 대상이 아니라 우리의 행위와 일체가 되어 눈에 띄지 않고 배경으로 사라져야 한다는 사실을 그들은 이해하고 있었다. 실제로 아이패드의 사용자 경험User Experience; UX은 아이패드가 눈에 띄지 않는 도구의 존재 방식을 성공적으로 구현하고 있음을 증언한다. IT 전문지 〈와이어드〉의 편집장 딜런 트웨니는 2010년 4월 1일자에 실린 기사 '우리는 왜 아이패드에 열광하는가'에서 아이패드의 사용자 경험을 한 문장으로 요약했다. "아이패드의 특성은 사라지는 데 있다." 그리고 이 사라짐의 경험을 다음과 같이 상세히 진술한다.

"아이패드는 너무나 단순하고 쉽고 직관적이어서 사용자가 소프트웨어를 조작하고 있다는 사실마저 잊어버리게 한다. 마치 텔레비전 스위치를 켜거나 책장에서 책을 꺼낼 때 아무 의식적 판단이 필요 없는 것처럼 말이다. 사용자는 아이패드가 소프트웨어로 작동하는 기계임을 잊어버리고 웹사이트, 사진, 영화, 게임 자체를 손에 들고 있는 듯한 착각에 빠진다. 컴퓨터의 경우 내용물을 관리하고 통제하는 하드웨어/소프트웨어적 장치가 두드러지지만, 아이패드는 사용자 인터페이스가 드러나지 않기 때문이다. 예컨대 아이패드에서 웹브라우저를 열면 웹사이트 전체가 화면을 채운다. 컴퓨터와 달리 웹사이트를 둘러싼 각종 메뉴, 버튼 등은 찾아보기 어렵다."

물론 애플의 아이패드 개발 과정은 공개되지 않았다. 그러나 애플은 아이패드의 성공에 자신을 얻은 듯 아이패드 Ⅱ를 홍보하는 TV 광고에서 하이데거와 와이저의 어휘를 빌려 다음과 같이 고백했다.

이것이 바로 우리가 믿는 것입니다. 기술만으로는 충분치 않습니다. 더 빠르게, 더 얇게, 더 가볍게……. 이 모든 것은 좋은 것입니다. 그러나 이런 기술이 뒤로 물러서 있을 때 모든 것이 더 기쁘고 마술적이기까지 합니다.

일자리의 미래와 또 다른 위험

사람들이 의미와 가치를 창조하며 이를 실현하기 위해 살아가는 구체적 행위는 무엇인가? 바로 일이다. 사람들은 자신들이 지향하는 삶의 가치를 실현하기 위해 몸으로 행위를 하는데, 대부분 일이거나 일을 하는 데 필요한 행위다. 경제학이나 경영학에서 사람이 하는 일은 생산요소나 비용으로 계산된다. 사람을 의미나 가치를 실현하기 위해 사는 실존적 존재로 보면, 일은 가치 실현 과정에서 가장 핵심적인 행위다. 그래서 일을 잃은 사람은 희망을 잃고 불행에 빠진다. 사람은 놀 때보다 일할 때 오히려 사는 보람을 느끼며 행복해한다.

지금 우리가
논의해야 할 일

                  사람이 일하면서 느끼는 행복은 미국의 심리학자 미하이 칙센트미하이의 실증적 연구에서 입증되고 있다. 그의 연구에 따르면, 사람은 여가를 즐길 때보다 자신의 삶을 미래로 인도하는 일을 할 때 더 행복해한다. 그러나 4차 산업혁명의 기술이 전부 실현되면 더 이상 일하는 사람이 필요 없는 미래가 도래할지 모른다. 과장이 아니다.

    알파고와 이세돌의 바둑 대결을 극단적으로 보면 미래는 암울하다. 경쟁과 효율만이 존재하는 사회에서 인간은 경쟁에서 이기기 위해 두뇌 사용을 멈춘 채 모든 것을 인공지능에 맡겨야 할지도 모른다. 인간이 시장에서 불필요한 존재가 되는 미래가 올지도 모르는 것이다.

    반대로 낙관적 전망도 있다. 4차 산업혁명이 '와해성 기술혁신'으로 기존 업계를 완전히 재편성하는 과정에서 새로운 일자리를 창출할 거라는 예측이다. 낙관론자들은 17세기 산업혁명이 농업 분야의 일자리를 대대적으로 파괴했지만, 공장 노동자와 사무직 관리자라는 새로운 일자리를 만들어낸 사례를 예로 든다.

    하지만 4차 산업혁명은 이전의 산업혁명과 근본적으로 다른 점이 있다. 4차 산업혁명의 현재 기조는 기본적으로 사람이 서로를 필요로 하지 않는 미래를 지향한다는 사실이다. 실제로 새로운 기술이 만들어내는 일자리는 사라지는 일자리의 수를 대체하기에 턱없이 부족하다. 4차 산업혁명 초창기에 해당하는 현재에도 세계 도처에서 일자리가 급격히 줄어들고 있는 추세다. 미국 자동차 산업의 중심지 디트로이트가 대표적인 예다. 1990년대 초 제조업 경제의 메카였던 디트로이트의 자동차 회사들은 140만 명에 달하는 인원을 고용했지만, 현재 4차 산업혁명의 발원지인 실리콘밸리에 고용된 인원은 14만 명에 불과하다.

폐허가 된 디트로이트

물론 인공지능으로 촉발된 4차 산업혁명이 제조업 분야의 일자리에서 사람을 해방시켜 보다 양질의 일자리를 제공하게 될 거라는 전망도 있다. 특히 인공지능이 대체할 수 없는 고도의 지적 능력을 갖춘 지식 자본가, 그리고 인공지능과 로봇을 소유한 물적 자본가를 중심으로 한 슈퍼스타 경제가 출현할 것이라는 게 그들의 논리다. 이들 슈퍼스타는 천문학적 규모의 부를 축적해 그 부를 엄청나게 다양화된 욕망 충족을 위해 소비하고, 이에 맞춰 새로운 서비스 산업이 출현할 것이라고 전망한다.

하지만 과연 그럴까? 4차 산업혁명 시대의 인공지능 개발은 인간 대 인간으로 요구하는 서비스조차 로봇이나 가상현실로 대체하려는 방향으로 나아가고 있다. 백화점 안내, 노인 간호, 심지어 섹스까지 인공지능이 담당하는 미래를 준비하고 있다. 일본에서 이미 시판된 감정 로봇 페퍼, 인공지능학자 데이비드 레비가 주도하는 '로봇과의 사랑과 섹스' 프로젝트가 이를 증언한다.

감정인식 로봇 페퍼

　이런 추세가 미래 어느 시점에 기술적인 완성기에 도달하면 '나'는 어느 누구도 필요로 하지 않으며 누구도 '나'를 필요로 하지 않는 상황이 전개될 것이다. 그 미래에는 '나'라는 사람도, '너'라는 사람도, '그들'이라는 사람도 모두 필요 없는 존재가 될 것이다. 사람이 할 일이 없는 미래가 우리를 기다리고 있는 것이다.

　미래가 유토피아가 될지 디스토피아가 될지를 두고 논쟁을 반복하자는 게 아니다. 미래에 관한 수많은 예언 논쟁은 인간의 능력을 넘어선 소모적 말싸움이 될 뿐이다. 중요한 것은 미래를 향하는 현재 상황에서 어떤 위험이 잠복하고 있는지 식별해 위험 요소를 미리 관리하는 작업이다. 사람의 일자리를 위협하는 위험 요소가 미래 사회에 잠재되어 있지 않다고 누구도 단언하기 어렵다. 미래의 위험 요소를 최소화하기 위해 사회적 내진 설계를 해야 한다. 서울에 지진이 날 확률이 지극히 낮다 하더라도 절대로 지진이 일어나지 않는다고 단언할 수 없는 한, 지진 발생 위험에 대비해 내진 설계를 하는 이치와 같다.

일 없는 인간이
맞이할 수 있는 위험

일 없는 미래를 생각할 때 가장 먼저 예상되는 위험 요소는 일을 잃은 자들의 빈곤이다. 실업에 따른 빈곤이 만연할 경우, 시장에서 소비자가 사라져 결국 총수요 부족이란 경제적 파국을 맞이할 것이다. 경제학자들은 4차 산업혁명으로 도래할 미래의 포스트휴먼 경제에서는 일 없는 자들에게도 기본임금을 주는 정책을 도입해 문제를 해결하려 한다. 심지어 이제 사람은 로봇에게 일을 위임하고, 정부가 기업으로부터 로봇세를 징수해 이를 재원으로 삼아 일을 하지 않고도 기본소득을 받으며 살 수 있는 시대를 예고하기도 한다. 4차 산업혁명의 미래는 일로부터 해방된 삶, 즉 낙원으로 향하는 길이라는 것이다.

하지만 이는 사람과 일의 관계에 대한 지극히 단순한 사고다. 기본소득은 일시적으로 경제적 궁핍과 사회양극화 그리고 총수요 부족을 진정시킬 수 있다. 기본소득제는 사회의 기초 복지 안전망으로 작동한다는 차원에서 긍정적이다. 그러나 기본소득으로 일 없는 미래의 문제를 해결하려 한다면 오산이다.

인간에게 일은 단순한 차원의 욕구가 아니다.

사람의 일은 단순히 생존을 위해 먹이를 구하는 동물의 행동과는 다른 차원에 속한다. 경제학에서는 일을 노동으로 정의하고 있어 생산요소와 비용에 불과하다. 그러나 사람의 삶을 전체적으로 성찰해보면 일은 사람의 품격, 개인의 사회적 가치를 실현하는 실존적 처신이다. 일이 실존적 처신이라면 일 없는 상태는 사람의 실존적 삶에 많은 문제를 일으킨다.

그중에서도 철학적으로 가장 심각한 건 사람의 삶이 병리적 상황에 빠질 위험이다. 사람이 탈실존적으로 처신하며 살아가는 존재가 된다면 경제적 궁핍보다 더 위험한 사태가 예상된다. 미래라는 시간 국면이 상실되는 권태에 빠져 결국 중독자로 전락할 수 있는 것이다.

중독은 단순한 질병이 아니다. 어떤 바이러스나 물질적 궁핍이 원인이 아니기 때문이다. 중독은 물질적 풍요 속에서도 발생하는 독특한 시간적 질병으로 사람에게만 해당된다. 사람은 할 일이 없는 상태가 되면 미래라는 시간과 관계가 절연되어 절망적 상황에 처한다. 미래와의 관계가 단절된 상황에 있는 사람은 현재의 시간이 미래로 흐르지 않는 권태에 빠져들게 된다. 물질적, 영양학적으로 좋은 조건이 제공된다 해도 자신의 미래를 기획하고 일을 통해 그 기획을 적극적으로 실현할 수 없으면, 사람은 절망에 빠진다. 권태에 찌들게 된다. 그리하여 미래를 기획할 수 없는 병인 중독에 걸리고 만다.

이런 사례의 대표가 게임 중독이다. 게임 중독은 게임을 하는 시간에 비례해 발병하는 병리 증상이 아니다. 프로게이머는 온종일 게임을 하지만 게임 중독자가 아니다. 그는 게임이라는 일을 함으로써 아직 오지 않은 자신의 다른 가능성을 향해 탈실존하는 사람이다. 프로게이머는 미래로 향하기 위해 일로서 게임을 한다.

그러나 자신의 다른 가능성을 향해 갈 수 있는 '일'을 잃은 자들에게는 미래라는 시간이 증발한다. 오직 현재만이 있을 뿐이므로 시간은 흐르지 않고 정체되어 떨쳐버릴 수 없는 권태의 상황에 놓이게 된다. 이 권태를 일시적으로 마비시키는 수단이 게임이라면 그는 프로게이머와 달리 게임 중독자가 되는 것이다.

사람의 일, 시간성 그리고 중독 현상을 살펴본다면 우리는 다음과 같이 주장할 수 있을 것이다. 아무리 자율적 효율성과 정확성이 높은 첨단 미래 기술이라 할지라도 그것이 사람으로부터 일을 박탈하는 기술이라면, 그리고 그와 같은 기술이 사회를 지배한다면 구성원들은 미래를 기획하지 못한 채 중독의 늪에 빠지고, 사회 전체는 붕괴하고 말 거라고.

독일의 번영과 문화적 인간

　많은 사람이 독일을 부러워한다. 독일은 천국도 이상국가도 아니다. 그곳에도 해결해야 할 문제가 산적해 있다. 비판적인 독일 국민은 현재에 만족하지 않는다. 그럼에도 다른 나라와 비교해볼 때 독일은 견실한 경제성장과 정치적 안정성, 인권 존중이라는 측면에서 모범이 되고 있다. 그런 독일이 최근에는 4차 산업혁명의 진원지로 주목받고 있다. 그런데 독일의 4차 산업혁명이 추구하는 미래 비전의 심층에는 제2차 세계대전의 과오에 대한 반성이 깃들어 있다. 그들은 지난 과오에서 벗어나기 위해 60여 년 동안 노력해 인본주의적 문화·경제체제를 만들어냈다. 즉 사회적 시장경제를 지속시키기 위한 목적이 그들의 비전에 자리 잡고 있다.

반성에서 시작된
독일의 인간 중심

　　　　　　　　　사회적 시장경제는 제2차 세계대전 후 독일 우파정당 연합인 기민-기사연합에 의해 기초가 정립되었고, 1959년 좌파 사민당이 승인한 후 독일 사회 구성원이 전반적으로 공유하는 이념이다. 사회적 시장경제에 대한 국민의 지지가 높은 이유는 인간을 경제 체제에 부속된 한 요소로 보는 기능적 물질주의 경제관에 매몰되어 있지 않아서다.

　사회적 시장경제의 철학적 바탕은 인본주의다. 경제가 인간 개개인을 물질적 빈곤으로부터 해방해 문화적 존재로서 개인의 자유를 증진하고, 동시에 사회적 연대와 평화를 실현하는 행위여야 한다는 사상이 핵심이다. 사회적 시장경제의 창시자들은 인간이 인본주의적 문화 존재라는 점을 분명히 밝히고 있다.

　사회적 시장경제라는 개념은 알렉산더 뤼스토브, 빌헬름 뢰프케, 알프레드 뮐러-아르막 등에 의해 창안되었다. 뢰프케는 저서 《현대사회의 위기》에서 '경제적 인간(호모에코노미쿠스)'이라는 정의가 '합리주의의 그릇된 길'이라고 비판한다. 대신 뢰프케는 사회적 시장경제를 통해 문화적 존재로서의 인간이 개인으로서 추구하는 자유와 사회 구성원으로서 지켜야 하는 연대의 책임을 중시한다. 이를 '인간 됨됨이의 조건'으로 인식한다. 뢰프케는 경제 제국주의, 경제적 환원주의, 즉 성장 정책에서 인간을 단순히 성장 주체로 축소하는 데 분명히 반대한다.

　뢰프케는 '경제적 인간'이라는 이미지 자체를 거부한다. 호모에코노미쿠스

빌헬름 뢰프케

는 오로지 물질적이고 이기주의적인 추구를 촉진할 뿐, 인간의 복잡한 동기 부여 구조와 다양한 인간학적 기본 구조를 간과 혹은 배척하기 때문이다. 나아가 뢰프케는 양적·과학적 사고, 경제 및 사회 정책의 수학화처럼 경제 및 사회 학문에 자연과학의 방법을 맹목적으로 도입하는 데도 비판을 가한다. 인간이나 사회를 기계와 비교할 수 없기 때문이다. 사회적 시장경제는 이와 같이 인간을 수리적으로 계량화하는 경제 공학주의를 거부한다. 뢰프케는 다음과 같이 단언한다. "시장은 사회적 연대를 바탕으로 하지만, 사회적 연대는 시장에서 형성되지 않는다."

그렇다고 사회적 시장경제가 자유경쟁 시장을 일방적으로 부정하는 건 아니다. 문화적 존재로서의 개인은 빈곤에서 해방되어 자신의 삶을 영위하기 위한 물질적 필요성을 스스로 선택해 자신의 행위로 조달할 수 있는 권리를 갖고 있다. 이 권리를 행사할 수 있을 때 비로소 인간은 문화적 존재로서 자유를 실천할 수 있는 조건 아래 놓이게 된다. 자유경쟁 시장은 이 같은 개인의 권리를 확보할 수 있는 효과적인 기제다.

독일의 사회적 시장경제는 자유경쟁을 통해 국가의 부를 축적하려는 목적보다 문화적 존재로서 개인의 자유라는 인권을 우선한다는 점을 특히 강조한다. 사회적 시장경제가 독일 경제체제로 자리 잡는 데 기여한 경제학자 발터 오이켄은 다음과 같이 설파한다. "자유가 없다면 혹은 자발적인 자기 활동이 없다면 인간은 인간이 아니다."

베를린에 있는 유대인 학살
추모 공원

　독일은 나치 시대에 겪은 트라우마를 갖고 있다. 그 트라우마는 파시즘의
전체주의적 폭정과 군비 자본주의의 중앙집중적 통제경제였다. 고통스러운
역사적 체험은 전후 독일 사회에 잠복해 있던 구조적인 사회악이 무엇인지를
깨닫게 했다. 이 각성은 독일을 인권과 개인의 자유를 최고의 가치로 존중하
는 나라로 탈바꿈시켜야 한다는 공동선의 추구로 발전한다. 독일은 국가 주도
계획경제나 사회주의경제가 국가의 부를 축적하는 데 효과적이라 하더라도,
그것이 개인의 자유를 훼손하거나 인권을 침해하면 허용하지 않는다. 개인의
자유를 보장할 수 있는 물질 조달 경제체제는 각 개인이 자유롭게 참여해 경
쟁함으로써 재화의 생산과 소비가 이루어지는 시장경제다.

　그러나 자유경쟁 시장은 그 속성상 독점과 약자에 대한 착취 등 인간의 또
다른 존재 조건인 사회적 연대성을 훼손할 위험을 내재하고 있다. 시장을 경
쟁에만 맡기면 독점경제 권력이 형성되어 공정한 자유경쟁은 불가능하다. 시
장을 둘러싸고 있는 사회문화적 환경도 오염되게 마련이다.

특히 독점자본은 정치적으로 독재 권력을 불러온다. 시장의 질서가 경제 정책 이외에 사회문화적 차원의 정책에 의해 조절되어야 하는 이유이기도 하다. 독일 정부는 자유경쟁 시장이 그러한 단점에 의해 침식되는 사태를 막고, 장점을 발휘할 수 있는 제반 조건을 구비하는 데 역점을 두고 있다. 이를 통해 자유시장 경제는 인간의 사회적 연대성을 확보하는 장치로 작동한다. 사회적 연대성을 확보하는 장치는 자유경쟁 시장의 순기능을 파괴할 수 있는 내재적 파국 요인에 대해 일종의 내진 설계를 준비하는 데서 시작한다.

독일의 지혜를 배우라

자유경쟁 시장의 파국적 요인은 경쟁이 지속될수록 경쟁을 통해 시장에서 우월적 지위를 차지하는 집단, 그리고 그러한 집단에 의해 피해를 보는 집단 간의 갈등이 발생한다는 데 있다. 결국 사회적 파열로 비화해 사회 구성원 간의 신뢰 붕괴로 이어질 위험이 크다. 이런 갈등이 집단화되어 양쪽이 첨예하게 대결하면 사회 파열의 위기는 고조된다.

현대사회에서 두 집단은 시장경제를 지탱하는 두 축인 자본과 노동이다. 자본가와 노동자는 시장에서 역할을 분담해 시장경제를 작동시키면서 동시에 갈등을 겪는다. 하지만 시장을 포괄하고 있는 시민사회, 특히 민주적 시민사회에서는 다 같이 시민이라는 점에서 평등하다. 이들은 시민으로서 사회적 연대의 책임을 지고, 함께 민주적 공동체로서의 사회를 유지·발전시켜야 할 동등한 책임과 권리를 갖는다. 그런데 이런 시민 연대 의식은 자유경쟁 시장에서 이해관계의 갈등이 원만하게 조정되지 못하면 적대적 관계로 변질되어 대결 상황으로 치닫게 된다. 결국 자유경쟁 시장의 효율적 작동에 장애가 발생한다. 깊어진 갈등은 사회로 전이되어 사회적 연대성을 훼손하고, 결국 사회를 구성하는 개인들 간의 신뢰까지 저해하는 상황으로 비화한다.

　사회적 시장경제는 자유경쟁 시장의 중추 구성 요인이자 최대 갈등 요인인 자본과 노동의 관계를 사회적 신뢰 구축의 핵심 영역으로 인식한다. 그리고 이 관계가 사회적 동반 관계로 작동할 수 있는 문화를 형성하는 데 주력한다. 그럼으로써 마침내 사회 전반의 신뢰 구축을 이뤄낸다.

　독일은 2000년대 중반부터 사회적 시장경제를 첨단 기술을 통해 더욱 발전시키는 계획을 추진했다. 이는 인더스트리 4.0과 4차 산업혁명으로 숙성된다.

베를린에 있는 기업 '지멘스'는 최고의 스마트 설비를 자랑한다.

독일에서 4차 산업혁명의 1차 목적은 독일 노동자들의 숙련된 현장 지식과 지혜가 자동화된 스마트 설비와 긴밀하게 상호작용하도록 하는 데 있다. 스마트 설비를 통해 대량생산과 맞춤화의 이점을 결합한 '대량맞춤 체제'를 갖추는 것이다. 이 새로운 생산 및 수용 창출 전략은 중국을 위시한 전 세계의 주목을 끌기에 충분했다. 우리나라도 급속히 그 뒤를 추격하며 이러한 체제를 완비하기 위해 총력을 기울이고 있다.

하지만 추격하는 데 집중하느라 전략 실현을 위한 본질적 조건을 간과하고 있다. 하나는 개인 소비자의 취향이 자유롭게 표현되는 사회 환경, 또 하나는 노동자의 현장 지혜가 존중되고 노동 문화의 토양 위에서 실행될 수 있는 환경이다. 두 문화는 시민사회의 민주화와 일터의 민주화를 진작하는 독일의 사회적 시장경제가 바탕이 되지 않는 한 실현될 수 없다. 우리가 독일의 4차 산업혁명에서 무언가를 배워야 한다면, 그건 바로 시민사회의 민주화와 일터의 민주화를 이뤄내는 독일인의 지혜일 것이다.

정리

- 인간이 인간으로 남을 수 있는 건 그 무엇과도 같지 않은 자기 자신으로 존재하기 때문이다.
- 인공지능의 창의성을 묻기 전에 인간이 어떤 존재이기 때문에 시나 문학을 쓰는지 생각해봐야 한다.
- 정의와 신뢰, 존중, 공감 같은 사회적 자본 없이 4차 산업혁명은 실현되기 어렵다.
- 인간이 도구를 사용하는 이유는 미래를 기획하며 사는 존재이기 때문이다.
- 인간에게 일은 생존 그 이상의 가치다. 일을 잃은 인간 사회는 위험할 수 있다.
- 시민사회의 민주화, 일터의 민주화를 일궈내는 독일을 유심히 살펴볼 필요가 있다.

참고문헌

1강 • 르네상스 미술의 한 장면

- 강정식(1994). 세계문화사. 형설출판사.
- 곰브리치, E. H.(2013). 서양미술사. 백승길 · 이종숭 번역. 예경.
- 괴테, 요한 볼프강 폰(2004). 이탈리아 기행(1–2). 박찬기 번역. 민음사.
- 바사리, 조르조(2019). 르네상스 미술가 평전(1–6). 이근배 번역. 고종희 해설. 한길사.
- 벌핀치, 토마스(2009). 벌핀치의 그리스 로마 신화. 이윤기 편역. 창해.
- 부르크하르트, 야콥 (1999). 이탈리아 르네상스의 문화. 안인희 번역. 푸른숲.
- 성제환(2013). 피렌체의 빛나는 순간. 문학동네.
- 월간미술 엮음(1999). 세계미술용어사전. 월간미술.
- 이은기 · 김미정(2006). 서양미술사. 미진사.
- 핑크, 게르하르트(2012). 후 Who. 이수영 번역. 예경.
- 하우저, 아르놀트(2016). 문학과 예술의 사회사(전4권). 반성완 외 번역. 창비.

2강 • 천문이 곧 인문이다

- 코르넬리우스, 제프리(1996). 점성학. 한원용 번역. 이두.
- 파슨즈, 폴(2002). 혜성 유성 소행성. 이충호 번역. 다림.

3강 • 지도를 가진 자, 세계를 제패하다

- KBS 문명의 기억 지도 제작팀(2012). 문명의 기억 지도. 중앙북스.
- 김혜정(2012). 고지도의 매력과 유혹. 태학사.

- 디딤 편저(2011). 상식으로 꼭 알아야 할 세계지도 지리 이야기. 삼양미디어.
- 레니쇼트, 존(2009). 지도 살아있는 세상의 발견. 김희상 번역. 작가정신.
- 송봉규(2011). 세상을 읽는 생각의 프레임 지도. 21세기북스.
- 이기봉(2011). 근대를 들어 올린 거인 김정호. 새문사.
- 이정선(2016). 고려시대의 삶과 노래. 보고사.

4강 · 나를 찾아가는 글쓰기

- 마루야마, 겐지(1999). 소설가의 각오. 김난주 번역. 문학동네.
- 고미숙(2012). 나의 운명 사용설명서. 북드라망.
- 샤사키, 아타루(2012). 잘라라, 기도하는 그 손을. 송태욱 번역. 자음과모음.
- 신영복(1998). 감옥으로부터의 사색. 돌베개.

5강 · 클래식, 문학을 만나다

- 셰익스피어, 윌리엄(2008). 한여름 밤의 꿈. 최종철 번역. 민음사.
- 위고, 빅토르(2015). 레 미제라블, 염명순 번역, 비룡소.

6강 · 문장의 재발견

- 나쓰메, 소세키(2002). 마음. 박유하 번역. 현암사.
- 박완서(2012). 나목. 세계사.
- 발자크, D. 오노레(2000). 고리오 영감. 박영근 번역. 민음사.
- 카프카, 프란츠(1997). 변신. 이동주 번역. 솔.
- 헤세, 헤르만(2009). 데미안. 전영애 번역. 민음사.
- 아자르, 에밀(2003). 자기 앞의 생. 용경식 번역. 문학동네.
- 최옥정(2017). 2라운드 인생을 위한 글쓰기 수업. 푸른영토.

9강 · 스크린으로 부활한 천재들

- 고흐, 반 빈센트(2005). 반 고흐, 영혼의 편지. 빈센트 반 고흐. 신성림 번역. 예담.

- 고흐, 반 빈센트(2014). 반 고흐, 영혼의 편지2. 박은영 번역. 예담.
- 김광우(2016). 뭉크 · 쉴레 · 클림트: 표현주의의 대가들. 미술문화.
- 디스텔, 안(2012). 르누아르: 빛과 색채의 조형화가. 시공사.
- 바쟁, 앙드레(2005). 장 르느와르. 방혜진 · 박지희 번역. 한나래.
- 박우찬(2009). 반 고흐, 밤을 탐하다. 소울.
- 박홍규(2009). 구스타프 클림트, 정적의 조화. 가산출판.
- 베일리, 마틴(2016). 반 고흐의 태양, 해바라기: 걸작의 탄생과 컬렉션의 여정. 박찬원 번역. 아트북스.
- 안재경(2010). 고흐의 하나님. 홍성사.
- 에이데, D. 아우프 외(2009). 르누아르. 김영선 번역. 예경.
- 이택광(2014). 반 고흐와 고갱의 유토피아. 아트북스.
- 이주헌(1998). 클림트: 에로티시즘의 횃불로 밝힌 시대정신. 재원.
- 재닉, 앨런, 툴민, 스티븐(2013). 비트겐슈타인과 세기말 빈. 석기용 번역. 필로소픽.
- 정금희(2013). 프리다 칼로와 나혜석 그리고 까미유 끌로델. 재원.
- 조성관(2007). 빈이 사랑한 천재들 : 클림트에서 프로이트까지. 열대림.
- 클로델, 카미유(2010). 카미유 클로델. 김이선 번역. 마음산책.
- 파울리, 타타냐(2009). 클림트: 분리주의와 오스트리아 제국의 황금빛 황혼. 임동현 번역. 마로니에북스.
- 크레팔디, 가브리엘레(2009). 르누아르 : 인생의 아름다움을 즐긴 인상주의 화가. 최병진 번역. 마로니에북스.

출처

1강 · 르네상스 미술의 한 장면

- 27쪽(위) Britannica
- 29쪽 Thinglink
- 32쪽(위) fabriomax/Fotolia
  (아래) fojap.com
- 35쪽 Eleni Markopoulou
- 37쪽 www.lorenzoghiberti.org

2강 · 천문이 곧 인문이다

- 64쪽 Miguel Claro
- 69쪽 허균 · 허난설헌 기념관
- 79쪽 Peter Komka/MTI via AP
- 83쪽 나무위키
- 87쪽 NASA/SDO
- 90쪽 문화재청
- 94쪽 X-ray: NASA/CXC/NCSU/M.Burkey

3강 · 지도를 가진 자, 세계를 제패하다

- 113쪽 규장각
- 114쪽 BUYENLARGE

- 116쪽 동북아역사재단
- 120쪽 《D. Henrique Infante de Portugal》,
  from The Library at The Mariners'
  Museum
- 128쪽 http://theme.archives.go.kr
- 130쪽 연합뉴스
- 136쪽 국립중앙도서관

5강 · 클래식, 문학을 만나다

- 192쪽 Bettmann/CORBIS
- 196쪽 The New York Times
- 198쪽 Liz Lauren
- 211쪽 https://www.greekmyths-
  greekmythology.com

7강 · 천 년을 내다보는 혜안

- 284쪽 www.britannica.com
- 288쪽 Universal History Archive
- 298쪽 Abebooks

8강 · 조선의 대중문화

- 309쪽 연합아카이브
- 310쪽 허균허난설헌 기념관
- 314쪽 규장각한국학연구원
- 315쪽 고흥 유씨 종친회
- 321쪽 숭실대 한국기독교박물관
- 337쪽 문화재청

9강 · 스크린으로 부활한 천재들

- 349쪽 The Wall Street Journal

10강 · 인간의 삶과 미래 기술

- 409쪽 Jim Wilson/The New York Times
- 417쪽 Yves Marchand & Romain Meffre
- 425쪽 AP/Markus Schreiber

※ 별도 표기하지 않은 이미지의 출처는 Wikimedia Commons 또는 무료 이미지 사이트를 이용했습니다.

저자 소개

| 이화진 |

이화여자대학교 독어독문학과를 졸업하고, 동 대학원에서 독어독문학과 미술사학 석사학위를, 미술사학과에서 19세기 독일 낭만주의 풍경화에 대한 논문으로 박사학위를 받았다. 뮌헨 미술사 중앙연구소에서 해외연구장학금으로 박사학위 논문을 준비했고, 루트비히막시밀리안대학교에 방문 연구자로 체류하면서 유럽 미술관의 많은 보물을 만났다. 2016년 이화여대 페이스북에서 학생들이 뽑은 '이화의 명강의'에 선정되었고, 2018년 추계예술대학교에서 우수강의상을 받았다. 〈어린이 조선일보〉의 연재기사 '첫눈에 반한 미술사'(2019)를 감수했다. 번역한 책으로 《천년의 그림 여행(공저)》이 있다. 한국항공대학교, 고전인문아카데미 '고전 인문학이 돌아오다'에서 강의한다.

| 안나미 |

수학과 과학을 좋아하는 한문학자. 10여 년의 방송작가 경력을 접고 성균관대에서 다시 공부를 시작해 한문학 박사를 마친 후 성균관대 초빙교수로 학생들을 가르치고 있다. 저서로는 《교양 있는 어린이를 위한 별자리와 우리 천문학의 역사》가 있고, 역서로 조선시대 천문 기록인 《성변측후단자》(강희 3년, 강희 7년, 순치 18년), 조선시대 수학서인 《국역 주서관견》 등이 있다.

| 이정선 |

조선의 문화와 고지도에 관심이 많은 국문학자. 한양대 국문과 박사학위를 마치고 혜정박물관 연구교수를 거쳐 강원대, 한양대, 상명대, 강원대, 공주대 등에 출강하고 있다. 저서로는 조선 후기 한시에 나타난 '조선풍'의 실체와 범주를 실제 작품의 양상을 통해 살피고 그 특징을 종합한 《조선 후기 조선풍 한시 연구》 등이 있다. 고려시대 서민의 애환이 담긴 고려가요를 연구한 《고려시대의 삶과 노래》는 2017년 세종도서로 선정되었다.

| 최옥정 |

1964년 전북 익산에서 태어나 잘나가던 은행원 생활을 접고 소설가의 꿈을 이루기 위해 글을 쓰기 시작했다. 건국대 영문과 학사, 연세대 국제대학원 석사를 마쳤다. 2001년 계간지 《한국소설》에서 단편소설 〈기억의 집〉으로 등단했다. 저서로 《매창》《위험중독자들》《안녕, 추파춥스 키드》, 소설집 《늙은 여자를 만났다》《식물의 내부》《스물다섯 개의 포옹》, 에세이 《삶의 마지막 순간에 보이는 것들》《오후 세시의 사람》《On the road》 등이 있으며, 《식물의 내부》로 허균문학상을, 《위험중독자들》로 구상문학상 젊은작가상을 받았다. 《2라운드 인생을 위한 글쓰기 수업》《소설창작수업》 등으로 글쓰기를 시작하는 이들을 돕다가 2018년 9월 세상을 떠났다.

| 나성인 |

서울대 독어독문학과 석사, 독일 아우크스부르크 대학 독어독문학과 박사 과정 수료. 현재 클래식 전문지 〈음악저널〉에서 문학과 클래식의 연결 고리를 이어가는 클래식 칼럼니스트 겸 음악감독으로 활동하고 있다. 삼성리움미술관 인문학 콘서트, 아트토크, 전성인 재단 음악과 클래식 강연, 리더라이히 연구위원, 아카데미 세미나 진행, 한국독일가곡연구회 정기강연 등 활발하게 대중 활동을 펼치고 있다. 저서로 《베토벤 아홉 개의 교향곡》《슈베르트 세 개의 연가곡》《하이네 슈만, 시인의 사랑》이 있다.

| 김나정 |

소설가, 희곡작가, 문학평론가. 상명여대 교육학과, 서울예대와 중앙대 대학원 문예창작학과 석사, 고려대 문예창작학과 박사학위를 마쳤다. 2003년 '비틀즈의 다섯 번째 멤버'로 〈동아일보〉 신춘문예 단편소설 부문으로 등단해 2006년 〈문학동네〉 평론 부문에 '성난 얼굴로 돌아보지 말라', 2010년 〈한국일보〉 희곡 부문에 '여기서 먼가요?'가 당선되며 장르를 넘나드는 행보를 선보였다. 고려대 등에 출강하며 글쓰기와 스토리 창작을 주제로 대중강연을 하고 있다. 소설 《내 지하실의 애완동물》《멸종 직전의 우리》, 희곡 《김나정 희곡집 1》, 연구서 《박완서에게 글쓰기를 배우다》, 그 밖에 《미디어아트의 거장 백남준》《꿈꾸는 건축가, 안토니오 가우디》《소설이 시간을 쓰는 법》《서평쓰기의 모든 것》 등을 썼다.

| 민혜련 |

'르네상스적인 인간'을 인생의 모토로 삼고 살아가는 프랑스 문화예술 전문가. 프랑스 캉대학교에서 불문학 박사 수료, 서경대학교 와인발효공정공학 전공으로 공학박사를 마쳤다. 호기심과 열정이 가득해 번역과 글쓰기, 강의는 물론 레스토랑 '작은 프랑스' 등을 운영했다. 현재 기획사 엘리욘느 대표를 맡고 있다. 지은 책으로 《게스트하우스 France》《일생에 한 번은 파리를 만나라》《장인을 생각한다 이탈리아》《민혜련의 파리 예술 기행》《관능의 맛, 파리》《르네상스: 빛과 꽃의 세기》《와인 양조학(공저)》 등이 있으며, 옮긴 책으로 《와인 디바의 와인 이야기》, 장 그르니에 전집 중 《거울 계단》 등이 있다.

| 최 은 |

영화는 좋은 선생이자 인생에 주어진 선물이라고 믿는 영화평론가. 영화가 현실을 어떻게 해석하는지, 영화의 언어가 문학의 언어와 일상어를 어떻게 번역하는지 늘 흥미롭게 관찰한다. 중앙대학교에서 영화이론 전공으로 박사학위를 받았다. 《영화와 사회》《알고 누리는 영상문화》를 공동집필했다. 현재 영상문화연구소 필름포스의 대표로 기고와 방송 그리고 강연을 통해 대중과 만나고 있다.

| 이 종 관 |

성균관대학교 철학과와 동 대학원을 졸업한 뒤 독일 뷔르츠부르크대학교에서 수학하고 트리어대학교에서 박사학위를 받았다. 춘천교대를 거쳐 현재 성균관대학교 철학과 교수로 재직 중이다. 건교부 산하 미래주거연구위원회 자문위원, 정보통신정책연구원 기획총괄위원, 과학기술정책연구원 미래포럼자문위원, 교육과학부 융합학문발전위원회 위원 등으로 활동하고 있다. 지은 책으로 《공간의 현상학, 풍경 그리고 건축》《사이버 문화와 예술의 유혹》《과학에서 에로스까지》《자연에 대한 철학적 성찰》《소피아를 사랑한 스파이, 첩보소설로 읽는 유럽현대철학》《포스트휴먼이 온다》 등이 있다.